新周期与新金融

巴曙松 ◎ 著

New Cycle
and
New Finance

厦门大学出版社 XIAMEN UNIVERSITY PRESS | 国家一级出版社 全国百佳图书出版单位

图书在版编目(CIP)数据

新周期与新金融/巴曙松著. —厦门:厦门大学出版社,2018.5
ISBN 978-7-5615-6907-8

Ⅰ.①新… Ⅱ.①巴… Ⅲ.①金融体系-研究-中国 Ⅳ.①F832.1

中国版本图书馆 CIP 数据核字(2018)第 059365 号

出 版 人	郑文礼
策 划	宋文艳
责任编辑	宋文艳 吴兴友
责任校对	杨木梅
责任印制	朱 楷
装帧设计	李夏凌

出版发行	厦门大学出版社
社 址	厦门市软件园二期望海路 39 号
邮政编码	361008
总 编 办	0592-2182177 0592-2181406(传真)
营销中心	0592-2184458 0592-2181365
网 址	http://www.xmupress.com
邮 箱	xmup@xmupress.com
印 刷	厦门集大印刷厂

开本	720mm×1000mm 1/16
印张	21.75
插页	3
字数	335 千字
印数	1~5 000 册
版次	2018 年 5 月第 1 版
印次	2018 年 5 月第 1 次印刷
定价	78.00 元

厦门大学出版社
微信二维码

厦门大学出版社
微博二维码

本书如有印装质量问题请直接寄承印厂调换

前　言

　　近几年，我的工作地点虽然在北京、纽约和香港等不同城市之间转换，从事的工作各有不同，做过大学的访问学者，也担任过政府智库的研究人员，还从事过金融机构的具体经营管理，以及行业协会与学会的研究工作，但是，从工作的性质看还是一以贯之的，那就是以研究者、观察者、思考者的心态，参与一些具体的金融政策与市场活动，并从中发现值得思考的问题，进行跟踪分析。不定期将这些分析与体会进行梳理，分享给读者，这便是编纂这本书的初衷。

　　在金融市场上，经验之所以重要，很关键的一个原因，是因为市场往往在多方力量的推动下，呈现周期性的往复波动，前一个周期的经验往往可以在经历新的周期时提供一些参考。与此同时，每一轮周期都有所不同，也就是说，每一轮经济周期都可以说是特定意义上的新周期。作为一名金融市场的观察者和研究者，自然思考得比较多的，是在不同的经济周期下，金融业正在出现的新变化。这也就是本书命名为"新周期与新金融"的由来。

　　当前，中国经济发展正在进入新时代，随之而来的是，改革开放以来在高速增长支持下的金融体系，随着经济增长速度从高速向中高速增长的回落，货币化进程也逐步接近尾声，原来的金融增长模式必然面临调整，并且可能在新的增长环境下呈现出风险逐步释放的趋势。特别是经济结构也在宏观增长逐步趋稳时出现重大分化，部分产能过剩企业的风险并未出清，优质企业尚在培育过程中，新兴的金融机构崛起并带来日趋激烈的竞争，传统金融体系难以寻找到优质的客户和资产，为了追求利润的增长，金融机构就可能会选择让部分资金在金融体系内部循环，从而衍生出各类金融乱象。从金融体系自身的发展规律来看，金融具有一定的顺周期性，即在经济运行的上行周期中，伴随着旺盛的融资需求和不断上升的资产价格，金融体系也将走向上升通道，而金融体系的繁荣又将进一步推动经济的繁荣和资产价格的上升；但是在经济运行的下行周期中，资产价格缩水，企业经营状况恶化，融资需求不断萎缩，金融体系也将步入下行周期，从而导致经济进一步下行。虽然经济发展方式的转变，并不意味着经济必然步入下行周期，但金融业为了在经济发展方式转变的调整过程中减少阵痛，继续维持较高的盈利水平，就可能走向高风险的自我加杠杆阶段。

在这样的背景下，宏观金融政策越来越关注防风险，金融行业在这样新的市场环境和政策基调下，可能面临的是重新洗牌，也可能面临一轮对原有的商业模式的全面洗礼。经历乱象丛生的高风险阶段，在强监管的外部约束下，金融业也将经历巨大的发展方式和结构性调整，进而逐步实现金融行业的高质量发展。党的十九大已把防范化解重大风险作为决胜全面建成小康社会三大攻坚战的首要战役，金融风险自然被认为是当前最突出的重大风险之一。根据中共中央近期印发的《深化党和国家机构改革方案》，传统的"一行三会"金融管理体制已经被打破，银监会和保监会将合并组建中国银行保险监督管理委员会，并将拟定银行业、保险业重要法律法规草案和审慎监管基本制度的职责划入中国人民银行。可以预料，在新的金融管理体制下，将重点针对在原有监管体制下游离在监管范围之外的影子银行业务，监管职责不清晰的、监管主体不明确以及受到多头监管或重复监管的金融机构及业务，受到各自监管权限约束无法实施有效监管的交叉金融领域，从事相同类型的业务但监管标准不一致、较易产生监管套利的金融业务加强监管，而这些业务正是目前金融乱象的主要聚集地。在防风险、强监管、治乱象的大背景下，金融行业将逐步从前期的高风险加杠杆阶段步入规则重新建立和完善、风险陆续释放和暴露、行业重新洗牌和转型的新阶段。

在行业的重新洗牌中，如果能洞察经济发展方式的转变，金融体系就可以找到新的发展机遇。去杠杆可以说是金融行业洗牌的推动力。如何在行业洗牌中占据主动，才是金融机构下一步重构市场格局的关键。当前，宏观政策越来越关注中国社会的主要矛盾转化为人民日益增长的美好生活需要和不平衡不充分的发展之间的矛盾，从宏观经济的角度来看，中国经济中不平衡不充分的地方便可以说是未来经济转型的着力点，也是最有可能形成未来新的经济增长点，同时也最有潜力成为金融业服务的主要对象。一方面，居民消费加快升级，如何在消费金融领域加强金融服务将成为近期金融机构业务拓展的重要方向；另一方面，科技创新进入活跃期，区块链、大数据等科技创新已经在逐渐改变我们的生活方式和金融服务，可以预计这些金融科技的发展将成为未来很长一段时间内推动金融创新的主要因素。

如何顺应经济发展规律，在经济新周期中找到金融发展的新方向，便是这本书思考的主要内容。本书主要收录了我作为金融从业人员的一些论文、报告、随笔及演讲整理稿，其中部分文章是我和我的学生共同完成的，很多内容也来自我和他们讨论中碰撞的思想火花。感谢厦门大学出版社及宋文艳总编，是他们的督促让我有了将这些文章集结成册的动力。在本书的写作和编纂过程中，不少金融行业的领导和专家学者都为我提供了大量的宝贵资料和建议，恕不一一列明，在此也一并表示感谢。尽管在本书的写作中投入了大量精力，但由于专业水平有限，错误和不足在所难免，恳请各位专家指正，以期在今后的跟踪研究中不断改进。

巴曙松

2018 年 3 月

目录
Contents

宏观经济与金融体系

中国经济：是新的波动形式而非新周期 /003

中国经济的新阶段与金融行业的新特征 /014

依靠货币刺激难以解决经济的深层次结构矛盾 /022

金融去杠杆的缘起与走向 /026

稳住杠杆率上升的斜率是更为现实的政策取向 /033

加快推进适应新常态的金融改革 /037

金融机构

客观看待中国银行业发展前景 /043

从商业银行的视角洞悉经济转型 /049

中国银行业应对 3.0 时代挑战 /053

委外业务仍有存在空间，应由通道型升级为解决问题型 /059

国内外商业银行净利差的界定与计算 /066

新常态下的商业银行转型新趋势 /072

零售银行业务引领商业银行转型发展 /083

直销银行未来如何"上下求索" /087

银行理财：风险渐次释放，重回平稳轨道 /093

国外"现金贷"业务发展经验以及启示 /100

银行理财将回归资产管理本质 /106

投资新三板：从发展趋势到风险管理 /114

打破刚兑正在进行时：资产管理行业如何因此洗牌 /123

资产管理业的核心竞争力 /127

从资产管理行业发展看金融结构变革趋势 /129

中国保险资管境外配置渐成趋势 /139

我国基本养老保险制度待遇水平测算及影响因素分析 /150

我国小微型企业贷款保证保险相关问题研究 /168

支付清算业

当前中国网络支付业的推动力、风险评估及监管 /185

中国第三方支付格局会因网联而如何改变 /195

金融改革背景下的中国支付清算行业发展 /204

普惠金融

普惠金融的技术变革与新常态下的中国发展路径 /211

经济调整期小微金融的发展路径与创新 /216

人口老龄化对中国金融体系的影响 /224

小贷公司可持续发展之道 /230

绿色金融：有何挑战？机遇何在 /237

城镇化

中国农地改革的路在何方 /245

中国城镇化呈现"3+6"格局 /250

城镇化融资改革需要重点关注哪些问题 /252

探索 PPP 发展的中国路径 /258

如何为 PPP 项目插上资产证券化的"翅膀" /263

创新融资模式的四个新趋势 /271

中小企业融资创新趋势 /275

金融监管

中国实施巴塞尔协议Ⅲ进展与对策 /283

如何化解"灰犀牛"之地方债务风险 /290

监管如何驱动银行委外业务转型 /294

全球系统重要性银行：强调更高的损失吸收能力 /303

从金融结构角度探讨金融监管体制改革 /319

从金融结构演进角度客观评估当前的"影子银行" /333

宏观经济与金融体系

New Cycle and New Finance

- 中国经济：是新的波动形式而非新周期
- 中国经济的新阶段与金融行业的新特征
- 依靠货币刺激难以解决经济的深层次结构矛盾
- 金融去杠杆的缘起与走向
- 稳住杠杆率上升的斜率是更为现实的政策取向
- 加快推进适应新常态的金融改革

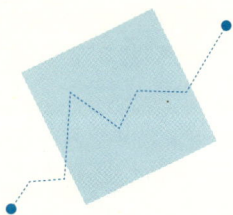

新 周 期 与 新 金 融
New Cycle and New Finance

中国经济：是新的波动形式而非新周期 *

进入 2017 年以来，中国多项经济数据有所回暖：不仅经济增长总量连续同比上升，消费、出口贸易等细项数据也出现连续改善。基于经济数据的短期回暖，关于中国经济是否即将开启一轮"新周期"的讨论也在持续进行。对此，笔者认为，一方面，国内并不具备能够从结构上显著影响经济增长的条件和因素，另一方面，全球经济总体上复苏乏力，逆全球化思潮仍在蔓延。因此，中国目前的经济状况更多应属于一种新的波动形式，尚不能称为一个新周期的开始。

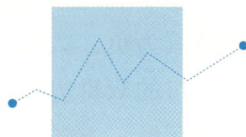

中国经济自身尚在出清

从国内自身的角度来看，新周期需要通过要素重塑经济增长的供给端与需求端；而当前，中国经济及金融体系仍处在出清过程中，只是呈现出新的波动特征，算不上进入新周期。

经济周期是宏观经济体在发展过程中的趋势和节奏变换，因此，要判断一轮新周期开始的起点，也需将视野拉长，对经济增长的影响因素加以分析。从国内外经济周期启动的经验看，新周期启动往往需要有低要素价格、低资金价格和新的增长点等条件。其中，低要素价格主要取决于人口增长的长期影响，以及新技术带动下劳动生产率的提高，推动生产要素成

---

* 朱虹参与本文的起草与讨论，本文发表于《中国外汇》2017 年第 17 期。

本的一次性下降和人力资本的相对价值重估。低资金价格则体现为在降息、降准以外的，对金融去杠杆改革和新的融资渠道的拓展。更值得关注的是，新周期的启动需通过发掘新的增长点刺激需求端，形成长期可持续的经济增长动力。

　　首先，影响国内要素价格的渠道之一是人口结构的长期趋势性变动，而我国老龄化带来的劳动力供给下降，则直接拖累了经济的潜在产出（见图1）。2010年，中国开始出现人口红利拐点：15~64岁的劳动年龄人口增长率持续为负，人口老龄化趋势形成。这直接影响着供给端劳动力和需求端总人口的双重边际变化。供给端方面，劳动人口的边际降低将影响人力资本的存量，并进一步影响劳动要素价格；需求端方面，总人口的边际减少将在中长期内对住房需求产生结构性影响。

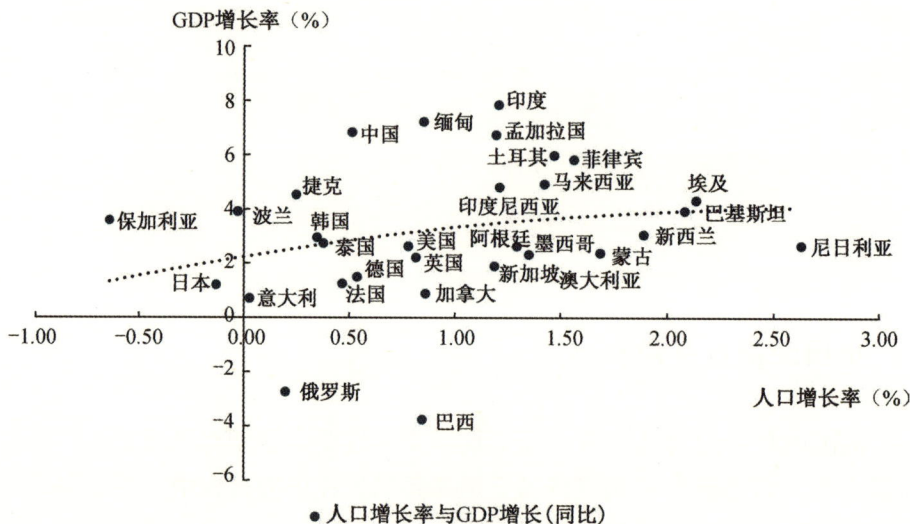

图1　全球各国人口增速与经济增长

数据来源：Wind 资讯。

　　化解人口老龄化趋势对经济增速拖累的方法在于通过结构性改革，改善人力资本的供给质量。以人口老龄化最为严重的日本为例。尽管劳动力数量的下降对日本经济增长产生了负向影响，但人力资本质量的改善也在对其经济增长动力形成正向贡献（见图2）。在当前的时点上，中国人口进入老龄化阶段已得到确认，老龄化的不可逆特征将使人力成本长期处在相对高位。因此，在推出使得劳动力供给结构进一步改善的重大改革之前，要素价格方面并不支持新周期的开启。

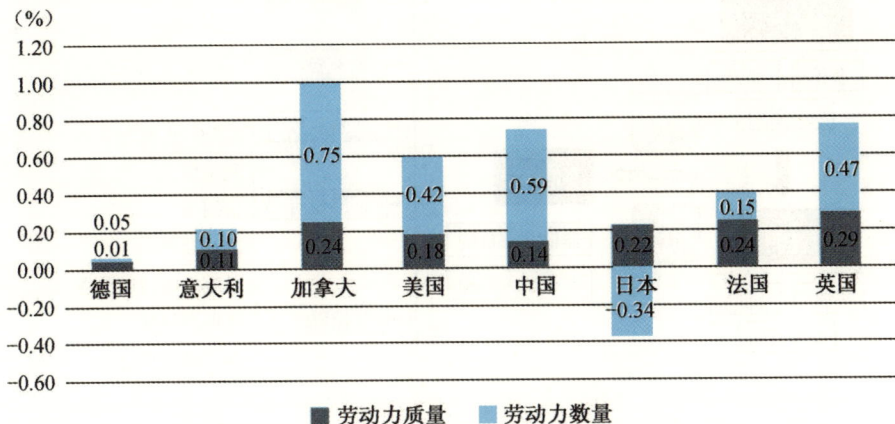

图 2　老龄化背景下各国劳动力对经济增长的贡献度

数据来源：The Conference Board Total Economy Database。

　　其次，从资金要素层面看，当前中国国内的融资成本与历史水平相比仍然处于相对偏高的水平。引起融资成本上升的原因之一，是融资通道的复杂化。因此，在经济、金融体系的去杠杆取得实质性进展之前，资金环境可能会促进经济波动的短期回暖，但并不足以支撑经济进入新周期。近年来，中国各类金融机构进入快速发展期，金融行业的资产规模扩张迅速。金融业过度繁荣带来的问题是，在资金流转的过程中，脱虚向实的链条被明显拉长，资金在经历更多的环节和机构分成之后，实体部门的融资成本也会有所上升（见图3）。金融去杠杆的实质是拆解这一被拉长的环节，促进整个交易过程的透明度提升；但由于金融杠杆与实体部门杠杆存在相互交叉的问题（见图4），如果金融去杠杆进程过猛，对于企业融资产生的压力也会相应上升。在当前的经济"稳增长"和"控风险"的双重目标下，去杠杆政策会更注重控制降低现有杠杆率和缓解企业融资压力之间的节奏，因此，资金成本的降低不可能一蹴而就。从这个意义上说，新周期的开启也需要融资渠道的拓宽以及去杠杆取得进一步成效后再加以讨论。

| 融资链条拉长，实体部门融资成本提高，风险积聚 | 实体部门融资规模和结构产生变化 |

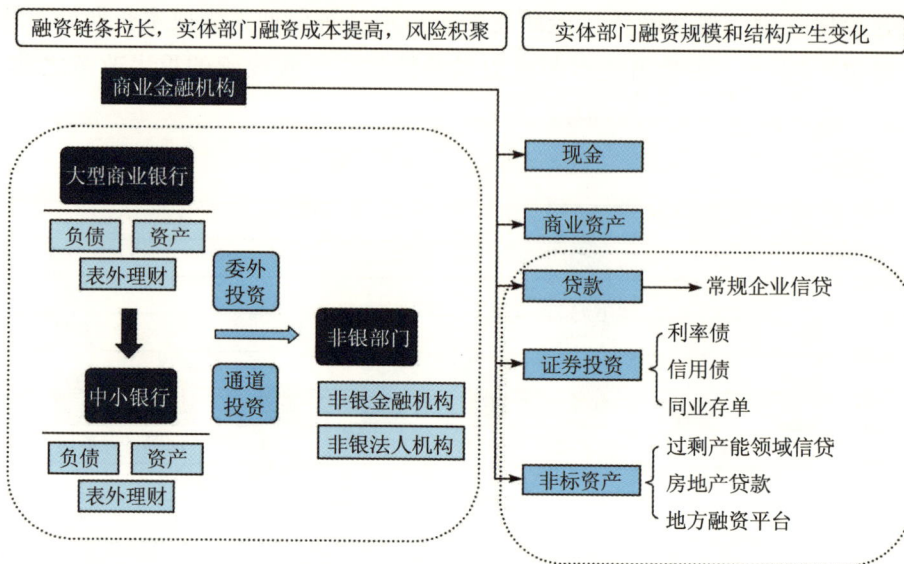

图 3　融资链条拉长与去杠杆的必要性

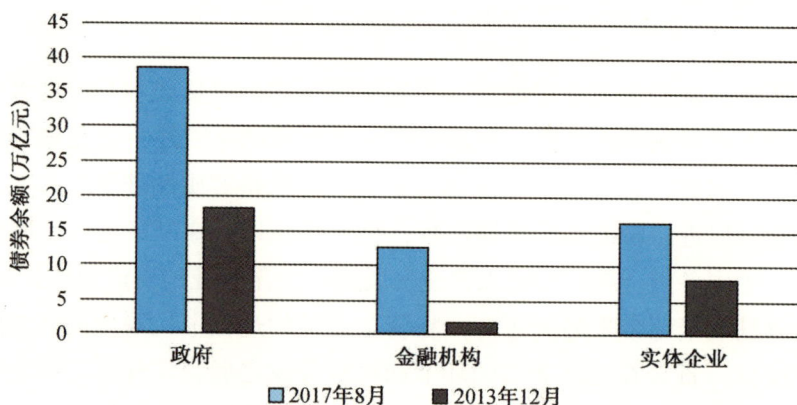

图 4　债市加杠杆期间，资金流向金融机构和实体企业

数据来源：Wind 资讯。

最后，新周期的出现取决于经济环境内外部能否发掘出新的、带动效应明显的增长点，并刺激需求端，形成长期可持续的经济动力。按照"波峰—波谷"法，可以将中国改革开放以来的 GDP 增长率划分为三个大的

周期（见图5）。从各轮经济周期的扩张期看，第一轮经济周期（1981年至1990年）主要得益于改革开放的提出，第二轮经济周期（1991年至1998年）得益于社会主义市场经济体制实施带来的红利，第三轮经济周期（1999年至今）则受到加入世贸组织和重工业化的双重带动，也离不开通过金融兜底和国企破产兼并化解国企的巨量债务，以及房改、税改等改革措施。不难看到，中国经济每一轮新周期的形成，基本都处于大的制度红利释放期。

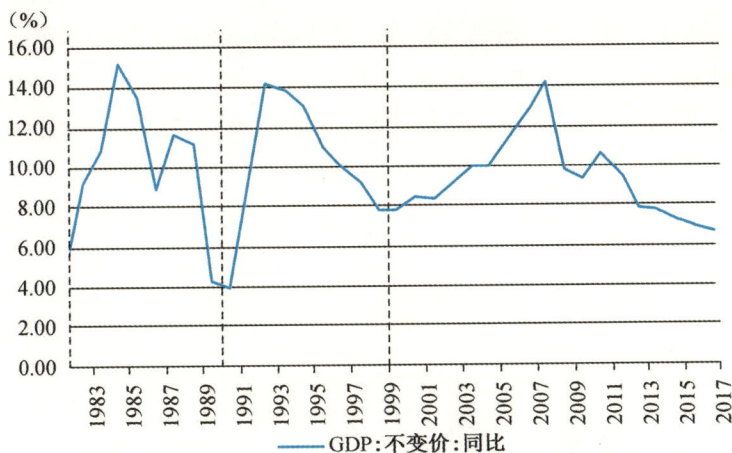

图 5 中国经济增长的几轮周期

数据来源：Wind 资讯。

全球经济新周期尚不明确

从中国经济的外部环境看，当前世界经济复苏缓慢，全球经济的新周期尚不明确。这也会直接影响到中国经济的波动。

中国经济发展大转型与世界经济增长动力转换是并行交织的。经济、金融的全球化使得全球各经济体之间的经济依存度不断增强，拓宽了全球冲击向各国外溢的渠道，也使得任何一个经济体的经济运行无法脱离全球经济周期而独自存在。即便当前逆全球化思潮泛起，也并没有改变这一趋势。客观上说，中国经济增长既是全球增长的重要贡献力量，同时也受全球经济轮动的直接影响。长期而言，不同国家之间的宏观经济增长因为相互影响而具有较强的同步性。

近期中国经济数据的回暖，出口贸易的繁荣是主要贡献力量之一（见图6）。随着欧美杠杆修复的相继完成，美国率先引领全球经济复苏；欧盟在进一步量化宽松政策的刺激下，经济增长亦有所恢复。全球经济企稳回升，构成了中国国内贸易短期复苏的基础。但如果从全球经济需求是否长期可持续这一角度来分析，结论并不十分乐观。当前，全球经济弱复苏主要来源于发达经济体宽松的宏观政策刺激，且欧美的经济复苏并未恢复到金融危机前的水平（从进口需求角度可以间接得到验证），日本和新兴市场国家更是依旧处于经济复苏乏力的状态（日本还面临着高杠杆率与货币政策、财政政策扩张相互掣肘的问题）。鉴于全球经济增长同步性的升高，总体呈现弱复苏态势的全球经济（见图7），尚不足以支撑中国经济开启新的周期。

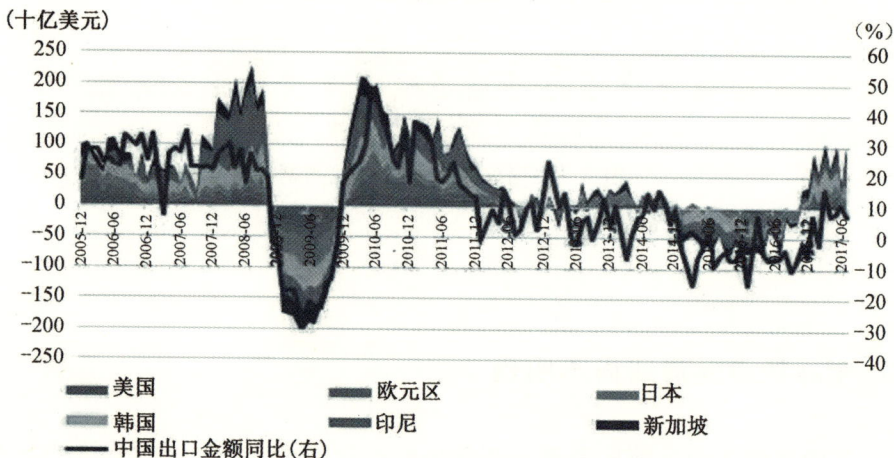

图6　全球进口增速扩张是带动中国近期出口回暖的主要原因，但主要经济体需求仍弱于危机前水平

数据来源：Wind 资讯。

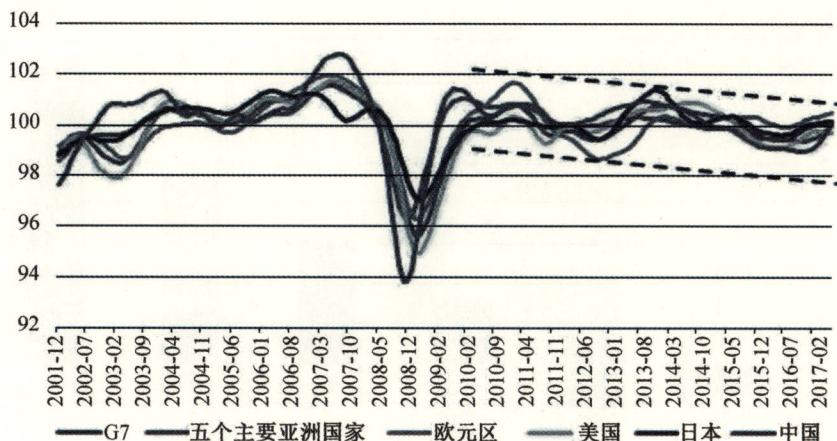

图 7　当前 OECD 主要国家综合领先指标尚未达到危机前水平

数据来源：Wind 资讯。

从更长期的供给端因素考虑，全球经济结构的调整至今并未取得实质进展，仍面临着人口老龄化带来的劳动生产率瓶颈；而且，旧模式积累的国家债务杠杆高企、过长时期内的低利率与低投资并存等问题也仍未好转。此外，已有的研究表明，在经济低迷的过程中，采取结构性改革和货币或财政政策刺激叠加的方式带动经济基本面的回升效果，具有时间上的不确定性，通常会滞后政策实施的若干期后才逐渐显现效果（见图8）。从全球的视角看，能带动全球经济走出当前低迷状况，从而成为全球经济周期新动力的新增长点出现的时点尚不明确。

（%）

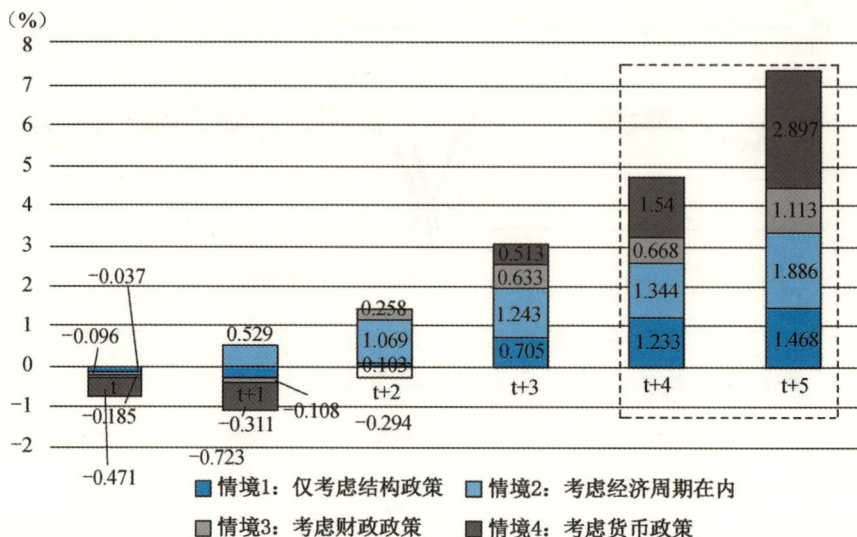

图 8　结构性政策改革（以劳动力改革为例）对就业率的改善需经历漫长且不确定的过程

资料来源：IMF。

新周期与硬着陆之外的第三条路径

从中国经济自身和外部环境两方面考察，中国经济当前并没有开启新的周期，但中国经济也不大可能出现硬着陆。笔者认为，当前的中国经济更可能走出第三条路径，即呈现新的波动方式。具体来讲，就是总量相对稳定下的窄幅波动与结构优化。

从历史角度看，新周期的开启往往需要有重大结构性改革的推进，而结构性改革在短期内往往可能会对经济产生一定程度的抑制作用。这就意味着，经济开启新周期的先决条件，并非是短期内经济总量增速的绝对上升，而是经济抗风险能力的加强，以保证结构性改革进程中不会由于经济架构的脆弱而产生叠加的风险和下行压力。

2016年以来，国内去产能叠加环保限产等已在一定程度上将工业带出通货紧缩。2017年，环保的约束继续强化，企业盈利有所改善，资产负债表有所修复，从微观实体企业的层面为结构改革和需求释放创造了适宜的时间窗口。但站在当下时点，中国宏观经济在整体上仍面临产能过剩、资本配置扭曲以及收入结构、产业结构不合理等问题，经济并未摆脱对地产和基建的依赖，部分行业的产能过剩也依然严重，以新需求或技术驱动的可持续、高效投资尚未形成。在旧的增长模式尚未完全出清的背景下，当前中国经济尚处于除旧布新、孕育新的增长动力和优化结构的过程中，支撑经济增长的力量还比较脆弱。因此，中国经济当前更可能的形态是，在现有的经济增长率下，保持窄幅波动下的稳速增长，通过破产处置、政府救助等方式逐项化解实体经济与金融市场存在的扭曲与错配，修复国家资产负债表，优化经济结构，并为新的、可能的重大结构性改革构建更健康的经济金融环境。

本质上，经济的驱动力不同，是一个经济发展阶段的问题。当驱动力发生变化时，经济增长速率的相应改变是其自然结果。使宏观经济增长稳定在当前水平，并不断修复经济结构，寻找经济的动态优化规律，应是中国经济当下这一阶段的关注重点。事实上，2015年以来，中国企业微观盈利和经济结构两个维度都一直在进行着调整和优化。从企业的负债率角度看，过去几年已出现了较为明显的改善（见图9）。

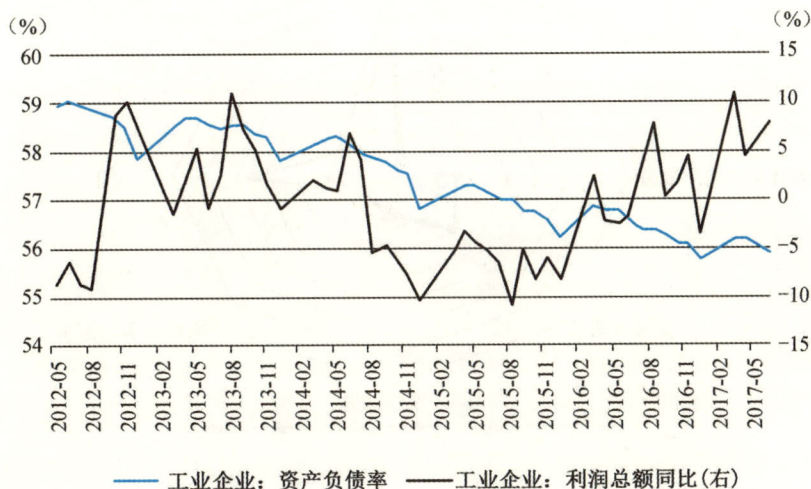

图9 与经济总量增长率趋势性下降相反的是工业企业的改善

数据来源：Wind 资讯。

　　中国经济结构的调整方面以及消费内部结构的变动，也是值得关注的趋势。需求端的消费超过投资成为贡献经济增长的首要因素，是部分观点认为中国经济开启新周期的重要论据之一。对此，笔者认为：鉴于社会消费总额增速的提高并不显著，消费总量的趋稳尚不能认为是新周期的开始；但消费内部的结构变化仍是在当前经济发展阶段中值得关注的结构性变化。

　　消费的长期驱动力既与收入水平相关，也与人口年龄结构相关，而二者均是影响经济增长的长期因素。理论上，一国人均收入发展水平与消费结构具有较为稳定的关系。国际经验显示，当人均 GDP 达到1万美元附近时，居民人均收入将处于相对富裕的阶段。当前，中国人均 GDP 已达到8100美元以上，相当于日本20世纪70年代的中后期水平。而在20世纪50年代，当美国居民人均收入达到这一水平时，美国的消费结构也出现了显著变化（见图10）。近年来，中国城乡居民的消费支出也呈现出食品类、衣着类比例不断下降，医疗保健类、文教娱乐等服务类支出上升的趋势（见图11）。以此可以推知，尽管经济增长的新周期并未开启，但经济内部结构的转变也正改变着资产价格对经济增长的影响渠道。理解总量稳定下的经济结构性的变化，将更有助于理解经济长期运行和政策调控的着力点。

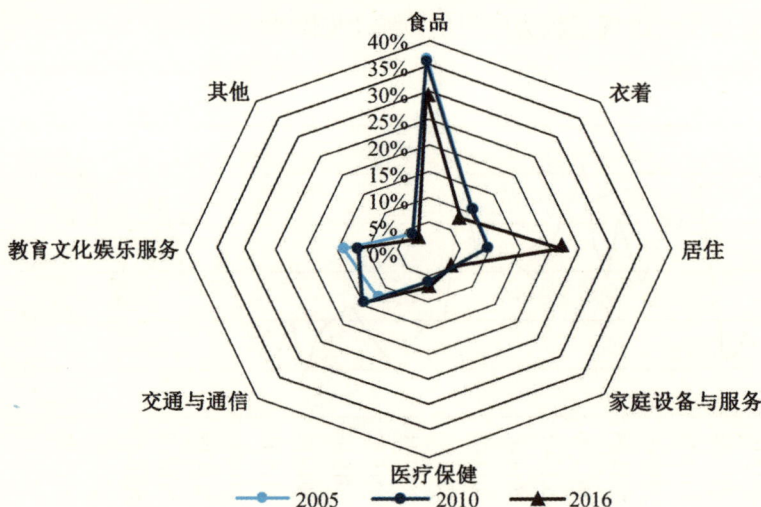

图 10　2005 年之后，美国个人消费结构伴随人均收入的阶段性变化开始改变
数据来源：Wind 资讯。

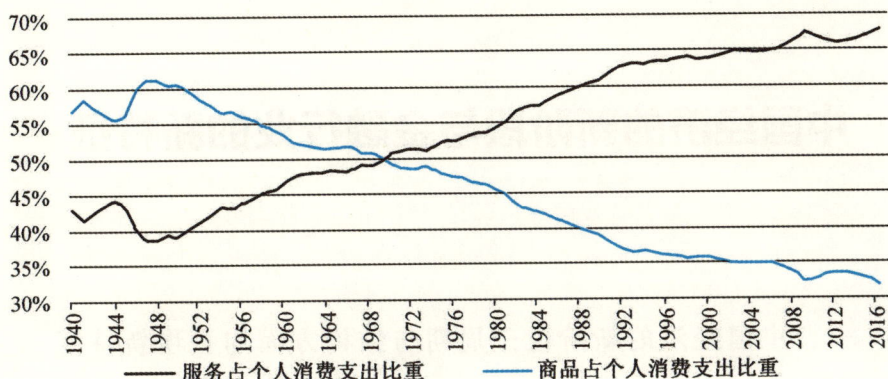

图 11　中国居民消费结构正在发生趋势性变化

数据来源：Wind 资讯。

　　总之，随着供给侧改革的深化和推进，在产能逐渐出清、金融杠杆逐步去化的过程中，中短期价格的阶段性变化容易导致市场预期发生调整，进而引发短期内经济数据发生正向或反向波动。这也是一种必然的现象。在实体经济风险与金融风险逐步出清的过程中，关注中国经济结构的问题和正在发生的动态优化，将更有利于理解经济运行的脉络。特别是经历了增长速度的持续回落之后，中国经济运行将呈现典型的窄幅波动的态势。未来，在旧增长模式累积的问题出清、国企混合所有制改革等重大结构性改革加速后，可以预期，中国经济将通过提振经济整体生产率而迎来新周期。而目前的发展阶段，只能说中国经济运行出现了一系列新的波动特征，尚不能被视为经济新周期的开启。

中国经济的新阶段与金融行业的新特征 *

一、中国经济的新阶段：周期与结构方面均呈现新特征

1. 从中国经济新常态看2016年经济走势：在一季度短期回暖之后重新探底

保险业成为金融市场越来越重要的活跃的市场主体，备受关注，与此同时保险机构的运营、保险市场的发展也同宏观经济的关联度越来越紧密，因此，从宏观经济层面思考保险行业的发展很有必要。

评估当前的经济运行状况，可以将当前放到中国经济运行的历史中对比。在亚洲金融危机时期，中国经济出现阶段性的低点，随后中国采取了一系列的改革开放举措，例如：加入WTO、国企改革、国有银行剥离不良资产并股改上市、培育房地产市场等，激发了中国改革开放以来持续时间最长的一个增长周期，到2007年达到了一个周期的高点，随后在2008年因美国次贷危机增长有一个陡峭的回落，到2009年达到一个阶段性的低点。2009年之后，在以四万亿为代表的一揽子经济刺激政策带动下，中国经济出现了V形的反转，更准确地说是2010年的一季度达到这一轮刺激的高点。然后刺激力度逐步减弱，经济增长逐级地回落，一直到现在我认为还是在回落探底的趋势中，还没有真正触底，2016年一季度的回暖主要是在房地产阶段性回暖，以及土地收入上升支持下的财政支出带动下出现的，随着房地产市场逐步进入调整阶段，中国经济又重新进入探底阶段。

新常态期间最大的特征是中国经济进入结构转换期，面临经济增长新动力的形成和旧动力的逐渐弱化这两股力量的双重交织。把握产业变化的趋势，在经济转型时期就变得非常的重要。在"十三五"规划中把这样一

---

* 本文发表于"金融读书会"微信公众号，2016年7月29日。

个特定阶段的经济运行特征归结为三化：速度变化、结构优化、动力转化。速度减慢，结构开始更加均衡了，同时，内部和外部环境出现的一系列变化，也必然促使中国经济增长要找新的动力，简单来说就是过去支撑中国经济高速增长30年的这些红利在逐步地减弱，比如说红利，包括人口红利、投资红利、贸易红利、资源红利和储蓄红利，这些曾经的红利都在逐步地减弱，所谓转型就是要找到经济增长的新动力。

2. 经济政策的重心需要重回供给侧改革

供给侧改革，实际上如果换一个角度来描述的话，其实就是从初始扩张（primary expansion）增长，到第二个阶段的追赶标杆型（after benchmarking）增长，追赶标杆，缩短差距，进而需要进行突破性的创新的增长这几个不同阶段的转换。或者说，经济转型也就是从初始扩张增长到追赶标杆型的增长，再到前沿拓展型的增长。

面对变化的内外部环境，中国的决策者经历了一个逐步认识、深化并提出相应的政策思路的过程。首先在2014年的5月份，决策层首次提出"中国经济进入到一个新常态"，并对新常态进行了界定；其次是在2015年10月份的十八届五中全会上提出了五大发展理念：创新、协调、绿色、开放和共享，这可以理解为在新的内部和外部经济环境下决策层的新的应对思路。在2015年11月份中央财经领导小组第11次会议上，决策层正式提出了"供给侧改革"，可以认为这进一步明确了近期的政策重点。

供给侧改革提出之后，我们观察到决策层在不同阶段对经济政策的关注重点也有一些变化，最典型的是在《人民日报》发表了三篇权威人士的文章。对照三篇文章的核心内容，可以发现第三篇文章对政策的关注重点较前两篇出现了明显的转变。前两篇非常关注经济回落时期要适当刺激消费和投资，不能出现短期内过大幅度的经济下滑。而2016年5月9日的《开局首季问大势》强调供给侧才是下一阶段的重点，在需求侧的刺激不能够越位，不能够给供给侧改革带来负担。这一政策重点的转变是与内部和外部经济形势的变化直接相关的。

3. 人民币汇率波动性明显增强，灵活的人民币汇率增大了经济政策应对外部波动的回旋余地

当前，全球经济短期仍然复杂多变，周期分化，不少发达经济体迈入

负利率时代。对于保险公司这样的金融机构来说，跨越不同经济体的经济周期，利用经济分化的全球经济现状，在不同的市场去匹配资产和负债，应该是一个非常好的进行全球化资产配置的发展阶段。

一些发达国家的利率水平都处于历史的低位，背后的原因是全球的经济增长下滑、投资的回报水平下滑，利率不可能持续抬高。全球现在负利率的债券有10万亿元，这对保险资金的运用来说尤其是个巨大的挑战。越来越多的发达国家开始进入负利率时代。在这样一个看起来似乎悲观的短期氛围下，其实也蕴含着新的机会。从更长期来看，全球其实处于新康德拉季耶夫周期的一个新起点上。

在这样一个动荡的国际环境下，为了应对外部经济的冲击，我们观察到，人民币汇率的灵活性明显提高，现在市场已经逐步接受了人民币汇率是会灵活波动的汇率，这对于应对外部冲击提供了一个良好的缓冲。从2015年8月份以来，我们可以看到，央行对人民币的汇率水平是灵活地顺应市场的供求而调整的。经历短期波动之后，进入2016年以来，人民币兑美元汇率在一季度总体保持稳定，二季度以来，在英国脱欧不确定的扰动下，人民币短期内一度承压。在岸、离岸汇差一度呈现扩大走势。英国脱欧变局从基本面来看有助于缓解短期的贬值压力。值得关注的一个趋势是，央行开始注意调节在岸和离岸之间的汇差，保持一个相对稳定的汇差，减少套利的机会，也有助于稳定市场预期。

4. 中国宏观经济政策的新进展

进入2016年以来，短期来看受关注比较大的几个政策的进展有：

去产能。进程多有反复，推进不易，但是可以说已步入中后期，去产能进展决定企业盈利恢复状况。如果去产能没有明显的进展，就很可能会导致该行业里面无论是最好的企业还是最坏的企业都亏损，所以说，在当前的经济政策评估中，除了关注经济增长速度触底，更值得关注的是企业盈利的触底。

去杠杆。实际上当前是降低杠杆和转杠杆相结合的一个过程。政府部门实际上一直是在持续地加杠杆，而且中国政府部门的杠杆跟发达国家比还是有一定的差距。居民部门也在持续地加杠杆，与发达国家相比也处于低位，这个和中国的高储蓄现状是有直接联系的，也与短期内的房地产回暖相关。真正在降杠杆的是非金融的企业部门，在这个过程中销售状况不错的房地产行业，一部分有竞争力的服务业、新兴产业等行业在不断地加杠杆。但是一些产能过剩的高库存、高杠杆的行业总体上处于一个去杠杆的进程里面，可以预期的是企业部门的去杠杆未来几年还是会持续的，这是一个渐进的过程，也很难在短期内剧烈地加杠杆。

去库存。实际从2012年已经开始全面地去库存，按照上市公司的统计数据和PMI值来看，整体制造业和PMI的产成品库存指标，在2012年之后就已经趋势性地往下。

中国的对外投资在2016年开始出现趋势性的变化，对外投资规模开始超越外资对中国的投资，中国的企业对外投资从早期的只是关注资源，到现在越来越多地关注产业创新、整合、嫁接到中国的产业里面来促进升级。

在整个影响投资和总体经济运行的因素中，房地产已经成为十分重要的一个影响因素。2016年一季度的经济回暖很大程度上是房地产驱动的回暖，这个房地产的阶段性回暖不仅带动了房地产市场本身，也因为带动了土地市场回暖而支持了政府对基础设施的投资；二季度后经济的逐步回落也可以说是房地产调整驱动的回落。宏观经济从短期看，在房地产的调整带动下重新进入到一个探底的趋势状态，房地产的周期也逐步进入到一个回落的态势。货币政策在保持相对宽松的条件下开始逐步地边际收紧，所以杠杆也开始在逐步回落，一些城市房地产政策开始收紧，这也是促成这种调整去库存的直接原因。

二、经济转型也在带动金融业的转型

经济转型的趋势，必然会影响到金融结构转型，包括保险资金运用在内，整个中国的金融体系最擅长的是服务于成长和成熟阶段的企业，但是在经济的转型时期除了有大量的初创企业，还有大量的转型企业和大量的问题企业需要重组。所以，经济转型带来金融转型的一个很现实的挑战，就是从以成长、成熟型企业为主的金融服务，向覆盖企业的全生命周期转化。实际上在初创和转型调整阶段，企业从金融体系里面获得的金融支持是明显不足的，这也是银行、证券、保险下一步转型服务的关键。

从银行业的趋势来看，有几个新的趋势值得关注，银行业新增的银行的牌照在增加，更多的民营银行在进入，由农信社改制的农商行的数量已经达到1000家，与村镇银行共同构成多层次的农村金融机构，《商业银行法》修订在即，商业银行经营范围有望扩大并逐步走向综合化经营，类银行的一些金融机构有望获得有限制持牌银行资格。金融监管方面，一些监管需要强化协调的部分可能会有所改进，利率的市场化逐步进入尾声，央行面临的主要任务开始逐步完善，进行利率的调控和传导，加速处置银行的不良资产，推动不良资产的证券化正成为一个很重要的趋势。

从保险来看，全球逐步进入偿二代的实施阶段，保险公司偿付能力监管规则不断改进。欧盟在2016年开始实施偿付能力第二代，并且通过了国际财务报告准则第9号和第10号的实施决定。美国也开始了第一年的自我风险和偿付能力的评估，中国从2016年1月开始实施，从现有的数据来看，新监管要求下实际资本提升幅度高于最低资本，偿付能力充足率比偿一代要高，尤其是财险公司更加显著。保险负债端的高增长引来了拐点，2015年高投资收益率叠加资金价格中枢的下移，驱动着2016年保险保费和收入新一轮的高速增长，进而带来保险资金规模中枢的扩张。但是2016年投资收益率受到一定的压力，中短期的理财产品监管强化，所以预计未来中期内保费的增速会出现拐点，目前保险投资端面临着趋势性的压力，长期资产配置的改善仍然有待于国内债券市场的更加完善。而在短期框架下，非标资产仍然是值得努力的一个方向。由于竞争和费率市场化的影响，保险公司的负债成本呈现上升的趋势，而低利率市场环境下，债券的收益率曲线在进一步地平滑，保险资金不得不要继续寻找多元化的投资渠道，这是当前保险业面临的一个非常大的挑战，在这个背景下，关注估值相对合理的香港等海外市场，就成为一个重要的资产配置选择。

从投行来看，中国目前的投行业正在经历一个顺应市场格局剧烈调整和变化的过程，如果把全球上市投行的市值进行比较，前20家有15家是中国的投行，在市值上升的同时，行业格局的变化更值得关注。我们对比美国投行业的发展历程发现，美国市场上佣金的自由化，注册制从分业到混业的变更，这一系列重要的历史节点深深地影响了美国投行业务的发展，可以作为当前分析评估中国投行业发展趋势的一个参考。

从相关制度环境等对比上来看，目前中国的券商发展阶段大致上处于美国20世纪80年代的发展阶段，佣金率大幅波动，市场化的大趋势，整个行业在分化、变革，注册制相关的建设对整个行业也是有非常深远的影响。券商行业是发展直接融资非常重要的载体，但是由于现阶段券商业务的深度不足，基本上还是以通道型、轻资产业务为主的同质化竞争，重资产的新型业务存在着市场空间不足和政策收紧的两难，所以我们判断近期证券行业依旧是以做加法为主，争取在各业务条线上的扩张维持综合性发展的主旋律，这种同质化的竞争可能还会持续一段时间。从美国投行业的历史和近几年中国券商发展历史来看，新生的这些资管、信用、直投等创新行业的发展会支撑整个行业的下一步前行。所以从目前来看，创新业务的常规化、重资产化是必然的趋势，新三板业务、FICC业务、主经纪商、财富管理等这些新兴业务，将是随后各家券商的重点，抓住新的机遇来推动行业的洗牌。

从租赁来看，全球的租赁业务跟经济周期关联度非常高，美国的租赁业务量遥遥领先，而中国的业务量跻身全球第二位，全球业务量最大的10个国家，占据了全球市场超过80%的份额。2007年以来，随着银行系的金融租赁公司的成立，各路资金竞相涌入，企业的数量和注册的资本大幅增加，租赁行业呈现指数性快速增长的态势。业务总量从2006年的平均大概80亿元到2015年的44400亿元，增长了500多倍。在融资租赁这个市场里面金融行业的大股东和内资、外资三足鼎立，大概比例是4∶3∶3。目前在这个产业转型的阶段，融资租赁在拓宽中小企业的融资渠道、促进生产性服务业的发展、推动产业创新升级、服务实体经济发展方面发挥着越来越重要的作用，值得关注。

互联网金融正在调整中寻求新的增长点，金融科技继互联网金融调整之后受到了广泛的关注，中小企业和零售部门是金融科技投资的主力。而从投向业务看，支付和融资仍然是目前投资的主要方向。从目前来看，互联网金融领域一方面出现了显著的调整，出现了不少的问题，但是大浪淘沙；另一方面，中国的互联网金融领域也涌现出来一批在全球范围内具有竞争力的优秀企业，整个的互联网金融市场规模也好，互联网金融的用户人数也好，都在全球领先。从移动支付的市场来看，个人的应用和移动金融仍然是现在移动支付的主要市场。财富管理的智能化也呈现出显著的增长趋势，货币的数字化也越来越受到关注，区块链技术的应用最可能发生在支付和交易银行、资本市场这些业务的主要应用市场。

三、中国经济增长新动力正在形成，旧动力逐渐弱化[1]

2016年全年新增信贷投放集中于居民中长期贷款，累计占比达到45%。2017年，在房地产政策收紧的情况下，信贷投向基建和新兴产业。"脱实向虚"成为当下热议的话题之一，金融真的在空转中独自繁荣吗？银行资产负债表的膨胀背后是地方政府债务、房地产融资以及"两高一剩"行业的融资膨胀，预计债务置换带来的新增信贷约4.5万亿元。

2017年中国经济的短周期复苏在一、二季度之后见顶回落，其中短周期内的地产投资拐点已经出现。基建投资全年将呈现前高后低走势，下半年开始预计将出现小幅回落。制造业投资企稳，但内生动能存在行业分化，钢铁等过剩行业下滑空间收窄，TMT等新兴产业和新兴动能投资保持高增长态势。这一现象的背后昭示了中国经济新旧动能逐步转换的过程。

出口情况则因2016年三季度至今全球贸易持续复苏的推动，正走出低谷。不过，中国劳动力成本的攀升和全球贸易的趋势性走低制约着复苏的空间。在消费方面，收入的制约、结构的裂变、汽车产销高增长转负都将令中国消费出现分化，增速稳中放缓，其中一线城市的消费降级与三四线城市的消费升级并存。汽车消费占中国耐用品消费的近40%，是决定中国消费走势的核心因素。2017年4月，各种口径的汽车、乘用车销售增速均已转负，5月份的乘用车零售增速仍是负数。

中国新投资拉动的需求在帮助旧投资转型，而金融去杠杆则是影响2017年金融市场和宏观经济的重要变量，同业存单量价齐升，现已成为加杠杆的新途径，表外理财尤其是同业理财成为表外扩张的主要工具。资产端则通过各类载体，形成资金获取、投资管理和通道的三层资管结构，最终流向各类标准化和非标金融资产。委外市场因缺乏专业投研团队、地方

1　第三部分发表于"上观新闻"官网2017年6月16日，2017年6月17日刊载于公众平台"金融读书会"。

监管严格、投资受限等原因应运而生，涉及银行扩表和采用质押、期限错配等方式再次加杠杆。加杠杆的本质就是监管套利和资金套利，监管部门要从建立统一的资管监管框架开始，提高协调性，并注意完善"宏观审慎"与"微观审慎"相结合的监管框架。

依靠货币刺激难以解决经济的
深层次结构矛盾 *

一、人民币汇率波动的原因及其未来走势

2016 年以来，人民币汇率波动较为剧烈，这背后有外部和内部两方面的深层次原因。

从外部来看，欧美日等发达经济体之间经济周期和经济政策分化所带来的外溢效应冲击是人民币汇率波动的重要原因。人民币中间价定价新规则是"收盘汇率 + 一篮子货币汇率变化"。这表明，人民币汇率走势更多与一篮子货币相关联。2016 年以来，上述国家和地区的汇率均呈现明显波动，美元指数最高接近100，最低值不到92。而且，由于美国经济数据的摇摆、英国脱欧公投等事件，汇率市场波动剧烈。

从内部来看，人民币汇率的波动性和灵活性上升也是汇率正在更多由市场因素驱动的表现。伴随着汇率形成机制改革的深入，汇市的参与主体更加多元化，预期也更为多元化和分散，主体的多元化和行为的变化可能会在短期内加剧人民币汇率的波动幅度。2016 年以来，受企业外币负债去杠杆以及海外兼并收购意愿不断升温等因素影响，中国外汇市场呈现阶段性的外汇供小于求的局面，人民币对美元收盘汇率阶段性地呈现较中间价贬值的走势。

具体分析这期间人民币汇率的波动，可以发现，2016 年 1 月份至 2 月初，人民币汇率的波动幅度加大，可以视为"8·11"汇改的延续，市场对

---

* 本文发表于《金融经济》2016 年第 21 期。

汇率形成机制的变化需要一个适应的过程，离岸和在岸汇差阶段性较大的问题也需要一个过程来逐步化解。随着央行强化与市场的沟通，市场对汇率形成机制的理解和接受程度在不断提高。2月下旬至今的人民币汇率波动幅度扩大，其实更多是汇改的应有之义。随着人民币汇率更多由市场来决定，人民币和市场主要货币的双边波动都会有所加大。以对美元汇率为例，3月、4月美联储加息预期降温，美元指数持续下跌至92左右，而5月、6月又随着加息预期升温持续反弹，这期间，人民币兑美元也是先升值后贬值。另外应注意到，在当前参考"收盘价＋一篮子货币汇率变化"形成机制下，人民币兑一篮子货币的波动幅度通常会低于兑美元的波动幅度，3月初至6月末人民币兑美元汇率中间价年化波动率为4.28%，而CFETS（中国外汇交易系统）人民币汇率指数年化波动率仅为2.31%。一方面，人民币兑美元汇率更为灵活，双边波动呈常态化；另一方面，人民币兑一篮子货币也在尝试保持相对稳定的基础上稳步提高灵活性，进而提升人民币汇率的市场化波动的程度。

那么，接下来人民币汇率走势又会怎样？从2016年初到10月，人民币汇率波动总体上呈现非对称性策略贬值趋势，也即美元走强时，更多地盯住一篮子货币，人民币兑美元贬值，但对一篮子货币仍保持稳定乃至升值；美元走弱时，更多地参考美元汇率，跟随美元一起走弱，对一篮子货币贬值。从趋势看，人民币汇率是否延续这一策略，很大程度上与美元走势密切相关。一旦美元的强势得到进一步强化，非对称性、策略性贬值的"两条腿"走路策略就可能面临较大压力。

在新的人民币汇率形成机制下，美元的走势依旧是影响下半年人民币汇率走势的最主要因素。从国内来看，自"8·11"汇改至今，影响汇率走势的主要因素中，由贬值预期导致的资本外流和贬值压力已大幅弱化，企业进一步去化外币负债的空间也较为有限，但居民和企业部门积极寻求海外资产配置会在中长期持续影响汇率走势。金融高杠杆和资产泡沫能否平稳化解也会是影响汇率走势的一个关键变量。同时，从更为基本的影响因素看，中国经济转型的进展如何，直接决定了中国的劳动生产率的提速，进而直接影响到人民币汇率的中长期走势。另外，人民币与美元利率的相对走势也有很大影响。

二、监管层对人民币汇率走势的态度：支持基本稳定

从目前市场的政策操作以及央行的表态来看，可能倾向于重点关注经常性项目顺差等基本面指标，支持汇率的基本稳定。近期资本外流趋于缓和也从特定的角度印证了人民币汇率水平可能已处于相对均衡水平。在动荡的国际环境下，央行可能会期望新的人民币汇率形成机制既能实现有效汇率随市场变化波动，又能稳定汇率预期。

在应对汇率的波动过程中，央行应对汇市波动的经验不断积累。可以观察到的应对策略包括：其一，应对短期市场汇率波动和汇率水平的灵活调整相结合。人民币兑美元汇率从 2014 年年初的 6.0 到"8·11"汇改前的 6.2，再到 2016 年 7 月初的逼近 6.7，几度遭受了较大的贬值压力。在稳定汇率预期的过程中，资本外流收窄、汇率水平灵活调整、波动性增加起到了重要作用。其二，注意调节在岸和离岸之间的汇差。保持一个相对稳定的汇差，减少离岸和在岸市场之间的套利机会，也有助于稳定市场预期。同时，这也客观上提出了如何培育离岸人民币市场、丰富央行在离岸市场的调控工具等课题，央行要避免在离岸市场进行调控时引起巨大波动。其三，应对汇市波动与坚持资本项目开放并行不悖，在保持相对平稳的资本项目开放预期条件下，坚持资本账户开放非对称推进政策，即继续推出鼓励资本流入的措施，但在对待可能引发资本外流的开放措施方面保持谨慎。总体上保持资本管制政策的连续性，避免贸然采取的资本管制措施引发市场的恐慌。

对于监管层的操作，常常有人用"货币战争"的模式去理解。个人认为，"货币战争"如果用于讨论汇率政策，实际上是一个笼统的，也有些戏剧化、娱乐化的词，很难具体界定其包含的内容。不过，从全球经济看，目前仅仅依靠货币政策刺激难以解决经济的深层次结构矛盾，正在成为全球主要货币当局的共识。从这个意义上看，竞相贬值显然不会成为主要经济体长期一致的选择。当前全球贸易保护主义确实在抬头，"去全球化"升温，但主要国家在汇率方面保持了相当程度的克制，更多是积极的汇率协调，2016 年年初至今的多次 G20 会议都一再重申避免竞争性贬值的立场。

各国的实际行动也验证了这一共识性立场：日本在步入负利率时代之后，日元持续强势，与安倍期望日元贬值以提振出口和通胀的意愿背道而驰。日本政府多次口头警告，但至今为止，所谓干预只是停留在口头上。英国脱欧过后，市场普遍预期会迎来新一轮全球货币宽松，但即便英国也没有在7月议息会议上第一时间降息，而是确认脱欧冲击经济基本面后于8月降息。

三、加入 SDR 对人民币汇率及相关产品的影响

根据计划安排，人民币加入 SDR（特别提款权）货币篮子已于2016年10月1日生效，人民币加入 SDR 货币篮子之后，人民币汇率有望逐步走出市场化汇率走势，央行会逐步退出日常交易形式的干预。随着人民币国际化不断深入，越来越多国家和地区开始使用和持有人民币，参与人民币汇率市场博弈的供求方日渐增多，人民币汇率的波动必然更加灵活。

短期来看，人民币汇率走势受人民币加入 SDR 事件影响有限，主要仍是受国内外经济环境影响。中长期来看，人民币在加入 SDR 后，更多将体现出在新兴市场和周边国家补充并逐步取代现有国际储备货币的角色。因此，人民币汇率政策目标更应体现为与新兴市场货币汇率保持相对稳定，而在适当范围内保持对美元汇率的灵活弹性，从而为逐步摆脱原来在汇率波动幅度较小环境下形成的作为"准美元"的汇率同步节奏，以增强人民币在国际货币中的独立影响力。

此外，我国央行货币政策操作框架也面临着内外部政策优先次序的权衡和选择。随着人民币成为国际储备货币，货币政策的国际协调变得更为重要，我国央行独立的货币政策效果将受到削弱，内地经济增长问题则在一定程度上上升为全球经济发展问题。目前内地经济形势面临结构转型的压力，随着金融改革的深化，未来会面临内部经济增长目标（或者说内部平衡目标）与外部人民币汇率稳定目标之间的政策优先次序的权衡，正如20世纪80年代、90年代拉美国家和亚洲国家的货币当局所面临的选择。作为内需市场较大的经济体，货币政策应优先保证独立决策的空间，人民币汇率则相对灵活，对多数新兴市场货币保持稳中趋强，对美元的汇率可在更大区间内保持波动。

金融去杠杆的缘起与走向 *

金融去杠杆，去的是无资本支撑、脱离监管的杠杆。而金融杠杆的高低，应与经济增速、资本充足和监管要求相适应，一旦超过经济发展的速度，或者脱离资本的支撑，那必将走向金融泡沫。

货币市场利率的提高和流动性的收紧，打破了加杠杆的基础，使得融资成本提高，利差受到挤压，这是金融去杠杆的必要条件，也将会伴随去杠杆的整个过程。

在去杠杆的初期，企业的融资数量可能会有所减少，但长期看企业的融资结构将得到改善，成本得到降低，从而更有效地支持实体经济的发展。

在本轮供给侧结构性改革中，"三去一降一补"成为中国经济改革的主要抓手，其中"去杠杆"主要涉及的是政府部门、非金融企业和居民部门的杠杆，而对于金融去杠杆，目前看来实际上并未有明确的界定和衡量指标。金融业本身作为一种高杠杆经营的市场主体，其自有资本占比相对较低，正因如此，对其监管的重要内容之一，就是聚焦于资产扩张需有足额资本的支撑，而金融过度加杠杆的过程正是无充足资本对应的资产扩张。自2016年起，中国金融体系的去杠杆逐渐受到市场的关注，以银行为主体的金融机构的资产扩张开始游离在传统监管指标的监控范围之外，并在一定时间窗口内对货币市场、债券市场等造成局部冲击。

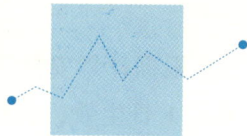

---

* 王月香参与本文的起草与讨论，本文发表于《上海证券报》2017年4月19日。

本轮金融加杠杆是如何形成的

（一）加杠杆的基础：宽松的货币环境

2008年金融危机以来，各国为刺激经济相继推出量化宽松的货币政策。在这样的环境下，2015年以来，货币环境整体宽松，全年央行累计5次降低基准利率，以 Shibor 为代表的银行间市场利率维持低位，至2016年，10年期国债利率中枢也降至3%以下。低利率的环境降低了融资成本，为金融加杠杆提供了现实的市场基础。

值得注意的是，自2015年以来，货币派生的途径也已发生变化，通过银行信贷扩张而带动的传统货币派生占比下降，影子银行体系的货币派生能力增强。从货币供应量的数据可以看出，2015年以来，基础货币余额同比增速降低，但货币乘数上升幅度较大，M2同比增速出现波动，全年相对较高。2016年以来，M1与M2的剪刀差一度扩大，也显示了货币供应量的波动性加大，金融体系的流动性相对充裕。

宽松的货币环境和低利率为金融加杠杆提供了基础，金融机构通过较低的融资成本从央行获得流动性，并通过质押和期限错配实现套利。然而这种流动性的套利在终端需要有实体经济有较高的回报率作支撑。从宏观视角看，自2014年起，中国的资本回报率已经低于融资成本，这就决定了阶段性的流动性套利的不可持续性。

（二）加杠杆的表现形式：商业银行的表内外资产结构调整与扩张

从狭义的杠杆率来看，银行资产负债表内外的扩张是最直接的加杠杆源头。而扩表行为的表现形式各有不同，如果依靠存贷款业务扩表，因其监管相对完善且严格，并不会带来体系内资金的空转。但本轮加杠杆在资产负债结构调整上表现出新的特点，在负债端依赖于可以快速扩规模的同业负债，而在资产端通过直接或间接投资债券、非标、权益等，这些都在一定程度上脱离了监管的视线，造成了资产扩张与资本支撑的背离。无论是表内资产还是表外资产，本轮扩张表现出来两个重要的特点：一是资产扩张的形式更加多元；二是中小机构成为扩张的主力。

从表内看，同业业务成融资主要手段，广义信贷增速远超贷款增速。

银行的资金来源主要以存款为主，这是银行的被动负债，在加杠杆的内在驱动下，银行积极地发展自己的主动负债业务，主要包括同业拆借、卖出回购、发行债券等，几乎所有的主动负债均发生在同业之间。近年来，同业存单数量与价格齐升，成为金融加杠杆的新途径之一。

在表内的资产端，明显的变化为贷款占比逐渐降低，投资类占比逐步上升。而投资类资产中，标准化债券投资降低，非标和权益类资产占比提升。MPA框架下的广义信贷增速远高于贷款增速，资产扩张的形式更加多样化。从银行类型看，中小银行成为资产扩张的主力。2016年全年非上市中小银行表内资产增速23.5%，远高于上市银行平均水平10.8%。

从表外来看，表外理财尤其是同业理财成为表外扩张的主要工具。

截至2016年年末，理财规模达到29.1万亿元，同比增速虽有所下降，但仍保持了24%的水平，高于表内资产增速。表外理财占表内资产的比重由2014年年底的6.5%升至2016年年底的16.5%。2015年5月，同业理财规模首次超过私人客户并呈快速增长趋势，截至2016年上半年，占比超过15%，同业理财迅速扩大资产管理规模，成为表外扩张的主力。

（三）加杠杆的驱动力：监管套利和资金套利

资产扩张多元化的背后，资金流向变得愈加难以追踪，而在当前的监管框架下，究其根本驱动力，无外乎达到监管套利和资金套利的目的。表内的非标资产以及表外运作可规避风险资本计提等监管指标，通过镶嵌通道又可以突破对信贷规模和行业的限制。资金套利在初期利差丰厚，但随着流动性的收紧愈加被动化，典型表现为债市调整后，成本与收益出现倒挂，而在久期错配的情况下，为避免资产收回并维持同业链条，只能被动维持高成本的主动负债。

监管套利的一种表现形式即为同业链条的加长，其背后隐含两重问题。

因不同资管机构在投资范围、杠杆倍数等方面的监管要求不同，产生了不同类型金融机构之间合作的需求。其中一种业务合作模式即为通道类业务。这类业务的存在带动证券和基金子公司的资产管理规模迅速扩张，从2014年8万亿元扩张至2016年三季度末的33万亿元。金融子行业之间资产的流转除可以实现监管套利外，其实对支持实体经济并无多大益处。同业链条的拉长不但提高了融资成本，加大了操作风险，而且扭曲了资源的配置。多层产品镶嵌和同业链条加长使两个问题受到关注：一是客户风险适应性问题。往最终客户方向穿透识别最终风险收益承担者，是否存在低风险承受能力与高风险资产的错配。二是最终资产投向合规性问题。产品方向往底层资产穿透识别最终的资产类别，是否符合资产管理的监管规定，其风险是否经过适当评估。

监管套利还催生了委外市场的发展，其中涉及两层加杠杆。

委外市场最初产生，源于中小银行资产管理规模的迅速扩大和投研能力相对缺乏之间的矛盾，但随着对委外市场利差的追逐，委外的主体由以中小银行为主，发展至各类银行均有参与。在2016年高峰时期，四大行理财资金的委外规模在2.5万亿~3万亿元，全行业或达5万亿~6万亿元。委外链条的延伸使得加杠杆的空间更大，其中涉及两层加杠杆和套利。第一层杠杆，银行通过发行同业存单或同业理财从银行间市场募集资金，在资产端进行投资，即银行扩表的加杠杆；第二层杠杆，资产管理委外投资管理人投资债券等资产，采用质押、期限错配等方式再次加杠杆。

通过分析本轮银行的扩表行为，可以看出资金流向脱离了监管的视野。在表内投资中，债券占比降低，非标回表导致占比提高，非标资产多为持有的各类资管计划和信托计划，资金流向难以追踪；在理财资金流向中，受8号文[1]的影响，非标资产占比逐步降低，债券及货币市场占比提升，2016年投资利率债和信用债占比均提高，债市加杠杆和资金空转现象逐渐明显。名义规模迅速扩张风险仍积累在金融机构体系中，即所谓的资金空转和泡沫。资金的过度追逐收益，使得以超储为主的流动性储备变薄，加剧了流动性的紧张，也对银行的流动性和头寸管理带来挑战。

金融去杠杆，市场运行会出现什么变化

（一）扭转加杠杆的宽松预期

要实现金融杠杆的降低，首要的是打破加杠杆所必需的宽松流动性环境。2016年以来，央行在金融市场去杠杆的政策导向坚定，为防范金融体

1　即2013年3月25日，银监会下发的《中国银监会关于规范商业银行理财业务投资运作有关问题的通知》。

系资金空转采取了一系列的措施挤压资产泡沫，降低金融体系杠杆率。其中包括：在公开市场锁短放长，提高成本，流动性维持紧平衡。自2016年8月起，央行重启14天和28天逆回购，通过拉长期限，间接提高资金成本。随着公开市场操作不断回笼资金，维持流动性的紧平衡。

保持货币政策稳健中性，提高货币市场利率中枢。2016年三季度货币政策报告明确提出"主动调结构""主动降杠杆""主动去泡沫"。四季度货币政策报告明确"货币政策稳健中性"，"防止资金脱实向虚和不合理的加杠杆行为"。2017年春节前后，央行顺势而为，两次提高MLF、公开市场利率，货币市场加息周期开启，金融降杠杆监管思路稳步推进。

货币市场利率的提高和流动性的收紧，打破了加杠杆的基础，使得融资成本提高，利差受到挤压，这是金融去杠杆的必要条件，也将会伴随去杠杆的整个过程。

（二）宏观审慎与微观审慎互为补充

从本轮加杠杆银行的资产负债扩张新特点可以看出，传统的合意信贷口径已经无法准确地捕捉金融机构的资金运作趋势。因此，自2016年起，央行建立了宏观审慎评估体系MPA，对金融机构进行框架性的监管评价，并持续完善。从2017年一季度起，央行明确将表外理财资产扣除现金和存款等之后纳入广义信贷范围，增速与M2增速挂钩，控制中小银行无序扩表行为。根据广义信贷计算宏观审慎资本充足率，成为牵制银行考核结果的重要因素。通过MPA体系的不断完善，从规模、增速、占比等维度，实现系统化、动态化的宏观审慎监管。

同时，对于中小银行来说，由于其投资端收益较高，对资金成本提高的敏感性低，现有MPA考核的激励与惩罚机制相对单一，仅对法定存款准备金实行差异化利率，其实际的约束效果大打折扣。因此，可以通过加强惩罚措施，如对不符合宏观审慎要求的地方法人金融机构，发放常备借贷便利（SLF）利率加100个基点，把MPA的考核结果与各项准入和资质进行挂钩，能够有助于强化监管约束。

而除宏观审慎监管外，微观审慎监管作为宏观审慎监管的补充和落脚点，也需得到细化和更新，宏观审慎和微观审慎二者相互配合以打破银行—非银套利交易结构，弥补监管失灵。

中国银监会对单一金融机构的微观审慎监管基于 CAMELS 体系，而在具体的落地过程中，对资产的穿透监管显得尤为重要。在 2017 年的新版监管报送要求中，对表内投资业务和表外理财的资产端都进行了详尽的资产穿透列示要求。通过提高统计信息的透明度，实现影子银行阳光化，穿透底层资产。

微观审慎监管的另一体现为建立统一的资管业务监管框架。中国一直以来实行分业监管，随着不同类型金融机构之间的合作越来越多，单纯从机构角度出发进行监管，其局限性日益突出。通过建立资产管理业务监管的统一框架，能够实现机构监管和功能监管的结合，有助于去杠杆、去非标、去通道、打破刚兑、禁止资金池等监管目标。金融稳定理事会关于加强资管业务监管的政策建议主要从流动性错配风险、杠杆风险和证券借贷业务风险三方面进行规范，加强正常和压力情况下的流动性管理，强化压力测试和信息披露要求；改进资管产品的杠杆水平计量方法，进一步强化杠杆风险监测与防范；规范现金质押品再投资行为，完善折扣系数监管要求。具体到我们的监管改革实践，也应从改革统计报送制度、禁止多层产品嵌套、第三方托管监控资金流向、同业业务正面清单制等方面减少监管盲区，实现穿透；从禁止资金池操作、统一杠杆要求、控制风险集中度、统一资本约束和风险准备金管理等方面加强内部资本约束，强化风险控制。

金融去杠杆之路：影响与应对

自 2016 年四季度起，随着债券市场的调整，金融去杠杆即已开始，在监管层从流动性和宏观、微观审慎层面采取措施之后，金融杠杆是否有了一定的下降？从基金子公司的规模增速上看，2016 年全年增速逐步下降，至四季度已经降至 33%，券商资管的规模增速也相对较低；但从同业存单的发行数量上看，截至 2017 年 2 月份，单月发行规模 1.9 万亿元，剔除偿还到期的净融资额也超过 8000 亿元，均创历史新高。从这一数据看，去杠杆还有很远的路要走。金融去杠杆并非短期内即可取得成效，当市场利率提高时，久期较短的资产端调整较快，短期去杠杆效果也比较明显；一旦央行放松控制，随着利率的降低，发行同业存单，对接同业理财，投资债券的链条将再次奏效，前期去掉的杠杆将死灰复燃。并且对于前期出现的期限错配情况，在资产端也需要一定的时间进行置换，去杠杆是市场多方博弈的结果，也容易出现反复。

但不可否认的是，2017年随着流动性宽松的终结，去杠杆将伴随始终，也将对银行、资管行业以及实体经济产生影响。

对银行业而言，去杠杆的初期会产生利差倒挂等负面影响，加杠杆进程中的扩表行为不再持续反而加速收缩。随着监管的跟进，资产扩张的多元形式也逐一纳入监管框架，需要充足资本的支撑，长期看，对银行业的资产质量风险缓释有积极影响，也倒逼银行业远离资金套利，重回间接融资的正轨。

对资管行业而言，本轮去杠杆的重要影响即为委外管理人的洗牌，简单通道业务失去存在的基础，机构间的合作由简单的通道服务升级为优势互补；委外投资出现分化，在委外管理人的选择上，更加注重投资能力；完善委外投资的管理机制，建立白名单机制，加强定期汇报和沟通，实行末位淘汰制度，规定委外管理人跟投比例，超额收益递延支付等。这些都将对资管行业产生深远影响，引导行业回归资产管理的本质。

而对实体经济而言，不可否认的是，在本轮加杠杆的过程中，由于资金供给上升，企业融资总量有所提升，但多层链条和通道也增加了交易成本和操作风险。而且通过多层的资金流转，最终资金的流向可能与政策引导的方向发生偏离，弱化了对资金配置的调控，长期看对实体经济产生不利影响。因此，在去杠杆的初期，企业的融资数量可能会有所减少，但长期看融资结构将得到改善，成本得到降低，能够使金融更有效地支持实体经济的发展。

金融去杠杆，去的是无资本支撑、脱离监管的杠杆，而金融杠杆的高低，应与经济增速、资本充足和监管要求相适应，一旦超过经济发展的速度，或者脱离资本的支撑，或者逃避监管的要求，那必将走向金融泡沫。去杠杆的过程，也是对金融机构考验的过程，如何实现业务结构的调整和优化，提高流动性管理的能力等是金融业首先需要解决的问题。而聚焦轻型化发展，是适应去杠杆进程的银行发展方向。

稳住杠杆率上升的斜率是更为现实的
政策取向 *

回顾过去几年的宏观政策和经济表现，基本上都围绕着是否以及如何去杠杆展开。2009 年起的巨量债务扩张将中国经济带入了债务周期的漩涡；2010 年通胀切换到 2012 年的债务通缩；2013 年遭遇明斯基时刻，试图以紧缩出清的方式去杠杆；2014 年至 2015 年则提出紧缩不宜去杠杆，更应以宽松应对并发展股权融资，以及杠杆在不同部门间腾挪，对应的是宽松的流动性环境、试图以做大权益去杠杆以及地产去库存政策；2016 年的政策基调再次做出调整，过度宽松并不适宜去杠杆，这意味着回归真正意义上中性的货币利率将成为去杠杆主基调下的选择。同时，加快"僵尸企业"出清以及地方政府债务约束都是去杠杆的题中应有之义。

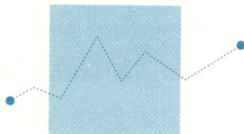

一、中国宏观杠杆率特点：斜率陡峭、问题集中在国企与地方政府

2009 年"四万亿"经济刺激以来，中国宏观杠杆率迅速攀升，从 2008

---

　*　本文发表于《中国金融家》2017 年第 8 期。

年年底的 141% 上升到 2016 年年底的 254%，平均每年上升 14%。2011 年杠杆率出现小幅下降，但 2012 年之后继续以年均 15.6% 的速度上升。2016 年，中国宏观杠杆呈现放缓迹象，其中，企业部门杠杆斜率显著放缓，主要得益于企业盈利的改善，加杠杆的主力转向居民部门。具体来看，2008 年至今，企业部门杠杆率年均增长 8.8%，在数据可得的 44 个主要经济体中仅次于爱尔兰、卢森堡、中国香港等离岸金融中心，远高于美、日、英等发达国家金融中心；居民部门 44.4% 的绝对水平和 3.3% 的年均增速在新兴经济体中同样处于较高水平；政府部门杠杆率最为温和，2016 年年底为 46.4%，年均增速 2.4%，但未纳入统计的地方政府隐性债务扩张值得警惕，国企部门的快速扩张也与地方政府密不可分。

国际金融危机后，企业部门杠杆率的攀升主要受国企拉动，国有企业资产负债率由 2008 年的 57.4% 逐渐攀升至 2016 年的 61.3%，而同期，私营企业杠杆率从 57% 振荡下行至 51.9%。进一步拆分来看，2008 年至今，地方国企的扩张速度持续高于央企，2008 年至 2015 年，地方国企总负债年均增速为 21%，而同期央企负债年均增速为 18%。我们认为，这得益于地方政府的金融资源导入。换言之，国企部门债务的快速扩张和地方政府密不可分，地方政府在金融危机后获得的融资权是地方国企加杠杆的重要推手。

二、去杠杆还是稳杠杆

去杠杆意味着出清，同时，诸多研究也表明，杠杆率水平和风险的触发并无直接关系，更重要的是上升斜率，也就是要控制住债务膨胀的速度。野村证券曾经提出过"5–30 规则"，也即 5 年内信贷占 GDP 的比值上升超过 30% 往往是危机的前兆。杠杆率斜率陡峭是美国金融危机前显著的预警信号，2000 年至 2007 年的年均增速达到 6%；危机后，事实上，美国的总体杠杆率也没有真正去化，只是通过内部杠杆腾挪基本稳定在 248% 附近。

欧盟仅有西班牙、德国等国的杠杆率水平有小幅下降，法国、意大利的杠杆率基本稳定。在艰难的去杠杆中，西班牙失业率和通货膨胀率大幅上升、金融市场暴跌、经济衰退甚至政局出现动荡。德国则是吸取了欧债危机教训，主动降低政府杠杆率，强调财政预算平衡，加之旨在削减福利、促进就业的劳工市场改革推进 10 年效果开始显现，2014 年，德国实现了 45 年来首次预算平衡。对于中国而言，短期更为现实的目标就是将年均 15% 左右的杠杆率攀升速度降至 10% 以下，长期要推进实质的杠杆去化则需要进行主动的结构性改革。

积极的变化是，2016 年，中国宏观杠杆率有趋稳的迹象。值得关注的是，2011 年至今以年均 7% 的速率快速攀升的非金融企业杠杆率在 2016 年边际有所放缓，全年上升 2% 左右，边际放缓部分来自 GDP 平减指数的转正，也有部分来自企业部门融资增速的放缓。分部门来看，2012 年，民营企业在持续降杠杆，但国企杠杆去化还未真正开启。由 PPI 上行带来的盈利改善进而降低企业杠杆率，要具备可持续性，需要价格上涨下外生的盈利能力内化为企业真实竞争力的提升，而这需要加快过剩产能出清的步伐和"僵尸企业"的处置。

走出通缩以及出口改善，使得稳住宏观杠杆率处在较好的时间窗口。2015 年 11 月告别工业领域通缩具有重要的金融意义，避免了进入债务—通缩的陷阱，同时，上游企业盈利得以全面改善，上游出现系统性信用风险的概率大大下降。尽管当前 PPI 和企业盈利都在趋于回落，但全年来看，PPI 和工业企业盈利中枢分别有望维持在 5% 和 16% 左右，均为 2012 年以来的新高。同时，欧美资产负债表修复完成且外部利率抬升缓慢创造了去杠杆的有利外部条件。国际金融危机过后，欧洲国家资产负债表修复一度大幅滞后于美国，如今分化正在收敛：美国居民部门从 2016 年第三季度重启加杠杆，欧洲快速攀升的政府部门债务率也得到遏制，赤字率已削减至危机前的水平。欧美资产负债表修复相继步入尾声对中国来说具有双重含义：一方面，欧美产出缺口持续收敛，全球贸易随之复苏，中国出口也从中受益；另一方面，外部利率的缓慢抬升既倒逼国内去杠杆，又不至于转向得过于猛烈。内外部因素都支持微观企业盈利基本走出了最艰难的时刻，其政策含义在于与 2014 年深陷工业领域通缩以及出口处于低谷不同，政策的定力显然更强，2017 年内难以看到政策的全面转向。

三、稳杠杆率上升斜率的政策应对

利率保持稳健中性。2013 年至 2016 年利率戏剧性地从高位大幅回落到低位，但事实证明，紧缩不利于去杠杆，宽松也不利于去杠杆。过高的利率会提高企业的付息成本，导致被动加杠杆；而过低的利率使得信贷获得更容易，企业会主动加杠杆。因此，回归稳健中性的利率水平是保持杠杆率上升趋缓的最为有利的货币环境。

以改革来加快"僵尸企业"出清及约束地方政府债务。金融去杠杆是从资产端约束债务率的攀升，仅仅是稳杠杆的一环，更为核心的是要从负债端入手。2016 年年底国务院发布的《地方政府性债务风险应急处置预案》，对地方政府债务实行分类、分级应急处理，强化债务风险责任追究，防范区域系统性风险。此外，2017 年上半年，财政部频频警示地方政府的隐性债务扩张，意在控制地方政府隐性债务的无序扩张，在国企领域也在推动"僵尸企业"的出清。当前，最为根本的应当是加快中央和地方财权、事权关系的重塑以及国企改革，这是从中长期约束债务扩张、稳住杠杆率的有效机制。

宽信贷对冲金融去杠杆、利率高企对中小企业的误伤。二季度以来，利率高企导致 239 家公司取消发债达 2290 亿元。目前，沪深 300 企业的 ROA（资产收益率）中位数为 6.5%，而加权贷款平均利率已经上行至 5.5% 以上。如前所述，以微观企业盈利改善来稳杠杆也是重要且更可持续的方式之一。如果利率保持高位会恶化企业的盈利状况，反而不利于杠杆的去化。从历次调整来看，往往是中小民营企业承担信用紧缩的成本。建议宽信贷来对冲利率高企对中小企业融资的误伤。

加快推进适应新常态的金融改革 *

在一系列政策推动以及内外部经济因素影响下，中国经济正在平稳转型到新常态，在这个转型的过程中，金融体系的转型具有十分重要的意义，这一方面是因为经济新常态本身就包含着金融体系需要寻找到一个适应经济体系转型的新常态，同时，金融体系的转型或者说走向新常态也会对整个经济体系走向新常态发挥积极的促进作用。

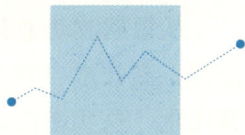

从这个角度来解读中央经济工作会议中关于经济新常态与金融新常态的关系，可以看出，如果说2015年是中国全面深化改革的关键之年的话，那么，金融改革与其他领域改革一样，同样需适应经济新常态的转型要求，需要遵循中国经济发展转型和改革的大逻辑。

经济新常态与金融体系的新常态

从具体内容看，此次中央经济工作会议从三个维度九个方面对经济新常态特征的界定，都直接对金融体系的转型提出了新的要求。

从长期增长来看，经济增长中枢将下移，从高速增长转向中高速。中国的经济发展方式在逐步向质量高效型转变，从要素驱动逐步转向创新驱

---

* 本文发表于中央国家机关工委《紫光阁》杂志 2015 年第 1 期。

动。以前低成本劳动力优势在逐渐减弱，将更多依靠人力资本质量、技术进步等因素。反映到金融体系的转型方面，就是以商业银行为主导的金融体系必须适应这个增长速度、增长动力的转换过程，改变长期以来依靠大规模信贷扩张带动的业务驱动模式，开始要重点关注如何以金融体系支持和促进经济体系的转型。与此同时，金融体系同样也需要接受经济增速平稳回落的检验，在这个过程中要防范局部性区域性金融风险的平稳释放叠加为系统性全局性的金融风险。

从短期波动来看，需求的各部分也在发生变化，强调个性化、多样化消费，新技术、新产品等投资以及大规模走出去战略等，经济结构也在逐渐优化。这些增长动力和需求的变化，也对金融体系提出了新的需求，许多新的需求往往不在传统的金融体系覆盖范围之内，这就一方面需要促进原来的金融体系转型，另外也要通过适当放松金融管制和金融准入，吸引新的金融机构、新的金融服务模式的介入。

从宏观调控政策来看，强调以改革来化解风险，促进转型。2015年是全面深化改革的关键之年，将从行政审批、投资、价格等九大领域推进改革，加快培育新的经济增长点，探索产业转型与产业发展方向，同时化解产能过剩风险。

从政策基调来看，2015年坚持稳中求进的工作总基调，将保持宏观政策连续性和稳定性，继续实施积极的财政政策和稳健的货币政策。松紧适度的货币政策有助于化解高杠杆和泡沫等风险，而有力度的财政政策也为2015年"稳增长"的首要目标预留了政策空间。与此相对应的是，金融体系同样需要这样一个新的宏观政策环境，以松紧适度的稳健货币政策来维持一个相对稳定的金融环境，为整个经济体系的转型服务。同时，宏观金融调控体系也要更多地从直接控制利率、贷款规模等数量指标，转向依靠利率汇率等市场化的调控工具。

新常态下金融改革的新趋势

中国的金融改革需要立足于当前经济发展的阶段性特征，需要适应经济发展的新常态。

一是新常态下商业银行转型要求紧迫。新常态下，中国经济增速将从高速转向中高速，经济下行时一些隐性风险显现，商业银行的风险压力较大。经过持续的信贷扩张之后，目前中国部分企业部门的杠杆率过高；部分产能过剩行业仍将继续调整；《国务院关于加强地方政府性债务管理的意见》要求对各类融资平台债务进行清理，融资平台贷款面临较大风险，商业银行的不良贷款率将继续上升。

与此同时，随着利率市场化改革的不断深化，商业银行传统的商业模式受到挑战；民营银行牌照逐步放开，进一步加剧了银行业的竞争；《存款保险条例》公开征求意见，为防范银行发生道德风险、处置破产银行等提供了制度保障。银行业的内外部环境发生了深刻变化，加剧了商业银行转型的压力和紧迫性。

新常态下，商业银行应积极寻求转变，适应利率市场化推进节奏，加快调整自身业务发展结构，加强内部成本控制以及风险管理，从容应对市场变化的挑战。

二是新常态下为资本市场发展提供新的机遇。会议要求，推动国企改革要奔着问题去，以提高企业活力、提高效率为中心。国有企业经营、国有资本运营、国有资产监管"三权分立"，有望成为新的国有资产实现与管理形式，同时也是新一轮国企改革的重中之重。从国企改革的手段来看，包括收购兼并、股权转让、资产剥离和所拥有股权的出售、资产置换等方式，国企改革推进为投行业务和资本市场提供了新的发展机会。

2014年，中国财税体制改革取得新突破。继新预算法通过后，《关于加强地方政府性债务管理的意见》(以下简称43号文)、《关于深化预算管理制度改革的规定》、《地方政府存量债务纳入预算管理清理甄别办法》等一系列文件为地方政府举债融资、债务管理和运作勾勒出了新框架。从43号文规定来看，鼓励社会资本通过"特许经营"等方式，参与城市基础设施等"有一定收益的公益性事业"的投资和运营，政府通过特许经营权、合理定价、财政补贴等事先公开的收益约定规则，使PPP项目具有长期稳定收益。从期限看，PPP项目通常期限较长，PPP模式的回报周期恐难满足现阶段社会资本的风险偏好。由于PPP项目具有明确特许经营权转让，具有稳定的现金流及必要的政府补贴，这类项目适合做成资产证券化产品，化解社会资本进入 PPP 模式的流动性及期限障碍。同时，相对于项目收益债和项目收益票据等融资工具，资产证券化可更加有效进行风险隔离。随着 PPP 模式推广，资产证券化有望迎来新的发展机遇。

三是新常态下对新型行业的金融支持提出新的要求。会议要求，要积极发现培育新的增长点。在新常态下，仍需继续发挥投资对经济发展的关键作用，尽管传统产业相对饱和，但基础设施互联互通和一些新技术、新产品、新业态、新商业模式仍有大量投资机会；在产业升级过程中，新兴产业、服务业、小微企业作用更加凸显。然而传统商业银行"重资产"的风险评估模式难以适应新常态下经济转型"轻资产"的方向，新常态下对新型行业的投融资服务提出新的要求。金融市场需要重新合理分配风险收益的新工具，这类新工具既要考虑到不同类型企业的融资需求，同时也需考虑到不同行业企业自身风险特征，比如介于风险较低的优先债务和风险较高的股本投资之间的夹层融资等。

四是新常态下对人民币国际化提出了新的要求。会议要求，要加快对外投资领域改革，努力提高对外投资效率和质量，推动优势产业走出去，稳步推进人民币国际化。人民币国际化起始于跨境贸易人民币结算试点，目前已经成为全球第七大支付结算货币和第九大外汇交易货币。新常态下中国对外投资格局发生变化。首先，中国非金融类企业对外直接投资有望于 2016 年超过外商直接投资，届时对外直接投资可能成为净资本输出渠道；其次，在"一带一路"倡议下，中国企业正积极寻求有效率和有质量的对外投资。仅仅通过经常账户顺差来输出人民币、推升人民币国际化水平已经不能够代表中国当前经济发展现状，应该积极寻求通过资本项目输出人民币、开启人民币国际化的新格局。一方面，企业在走出去过程中，推进人民币在资源和大宗商品中的使用，提升人民币在全球供应量中的定价主动权；另一方面，企业走出去和人民币输出需要配套的金融支持，比如企业在境外的人民币支付清算等业务需要可靠的金融配套服务做支撑。

金融机构

- 客观看待中国银行业发展前景
- 从商业银行的视角洞悉经济转型
- 中国银行业应对 3.0 时代挑战
- 委外业务仍有存在空间，应由通道型升级为解决问题型
- 国内外商业银行净利差的界定与计算
- 新常态下的商业银行转型新趋势
- 零售银行业务引领商业银行转型发展
- 直销银行未来如何"上下求索"
- 银行理财：风险渐次释放，重回平稳轨道
- 国外"现金贷"业务发展经验以及启示
- 银行理财将回归资产管理本质
- 投资新三板：从发展趋势到风险管理
- 打破刚兑正在进行时：资产管理行业如何因此洗牌
- 资产管理业的核心竞争力
- 从资产管理行业发展看金融结构变革趋势
- 中国保险资管境外配置渐成趋势
- 我国基本养老保险制度待遇水平测算及影响因素分析
- 我国小微型企业贷款保证保险相关问题研究

New Cycle and New Finance

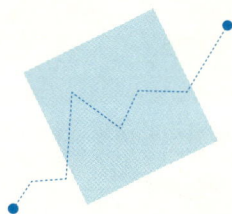

新 周 期 与 新 金 融
New Cycle and New Finance

客观看待中国银行业发展前景 *

近期，穆迪和标准普尔先后将中国主权信用评级展望和包括商业银行、政策性银行在内的多家金融机构评级展望由稳定下调至负面，主要的考量因素在于其认为中国持续强劲的信贷增长导致银行体系风险不断累积，银行业资产质量的脆弱性也在增加。对照中国经济和中国银行业近年来改革发展的现实，国际金融机构需要加深对于中国银行业运行实际的理解，同时也说明中国银行业需要更加主动融入国际金融市场，加强与国际机构的深入互动和交流。

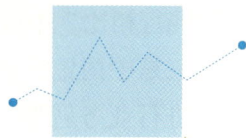

一、当前中国银行业基本面总体健康，多项指标优于国际同业

一是利润绝对额仍然较高，资产利润率与资本利润率均处于国际优秀水平，内源性资本补充能力强劲。截至2015年四季度末，中国商业银行当年累计实现净利润15926亿元，平均资产利润率为1.10%，平均资本利润率14.98%。与同期美国商业银行数据对比，2015年美国商业银行实现净利润共计1521亿美元，平均资产利润率为1.03%，平均资本利润率为9.23%。此外，中国银行业主要监管指标保持较好水平。截至2015年第四季度，中国商业银行核心一级资本充足率为10.91%，一级资本充足率为11.31%，资本

---

* 本文发表于《中国银行家》2016年第4期。

充足率为13.45%，流动性比例为48.01%，拨备覆盖率为181.18%。这显示中国商业银行具备较强的风险抵补能力，即使资产遭到损失，也有足够的能力以自有资本承担损失。

二是不良贷款比例仍然较低。按照国际通行标准，不良贷款率在5%以下都属于正常水平，欧美发达国家的不良贷款率通常在3%左右。截至2015年第四季度，中国商业银行不良贷款余额为12744亿元，不良贷款率1.67%。可以看出，虽然受经济下行影响，中国银行业不良贷款率略有上升，但与国际同行相比，中国银行不良贷款比例仍然较低。

三是中国银行业收入结构日趋优化，风险分散能力提高。中国银行业积极进行业务转型，主动应对利率市场化挑战，大力发展银行卡、托管、代理、投行、咨询等中间业务，降低对息差收入的依赖。此外，居民资产管理与交易需求增加，"一带一路"倡议和自贸区等国家战略带来国际投融资及结算业务扩张等，也对银行手续费及佣金相关业务需求增加产生助推作用。数据显示，非利息收入正日益成为中国银行业贡献净利润增长的重要因素，占比逐年递增，从2010年年底的17.5%，上升至2015年年底的23.73%。由于非利息收入的获得需要占用的资本金较少，涉及业务种类广泛，商业银行实现更高的财务杠杆的同时风险也得以进一步分散。

二、中国银行业近年来主动调整信贷结构效果显著，信贷不良情况整体可控

中国银行业近年来积极开展信贷结构调整，效果显著。截至2015年，不良贷款余额主要集中在制造业（3921.4亿元，占比37.1%）和商业（3689.6亿元，占比34.9%）两大周期性较强的行业，合计占不良贷款的70%以上。针对这两类信贷风险暴露加快的情况，银行信贷结构调整亦迅速有效。从已披露年报的11家上市银行（5大国有银行、6家股份制银行，下同）的数据来看，制造业、商业贷款合计13.92万亿元，较2013年下降3.05万亿元，在信贷中的占比由2013年的26%降至21%，降幅达5个百分点。不良高发行业占比下降的同时，零售（个人）贷款、教育、金融、文化等第三产业信贷异军突起，填补了空白。已披露年报的11家上市银行零售贷款总额20.82

万亿元，在信贷中占比32%，较2013年提升3个百分点。零售贷款主要由低风险的按揭贷款与相对高风险的经营贷款、信用卡贷款构成，虽然从数据上看零售贷款不良率有所提升，但主要由于个人经营贷款不良率上升，相比制造业等对公贷款具有单笔金额较低、风险暴露早、利率水平高的特点，对银行而言实质风险水平较低。教育、金融业以及文化体育和娱乐业等第三产业不良率均在0.5%以下。随着中国国民收入的增长，居民部门杠杆率保持上升趋势，第三产业的持续快速发展，银行资产中优质资产占比将持续提升。

与此同时，银行业在调整资产结构，严控新增风险的同时，对存量不良资产加大了核销力度，2015年已披露年报的11家上市银行核销贷款3056亿元，较2013年增长283%，风险资产在持续消化的过程中，并未淤积在银行体系内。

展望未来，周期性行业随着经济发展资产质量稳定、新兴低风险资产占比继续提升、存量不良资产加大核销力度，三者结合下预计银行信贷不良率将会呈现可控、有效收敛的局面。

三、中国银行业风控能力不断增强，市场化风险处置工具进一步多元化

相较于20世纪90年代末，中国银行业的风险管控水平和能力有了重要的提高。风险管理体系由单一信用风险管理向全面风险管理转变，风险控制程序从事后向事前转变，风险管理态度由被动向主动转变，风险管理理念由追求风险最小化向追求风险与收益的优化转变。

近年来，中国在监管方面引入巴塞尔协议对提升银行业风险管理水平、完善资本监管制度大有裨益。目前五大国有商业银行以及一些股份制商业银行都已经应用了巴塞尔协议的高级法。根据巴塞尔委员会2016年4月的报告，巴塞尔协议Ⅲ监管框架中的资本定义、资本留存缓冲、逆周期资本缓冲、流动性覆盖率及其披露要求、杠杆率及其披露要求、全球系统重要性银行监管要求和国内系统重要性银行监管要求已在中国开始实施，其他监管内容均已开始起草。这标志着符合国际标准、体现中国国情的商业银

行资本监管制度建设取得了历史性进展。而其中的内部评级法的实施，则从风险治理、政策流程、计量模型、数据 IT 等不同层次和维度，改变着中国银行业现行的风险管理体系。特别是将中国的银行从定性、专家经验为主的风险管理模式推动转向定性、定量相结合的模式，同时相应带动从信贷流程、业务制度到具体运行模式的巨大转变。这使得中国银行业能够在面对多元化的风险时表现得更加从容、更加有底气。

近期中国政府相继试行不良贷款证券化、不良资产收益权的转让、"债转股"等一系列政策，积极引导银行业市场化、多元化、综合化处置不良资产，有望有效遏制不良资产上升势头。2016 年 2 月 1 日，中国人民银行重启工行、建行、中行、农行、交行和招商银行 6 家银行不良贷款证券化试点工作，总额度 500 亿元。使得银行在不增加负债的前提下回收资产的贷款本金，将大量不良贷款以证券化的方式转化为众多投资者手中的债券，增加资产的流动性，分散银行业整体的金融风险。

四、银行应服务企业整个生命周期[1]

金融服务要从主要服务于企业有正的现金流的阶段，转到服务于企业的整个生命周期上。

在经济转型过程中，很多企业家把参与金融业作为转型的备选方案之一。这其中有不合理的成分，但是也有一些合理成分，即现有金融服务体系在支持经济转型、产业转型方面做得远远不够，所以才促使一部分企业自己主动满足这个需求。

由此，我认为当前的金融服务，其实需要从传统经济增长模式里的支持重资产企业，转到学会支持轻资产运营的创新型企业上；要从主要服务于企业有正的现金流的阶段，转到服务于企业的整个生命周期上。例如，在去产能去库存和去杠杆时期，往往有大量的企业关停并转，有大量的并购重组，这恰恰是需要大量金融服务的阶段，但是，不少商业银行往往因为经营模式不适应、管理能力跟不上，恰恰就在这个企业最需要金融服务

---

1 第四部分发表于《人民日报》2016 年 1 月 11 日，是巴曙松研究员在"2015 中国企业领袖年会"上的讲话。

支持的环节退避三舍。

客观地评价，对于重资产、有盈利的企业客户，银行的服务和竞争已经非常充分；银行在服务这些客户上也积累了相当充足的经验。但是，如果在经济转型这个特定的阶段来评估，就会发现，如果在经济转型期银行的服务模式还是沿用比较传统的抵押担保等驱动的模式，那么，可以拿出大量资产进行抵押担保的，一般是重资产的传统行业；而许多重资产的传统行业如钢铁、水泥等，恰恰是本轮经济调整中产能过剩的行业，如果沿用原来的重资产经营模式，就会让宝贵的金融资源继续流到一些产能已经过剩的行业，客观上也挤压了新兴产业的发展。

同时，经济转型期有大量的企业是创新型企业，是需要调整和并购重组的企业。从整个金融服务的产业链看，这个时候恰恰是它们需要各种咨询、融资等金融服务的时候。如果商业银行还是局限于存贷汇等传统的金融服务模式，那么，往往在客户出现经营压力时，企业在银行就不容易找到相应的服务和产品了，商业银行的信贷业务风险偏好驱使它们只能自然退出。

这也是我想强调的，在经济转型时期，金融业也要转型。如果商业银行做不到这样相应的转型，其重要性将在这一轮转型中逐步下降，能够满足这些新金融需求的金融机构则会获得快速的发展，这个过程就是金融转型的过程。最后，中国宏观经济运行正在逐步企稳，结构性改革将夯实中国银行业长期健康发展的宏观环境。

从短期情况看，中国宏观经济运行正在逐步企稳。一季度中国经济增长 6.7%，尽管比 2015 年一季度和四季度都略低，但仍然运行在 6.5%~7% 的合理区间。这个增长速度在国际范围内，无论与发达国家相比，还是在新兴经济体中都是比较高的水平，特别是从 2016 年 3 月份主要经济指标几乎都出现了积极的改善。一些国际机构也纷纷调高了对中国经济增长的预期，对全年经济增长预期都在 6.6% 以上。2016 年 4 月 12 日，国际货币基金组织发布的报告对全球经济增长的预期调低了 0.2 个百分点，但是对中国的全年经济增长预期却调高了 0.2 个百分点。与此同时，地方政府预算体制改革和存量债务置换不断推进，整体风险状况稳定可控。根据全国两会审议通过的预算报告，2016 年新增地方债规模为 1.18 万亿元，相比 2015 年增加近一倍。加上超过3.2万亿元的置换债发行，地方政府财政负担减轻，债务可持续性增强。

从中长期看，结构性改革夯实中国银行业长期健康发展基础。2016年中央工作会议提出"去产能、去库存、去杠杆、降成本、补短板"五大任务，来落实结构性改革。供给侧改革短期会继续导致一部分企业的退出，这无可避免地会带来"旧资产"风险的继续暴露。但从长期来看，供给侧改革的推进，有利于传统行业盈利能力的恢复与新兴优质资产的创造。对中国银行业改善客户结构、优化信贷结构、提升资产质量、降低整体信用风险有重大意义。

在供给侧改革的同时，杠杆置换、鼓励直接融资等结构化安排对于债务风险的缓释有良好的作用。当前，杠杆置换主要表现是企业部门去杠杆、政府和居民部门加杠杆；传统行业去杠杆，新兴行业加杠杆。从政府部门来看，中国政府杠杆率相比发达国家并不高，财政政策有很大的空间。从居民部门来看，近年来中国居民部门杠杆率呈明显上升趋势，在2015年末达到接近40%的水平，但与其他主要经济体相比仍处于低位，未来仍有一定的上升空间。从企业部门内部来看，传统行业和上游工业企业的杠杆率较高，而医药、计算机、传媒等新兴行业以及下游消费服务类企业的杠杆率处在低位。通过新兴行业提供政策倾斜、鼓励其提高杠杆率，加快新资产生成速度，同时推动产能过剩、存在大量僵尸企业的传统行业债务重组出清产能，恢复供需平衡与盈利能力。

结构性改革不仅遏制了无序扩张的数量型增长方式对银行资产风险积累的负面作用，而且从改善存量资产质量与优质新兴资产创造两方面化解银行业实质风险，解决投资—债务周期的深层次问题，夯实银行业长期健康发展的基础。因此，看待中国银行业的风险，除了关注短期不良信贷的增长，更应该观察到银行业自身业务结构调整以及经济结构性改革对银行风险的化解和长期可持续增长的支撑。

从商业银行的视角洞悉经济转型 *

关于"商业银行",我想提供三个视角及其思考:首先是,从商业银行的经营看到宏观经济的波动。

从实操层面说,我亲身经历了兴业银行、民生银行等多家银行从区域性小银行扩张到局部区域内,再扩张到全国,进而股改上市的过程。所以,我自己有切身的体会。当银行只有几百亿元、一两千亿元规模的时候,看到新闻里有什么好事或者坏事时,首先会去判断这个与我们这家银行会有什么关系,并尽快向相关的业务部门部署相关工作。但是,根据我的经验,当银行的规模过 5000 亿元以后,我们再看新闻就会发现,几乎每个事件都与我们相关。所以,达到一定规模的银行通过资产、负债等业务已经渗透到了宏观经济波动的整个过程。不仅中国是这样,欧美国家也是这样。

有一次,在与纽约金融界交流时,大家提到的一件事,到现在我还印象特别深刻。他们说,曾有一年的 10 月份,美联储发现清算、结算的业务量出现了大幅的下降。以前这种大幅的波动往往可能是因为金融体系出现了大问题。最后经过反复研究后他们找到了原因:中国从那一年开始实施国庆节放长假的规定。直到现在,当时我所受到的震撼都还记忆犹新。其实,那时中美经济的直接往来并不多,但是,通过直接或间接的金融业务往来,中国放长假的政策都能影响到美联储的业务清算量,这就是全球化的影响力。

同样,银行业务在不断扩张并覆盖到不同的行业、地区之后,我们通过银行在不同行业的业务覆盖变化,基本上就能看到宏观经济的脉动。我们之所以邀请这些银行决策者来与大家分享,是因为我们能够从他们的演讲内容里看到中国宏观经济波动的蛛丝马迹,就像能够从一滴水中看到整

* 本文发表于《21世纪经济报道》2016 年 6 月 23 日。

个世界。

最近，大家都非常关注银行的不良资产。从银行的不良资产在不同行业和区域演变的过程，我们能够清晰地看到中国这一轮经济转型受到的挑战以及相应的应对路径。在这一轮经济结构调整中，不良率上升最早、最快的银行大都位于长三角地区，如江苏、浙江等省份。这些全国性银行的不良率开始占到年度新增不良资产的 70% 到 80%。这个现象反映了在这一轮中国经济结构转型中，率先受到冲击的是出口型、劳动密集型、低附加值以及缺乏品牌效应的企业。随着经济的持续调整，这种冲击逐渐波及中西部，并延伸到了融资渠道单一的小微企业。

其次，我们还可以从商业银行的经营看到金融结构的变化。邵平行长的讲义中提到，最近几年银行界有一个说法：当银行业面临重重挑战时，对于真正的银行家来说，发挥他们专业水准的时期就真正开始了。过去银行的商业模式相对比较简单，不同银行的商业模式也较为趋同。首先是拉存款，有了存款之后，根据存贷比、资产负债管理等指标，就能算出贷款额度。在利率管制下，往往是市场真实利率比银行官方的贷款利率高，所以贷款如何分配，就成了一个问题。当时由于存贷利差较大，所以银行的盈利也是相当可观的。那时并不是真正的专业银行家大有可为的时期，因为你对银行专业的了解程度的深浅所产生的差异其实并不大。而现在，对于真正的银行家来说，大有可为的时期开始了。利率、汇率、牌照管制在放松，新的竞争者在不断地进入。利率管制放开之后，大家都在讨论应该如何评价银行。以前，大家习惯了 15%、20%、30% 的利润增长。现在，我们反复讨论后认为，能够保持相比 GDP 增长速度再快一点的利润增长就应该算是好银行了。当然，平安银行的利润增长可能还保持在两位数。

现在，商业银行必须要面临许多新的挑战，很多银行以前不熟悉的，不在银行业务范围内的新客户，比如，小型、微型的客户，轻资产、服务型、科技型的客户，我们应当怎么去管理他们的风险。满足他们的金融服务需要？银行近些年新涌现出来的产品比以前多了很多。银行在前些年基本上就是三类业务——存、贷、汇。那时，在银行里做业务的人是非常有自豪感的，认为自己是懂业务的。而现在，常有一些新成立的银行让我推荐高管，说缺一个副行长或部门的负责人。我问及用人要求，则说最好原来没有在银行工作过，因为如果陷入传统银行业的老一套思路，不去主动学习，很难了解很多新的产品。

最后，我们可以从商业银行的经营看到它本身的转型和经济转型的密切互动。很多商业模式其实都是在实践中逐步成熟的。最近听了招商银行私人银行部的王总讲解招行是如何成为私行业务的领军者的。王总在讲座中提到，招行发现受过高等教育的都市白领对于支付到账的要求比较高，运用网络比较熟练。所以，招行率先推出了"一卡通"服务，吸引、锁定了一部分都市的白领。渐渐的，这些白领提出了新的要求，倒逼招行推出了客户分层服务，进而有了"金葵花"。所以，我在参与讨论新银行牌照发放时提出了一个非常重要的标准：我们不缺和其他银行一样的银行，我们需要的是有新的商业模式的银行。所以，拿到新批的银行牌照的银行要有新的商业模式。

银行具有资源分配的影响力。在经济转型的过程中，银行能够发挥很重要的推进作用。比如，对于产能过剩、高杠杆的行业，金融业应如何推动并购与重组？现在，国内外都非常关注中国企业的高杠杆问题。经济增长在回落的同时杠杆率在上升，其中非常重要的原因就是金融体系可能把资源分配给了长期效率比较低的行业和部门，这才会出现杠杆率还在增加而增长速度却在下行的现象。当然，并不是说增长速度快，贷款投放多，杠杆率就一定会上升。因为，如果投放产生的效益足够好，在高速增长的时期，杠杆率将可以保持在低位，甚至有所下降。所以，高杠杆与金融体系把宝贵的金融资源继续分配给低效率部门直接相关。

要促进经济转型，银行业自身必须要相应转型。比如，我们希望培育的新的增长动力，往往是传统的商业银行所不熟悉的客户。从我自己的经验看，即使到现在存在这样一个问题，即贷款必须要有抵押担保，因为一旦出现问题，至少还有抵押担保。但是，谁能够拿出资产来做抵押担保？恰恰就是那些有重资产的企业，而现在重资产的企业恰恰多数出现了产能过剩和高杠杆率的问题，而希望培育扶持的企业，往往是轻资产型，如服务业、高科技企业都是传统银行所不熟悉的领域。银行要求抵押担保，这些轻资产行业的企业却无法提供。不少银行曾给电影做过贷款，但连导演都不知道自己能抵押多少，他让银行来做评估，如果电影卖不出去，他就把拷贝的胶片作为抵押品，这个银行的风险就比较大。所以，银行必须要找到新的商业模式，从而找到新的识别企业信用和偿还能力的方法。

那么，商业银行自身的转型如何呢？从禅学的三个境界，对照商业银行自身的转型和演变，能得出很多有启发性的结论。禅学大师把参禅的几个不同阶段做了一个描述：在参禅之初，看山是山，看水是水；到了参禅有悟的时候，看山不是山，看水不是水；到了参禅彻悟的时候，看山仍是山，看水仍是水。我想用这个禅学的命题来对应到商业银行寻找新常态转型的不同阶段。

第一个阶段是传统的银行业经营模式，看山是山，看水是水。银行有各自的业务模式。更早的时候，不同银行的分类都很清楚，农行、中行、工行以及建行等各司其职。

金融管制放开之后，现在开始进入第二个阶段，格局未定，模式未定，市场发展的大框架也在变化之中。银行家们在新的商业环境下不断积极思考，不断地把其他元素叠加到传统银行业的商业模式里。所以，大家会觉得这不像是我们熟悉的银行，看山不是山，看水不是水。

第三个阶段是什么时候呢？即是经历了迷茫期、分化期之后的洗牌期，差异化带来不同银行间定位和战略的分化，并逐步接受市场的检验。第三个阶段则很可能会慢慢呈现出较为清晰的市场格局。但是，这个格局与我们熟悉的格局不一样。我曾经研究过利率市场化出现之后银行可能发生的变化。北欧曾经出现过这样的情况：原来在市场上占据绝对垄断地位、市场份额超过 50% 以上的大型国有银行在利率市场化之后变成了一个无足轻重的区域性银行，那些拥有稳健的经营模式、充足的资本金，娴熟地应用资本市场进行整合并购的银行，很可能脱颖而出成为第三个阶段的新的"山"和"水"。

在这个阶段，有很多新问题需要研究。我们今后会邀请金融家从不同的侧面来与大家交流。比如陈东博士，他原来在银河证券做研究总监，在人寿资管总部工作，后来被派到香港的人寿资管做 CEO，现在到太平金融控股公司做 CEO，你说他是什么职业？是买方投资经理，还是金融控股公司的高管？都像，但是又都不像。这可能就是金融洗牌时期的特点之一。这对金融家来说挑战很大，但是也能显现金融家的水平。

中国银行业应对 3.0 时代挑战 *

中国银监会主席郭树清日前表示，银行 3.0 时代已经来临，银行业要利用金融科技，依托大数据、云计算、区块链、人工智能等新技术，创新服务方式和流程，整合传统服务资源，联动线上线下优势，提升整个银行业资源配置效率，以更先进、更灵活、更高效地响应客户需求和社会需求。

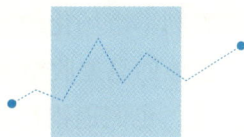

面对 3.0 时代的新变化、新挑战，银行业应当如何应对行业内外的全面竞争，顺利实现转型升级？

金融科技倒逼银行业变革

据统计，中国活跃移动设备数量已突破 10 亿，95% 的企业已投资于移动设备和应用，App Store 应用总数已接近 15 万。

超过六成的应用移动将与数据分析整合，大数据技术已促成全球制造业产品研发成本下降 50%，近 50% 的 CIO（首席信息官）计划优先发展数据项目。

据统计，近年来，中国的网上银行交易规模突破 600 万亿元人民币，交易规模环比增长率保持在较高水平。网上银行与网上支付用户群体的数量迅速攀升，2016 年年末已分别突破 3.5 亿人和 4.5 亿人。

在金融科技倒逼银行业变革的背景下，中国银行业对互联网金融等新

---

* 本文发表于《国际金融报》2017 年 4 月 3 日。

经营模式的发展日益重视，绝大多数银行家都将其作为发展重点。在互联网金融的各类业态中，网络银行、移动支付和直销银行最受中国银行业关注。

盈利模式面临转型挑战

利率市场化下银行收入结构在竞争中趋于多元化，净息差持续收窄。随着利率市场化的完成，银行业净息差不断下降，2016年第三季度商业银行整体的息差收窄30个基点，息差收窄意味着银行向企业与居民部门让渡收益，也倒逼银行业提高风险定价能力，调整业务结构。存贷利差不断收窄，加剧商业银行的竞争，刺激业务范围的扩张，对银行金融创新能力提出更高的要求，提高金融中介效率，银行收入结构得到改善，也加大金融市场的波动性。

金融脱媒趋势显著，直接融资占比不断提升。随着中国内地多层次资本市场的不断完善，优质企业的融资渠道日益多元化，股票、债券等直接融资在社会融资规模中比重上升，银行贷款渠道受到挤压，银行间竞争加剧。在互联网金融、大资管的时代背景下，银行客户投资渠道得到扩展，伴随着影子银行的快速发展，存款分流对商业银行的客户存款造成冲击，银行吸收存款的能力也有所弱化。

非金融部门杠杆率高企，银行不良率承压。近年来，中国内地非金融部门（企业）杠杆率居高不下，导致企业财务成本不断增加，积累系统性风险的火苗，因而"去杠杆"成为当前中国内地经济转型中一项重要任务。在2016年的调查中，有73.2%的银行家认为产能过剩行业贷款风险是目前中国银行业最主要的信用风险，显著高于其他选项，表明银行业对产能过剩行业的担忧。

人民币国际化进程加快，资本项目开放稳步推进。人民币入篮增加人民币资产需求，对人民币国际化带来深远影响。在2016年调查中，75.8%的银行家认为人民币入篮将加速人民币国际化进程，53.9%的银行家认为会加大对人民币资产配置。人民币国际化进程加快，为正在受到国内经济下行压力、盈利放缓、利率市场化推进挤压利差空间等多重因素考验的中国银行业提供难得的新增长点，也对风险管理提出更高要求。

特别是"8·11"汇改以来，人民币汇率波动幅度加大，离岸、在岸人民币价差波动加剧，汇率波动及后续的不确定性为商业银行的人民币业务带来新的挑战。近年来，中国内地资本项目开放稳步推进。2016年12月5日，深港通正式开通，加强内地市场与香港市场的互联互通，境内外资本市场互动更加频繁，银行业风险管理水平将面临新的机遇和挑战。

三大发展趋势

1. 智能化银行——技术领先的业务体系

未来智能化银行的出现，将给未得到充分银行金融服务的消费者提供便利，同时给中小企业带来更丰富的金融服务。与传统银行不同，分析与IT技术将会成为智能化银行最重要的发展基石，一家智能化银行的成败将主要取决于其科技力量，而非金融产品。

零售消费者层面：更加全面的整体定制体验，基于无纸化申请与认证的点对点数字服务，国内与国际移动电子支付，安全性更高的生物识别技术，基于大数据消费习惯模型的电子信用卡。

投资者层面：支持移动与在线支付的数字化支付，基于数字化贸易与生态系统的数字钱包服务，存款、借款与抵押贷款等银行产品的数字化销售，人工智能资产管理与投资顾问，基于大数据信用模型的信用评级体系。

银行层面：先进与灵活的IT基础建设，基于新型网络科技与分析方法的数据库设计能力，基于大数据消费模型的数据分析能力，运用人工智能技术掌握更加动态的用户信息，网络安全系统建设与客户信息保护。

在未来信息系统建设的过程中，中国银行家将重点聚焦在核心交易系统、信贷管理系统和风险管理系统。在信息化技术的各领域中，移动互联网技术、大数据技术和安全可控信息技术最受中国银行家的关注。

根据《中国银行家调查报告》的统计，在信息化技术的主要应用领域，管理精细化与客户营销等基于大数据技术的领域最受关注。而在信息化技术的应用过程中，中国银行业面临的最主要问题在于内部数据整合不够、外部数据可获得性较差和尚未掌握数据挖掘处理技术，突显出数据库建设与大数据模型分析能力的重要性。

2. 轻型化银行——灵活高效的经营理念

规模增速与利润增速脱钩。中国银行业的传统发展模式是：融资（补充资本金）—放贷（扩大资产规模）—收入增长（实现收入增长）—再融资。然而，自2015年以来，中国银行业的规模增长与利润增长开始脱钩，以招行为代表的部分银行风险加权资产与总资产的比重不断下降，轻型化转型初现效果。

资产更轻，收入更轻。资产方面，表外资产（理财为主）增速高于资产负债表增速，同时，资本耗用低的零售业务占比不断提升。收入方面，尽管中国银行业非息收入占比仍相对较低，不过近年呈现不断增长趋势。

综合化经营。大资管和大投行业务成为重点发展方向。截至2016年6月底，剔除重复计算因素，中国内地资产管理业务规模约为60万亿元左右，其中，理财产品规模26.28万亿元，为规模最大的子行业。据中国银行家调查报告对中间业务收入来源的调查统计，投行、理财收入稳居商业银行中收入来源前两位。资管业务发展的主要方向为回归资产管理业务本质，提高资产配置能力。投行业务主要围绕产业基金、PPP项目等创新股权融资产品，同时做强债券承销、投融资顾问、银团贷款等基础类投行业务。

资产证券化。盘活存量资产，发行规模不断扩大，定价机制仍在摸索中。2016年，不良资产证券化重启，全年共发行不良ABS 14单，金额156.1亿元。不良ABS成为不良资产处置的新途径。此外，资产证券化能够有效调整银行资产结构，盘活存量资产。与此同时，信贷资产证券化发行规模不断上升，2016年共发行108单，金额3908.53亿元。底层资产以个人住房抵押贷款和企业贷款为主，合计占比超过70%。国开行市场占有率较高，超过25%。不过，由于二级市场缺乏流动性，以市场询价定价机制为主，市场定价机制仍在摸索中。

交易银行。公司业务转型新趋势。在利率市场化、人民币国际化、跨境交易以及互联网金融等加速发展的背景下，发展交易银行业务日益成为传统商业银行转型发展、拓展收入渠道与提升自身竞争力的关键。交易银行重点的发展方向，主要集中在支付结算、现金管理、供应链金融和贸易金融等。发展交易银行的主要出发点在于获得新的业务增长点、拓展低成本负债来源、提升客户服务黏度、获得稳定的收益、降低业务风险、转变经营服务模式以及拓展交叉业务。当前，制约交易发展的自身因素主要包括产品研发能力，跨地区过境、跨部门、跨产品条线的协同能力，风险控制能力，总分行架构下的协同能力以及基础设施建设。

3. 国际化银行——高瞻远瞩的全球视野

近年来，尽管与外资大行相比仍存差距，不过中国银行业国际化正不断加深。总体来讲，中国银行业国际化目前仍处于初级阶段，存在一定程度的盲目扩张、恶性竞争、求多求全等现象。

2015 年五大行合并 BII（银行国际化指数）为 8.9，5 家股份制商业银行合并 BII 为 2.7，国际化程度相对不高。其中，中国银行 BII 最高，为 21.57，此后依次为工商银行（8.94）、交通银行（7.15）、建设银行（4.33）、农业银行（3.41）。

不同类型的银行在境外布局差异较大，五大行境外布局范围更广，股份制商业银行仍在起步，境外机构主要布局为香港及东南亚地区。截至 2015 年，五大行境外分行的全球布局中亚欧占比达 71.4%，仅亚洲地区分支机构占比就高达 44.4%。在整体数量上，依然由中国银行引领整体发展，境外分行占比超过一半。

2017 年银行业发展展望

监管趋紧，货币政策稳健中性 + 宏观审慎不断完善。2017 年，国内货币政策将边际收紧，货币市场利率中枢提升，金融去杠杆持续。同时，MPA 将不断完善，从理论走向实践，广义信贷约束银行资产扩张回归理性。

信用风险方面，不良资产生成放缓，处置多管齐下，关注企业盈利状况。2016 年起，全国不良资产生成明显放缓。近期，上海（0.68%）、浙江（2.17%）等地不良资产率实现"双降"，全国不良率 1.74%，基本保持稳定。同时，各地区不良资产处置多管齐下，市场化债转股遍地开花。2017 年需持续观察补库存短周期与企业盈利状况的趋势。

信贷结构调整趋势方面，向基建 + 新兴产业领域倾斜。2017 年，在国内整体偏紧的流动性环境下，信贷增速将回归平稳，月间波动性有所降低，

PPP 与产业基金模式预计将成为银行参与基建投资的重要途径。

盈利预测方面，净息差有望企稳，规模平稳增长，盈利增速见底回升。2017 年，受益于资产重定价因素削弱，营改增影响降低，以及流动性趋紧使市场利率上行，国内银行业的净息差降幅有限，并有望企稳。盈利方面，2016 年银行业盈利弱复苏，净利润增长 3.54%，2017 年增速有望继续提升。

委外业务仍有存在空间，应由通道型升级为解决问题型[*]

资产管理业务，为什么在前几年是银行转型创新竞相参与的领域，而现在却成为强化监管、处置风险、备受关注的领域？其中重要的宏观背景，就是前两年总体上金融体系的杠杆是在上升的，而这些资产管理产品有不少是作为加杠杆的载体。现在的大背景是去杠杆，在这样的背景下，监管政策、行业发展出现了一些新的变化和趋势。

我们分三个部分来讨论，第一，这一轮金融加杠杆是在一个什么样的环境下形成的。第二，我们开始在去杠杆金融市场做什么。第三，未来的监管走向和对资产管理行业可能产生的一些影响。

从大的货币环境来看，较宽松的、低利率的货币环境是这一轮加杠杆的一个现实基础。从2015年以来，Shibor利率一直维持在低位，即使到2016年低利率仍在保持，低利率可以说是国际环境。但与中国的历史水平做对比的话，历史水平一直是维持在低位的，直到2016年四季度债市利率开始走高。

货币供应量在低利率环境下，保持相对宽松，货币的整个派生途径正在发生非常重要的变化。2015年以来，基础货币余额同比增速降低，从央行控制基础货币的角度来看，其增速是下降的，但是整个货币的乘数上升的幅度非常显著，这就直接导致了M2同比增速相对较高。1994年人民币汇率改革，汇率并轨之后，大量的经常项目和资本项目的双顺差导致了外汇市场有大量需要央行去购买的外汇，形成外汇占款的货币投放，而现在我们看到影子银行体系的货币派生功能在明显的增强。

---

　*　本文改写自巴曙松研究员在"2017中国银行业资产管理高峰论坛"（新浪财经主办）上的致辞。

　　从金融机构主体的角度来看，商业银行面临表内、表外资产结构调整的压力和扩张的压力。表内的资产端投资占比上升，标准化的债券投资、非标和权益类的资产占比在提升。表外来看，以理财为主的表外资产占表内资产的比重，从2014年年底的6.5%上升到2016年年底的16.5%，过去两年经历了以此作为加杠杆的扩张过程。目前经历的是扩张过程的逆过程，要把加上去的杠杆减下来。央行推出的MPA宏观审慎框架下广义信贷的增速，远远高于贷款的增速，背后隐藏的含义是仅仅管控了贷款，控制的范围很有限，资产扩张的形式会更加的多元化。

　　在资产管理行业大发展的时期，广义信贷的增速明显高于贷款的增速。在扩张的产品中，同业存单量价提升，成为这一轮加杠杆重要的新途径。发行机构的数量在2013年大概有10家，只有很少数的机构在试水。到2016年年底，有489家，成为一个广泛参与的业务品种。而到2017年5月存续的规模在6.56万亿元，且参与的主体也在不断扩大，2015年的8月份基金公司可以配置，2016年11月份保险公司也可以投资，从2016年四季度开始，发行利率开始上升。同业存单就成为延续整个同业业务链条主要的连接工具。

　　表外的理财，尤其是同业的理财，成了表外扩张的主要工具。到2016年年末，理财规模在29.05万亿元，占表内的比重在过去两年中上升了差不多10个百分点，达到16.5%，2015年的5月同业理财的规模首次超过了私行客户，成为表外扩张的主力。到2016年年末，同业理财的规模为5.99万亿元，达到20.61%，五分天下有其一，规模比2016年初翻番，占新增规模的一半以上。

　　从机构分类的类别来看，中小银行成为表内表外加速扩张的主力。2016年非上市银行表内资产的增速为26.8%，远高于上市银行平均13%的增速。进一步地做细分，农村金融机构的理财增速保持在100%以上，城商行平均为65%，远远高于大型商业银行和股份制商业银行，农村金融机构和城商行的理财占比由2014年年初的14.5%，上升到2016年年末的20.8%。

　　在特定的竞争压力下，通过理财突破业务区域的限制，网点的限制可以回避资本监管的要求，对中小银行来说，竞争驱动加上特定的外部环境，在去杠杆的过程中这部分群体的风险特别是流动性风险要高度关注。资产端通过各类载体在一起，形成了资产管理行业的多层业态，资金的获取、投资管理和通道三层资管的结构，最终把资金流向各类标准化和非标的金融资产，这个过程中证券公司和基金子公司扩展得非常快，从2014年8万亿元的规模扩张到2016年年末的34.5万亿元，通道类的占比非常高。

不同的资管类机构，参与这样一个资产管理类的业务，其具体的参与方式取决于资金的获取能力。对这方面的差异流行一个词叫资产荒，只要能拿到好的资产，在市场上匹配资金来源，在当时的氛围下不是一个难事，所以这是当时的环境，在这个背景下，委外市场应运而生，而委外实际上有两层加杠杆，去杠杆时要分析这几年的加杠杆，才能有针对性地去杠杆。

委外产生的直接原因是当时中小银行缺乏专业的能力，需要借助外部的力量，比如对当地市场的客户和网点是有影响力的。在全国的金融资产投资方面，委外业务由中小银行迅速地发展到各类银行跟进。从调研情况看，2016年高峰时期四大行理财资金的委外规模在2.5万亿到3万亿，全行业大致推测，应该在五六万亿。委外是怎么加杠杆的？主要有两层：

第一层，是银行通过发行同业存单，或者是同业理财，从银行间市场募集资金，在资产端进行投资，就是银行扩表的加杠杆。

第二层，是资产管理、委外投资人、投资债券的资产，采用质押和期限错配的方式再次加杠杆。如果真正的委外业务要去杠杆，其实就是这两层加杠杆的逆方向、逆过程，这也是最近很多委外赎回形成市场压力的原因，因为当时加得多。

在这个加杠杆背后建这么多的架构，设这么多的通道，资金流向哪里了？银行表内投资中债券的占比降低，非标回表导致了占比提高，主要是持有各类资产计划和信托计划。表面上资金难以追踪，实际上由于在现有的贷款融资体系里正常的融资受到了一定的限制，比如说房地产行业和负债压力大的地方平台的项目，所以银行向非银体系的资金流出，体现为对其他金融机构提供的资金不断提高。受8号文的影响，非标资产占比逐步降低，债券和货币市场占比在提升。

加杠杆非常重要的一个驱动力，就是监管套利和资金套利。监管套利就是通过一个架构的设计，表外的运作可以减少风险的计提、资本金和拨备的计提，而且通过通道突破行业的限制、区域的限制。资金套利的被动化是指随着债市的调整成本收益出现了倒挂，一向认为自己算账很精明的金融体系和商业银行，这时候在补贴市场，把高成本的资金运用出去的收益率还低，为了避免资产收回并且维持同业的链条，可能被动地维持高成本的主动负债。最近商业银行的吸存压力又与20年前差不多，那时候每个人都要背指标，一人在银行全家跟着忙，20年后又回来了。信贷规模的风险还是积累在金融体系的内部。

多层产品的镶嵌以及同业链条的加长，为什么是这次监管政策非常关注的焦点？主要是两个原因：

一是客户风险的适应性。是不是把合适风险的产品卖给了合适的客户，还是说通过结构安排把高风险的资产卖给了低风险的客户？保护体现在具体的架构上非常重要。二是最终资产投向的合规性。产品方面向底层资产穿透来识别最终的资产类别是否符合资产管理的监管规定，它的风险是否经过了适当的评估？这两个方面都值得关注。

当然这一轮的加杠杆和2013年时候的加杠杆有比较大的差别。基础货币的投放方式，由低成本的外汇占款转换为高成本的公开市场操作。2013年的同业链条主要是通过买入返售进入到非标市场。我在兴业银行做过6年的董事，其实就是在探索银行间的理财市场，但总体上从那时候的加杠杆和期限错配的评估看，非常在意的是经常要评估错配的状况、期限匹配的状态，随后监管也发文限制了银行错配的领域。这一次2016年的同业链条转变了，主要是通过同业存单和理财加杠杆进入债券市场，监管一开始便对套利重点进行限制。

对于加杠杆来说当然是刺激市场的，而同样去杠杆依然会推动市场的调整。从2016年四季度开始债市调整，当时市场是比较紧张的，但是有一部分机构开始主动赎回产品造成了市场的持续性紧张，实际上目前来看，降杠杆的迹象不是那么明显。所以说，首先要将杠杆率保持在一个平稳的水平，不持续地上升，这是第一步的目标，真的要降下来可能还要做出更多的努力。

在去杠杆的时候，金融市场正在做什么呢？银行在动态市场操作，锁短放长，提高成本，流动性维持紧平衡，如果流动性很充足很旺盛，指望它去杠杆是不现实的。2016年8月份银行重启14天到28天逆回购，通过拉长期限，间接提高资金成本，总体看是在不断地维持这个市场流动性的紧平衡的,也创造了很多新的流动性的工具来维持这种平衡。

整个市场的投放、回笼大致上是一个紧平衡的状态。货币政策稳健中性,货币市场利率的中枢在稳步地提高。以前大家习惯于调存贷款利率,现在央行不想给市场体系带来更大的冲击,慢慢地引导利率的提升,传递着流动性紧平衡的政策信息,包括政策提到的主动降杠杆、防止不合理的加杠杆的行为。

同时,MPA 从理论的探讨开始进入到了具体的操作实践。宏观审慎评估全世界在金融危机之后都很关注,可是真正操作的时候,大家觉得央行的 MPA 体系做了一个非常重要的探索,它传递的一个信号是,从2017年一季度开始,表外理财资产扣除现金和存款之后,纳入到广义的信贷范围抑制监管套利,有一些小银行一季度信贷投放的规模很小,这就是的宏观政策的引导导向的结果。MPA 评估的核心就是用广义的信贷的增速来约束银行的资产的增速,广义信贷中纳入表外理财的增速与 M2 增速挂钩,抑制中小银行无序扩表。

我简单梳理了"三会"出台的行业规范文件,非常密集。从2016年年初就开始传递了这样一个政策信号,2017年银监会的力度加大。今天这次讨论围绕银行资产管理。去杠杆关键看银行资产管理,因为它毕竟涉及社会在资金网络客户上面有没有主导性。监管主要涉及了三违法、三套利、四不当。

从此前统计的体系来看,很难看到资金流向哪里,那么统计信息要怎么提高透明度?怎么实现郭树清主席讲的影子银行的阳光化,穿透它的底层资产?在这样一个政策的导向下,我们的业界同人在做什么呢?这时基金子公司反应非常快,基金子公司的增速和券商的资管的增速很明显地下降。所以,基金子公司对政策反应非常灵敏,这也说明了他们原来的业务模式调整起来还是快的。

2017年3月,同业存单的发行规模又超过了2万亿元,发行速度有再次加快的迹象,从数据观察银行的报表,其实还是在扩张的。金融去杠杆实际上是在反复,事实上就是在这个问题上反复。这也引发了我们业界要讨论的问题:没有实体经济的去库存、去杠杆,就靠逼着金融部门的去杠杆空间有多大?因为之所以有高杠杆,还是在于非金融部门的高杠杆率和低效率的资金占有。大家都在批评说，金融体系脱实向虚。如果实体经济有大量高回报的项目，金融机构不可能脱实向虚。

从一个大口径的非常粗略的统计看，现在企业部门大概有多少的负债呢？过100万亿元了，按照4%到5%的利息算算，可能跟我们一年的GDP差不多了。如果实体经济的回报水平不提高，去产能去库存没有进展，那么让金融行业去杠杆，很可能就会出现一定的反复。

2017年5、6月份是同业存单到期的高峰，所以我作为一个研究人员比较看重这个数，同业存单的量价走势是衡量去杠杆效果进展的非常好的参考指标。

最后，就是监管的走向和对资管行业的影响。"宏观审慎"来约束金融体系内存在的顺经济周期性，来执行宏观审慎的监管。现有的MPA的激励和惩罚机制主要是靠差异化的法定存款准备金率，相对比较单一，怎么把MPA的考核结果和一些资质的引入、牌照以及业务范围进行挂钩，强化监管的约束，这是下一步的研究方向。配合微观审慎监管，打破银行—非银的套利交易结构，弥补宏观审慎监管激励约束机制的工具的欠缺。

2015年股市的异常波动，2015年、2016年加杠杆的资产管理产品的规模迅速扩张，背后反映了一个共同的问题，就是监管的分割，监管的低效率。怎么提升监管的协调性？从资产管理这个统一的框架开始，减少监管的盲区，实现它的穿透，以及内部的资本约束，统一的目标是去杠杆、去非标、去通道，打破刚兑、禁资金池。

在这个过程中，中小银行在2016年这么快速地扩表是不可持续的，所以要特别警惕中小银行的理财产品的风险，特别是流动性风险、期限错配的风险。主动负债的成本如果是大幅高于资金成本，肯定会使得同业负债的扩张不可能再持续了，负债端的发行成本上升，资产端的收益下行，这种收益空间的持续收缩，会使中小银行的理财产品的风险比较快地暴露。

委外有一定程度的赎回，但实际上这个过程委外业务还是有它存在的空间，不同的金融机构确实有它不同的核心竞争力，所以委外的赎回会导致管理人的洗牌，重塑银行资产管理的业态。因为目前这个方面监管政策还在明确，处于逐步明朗化的过程中，所以委外业务进展非常慢。长期来看，不同金融机构之间的合作空间还很大，不是说委外就不做了，而是由原来简单的通道业务,升级为优势互补。中小银行需要证券公司、基金公司帮助进行资产配置,即问题解决型的资产配置方案,而不仅仅只是通道型的资产配置方案。优势互补,强化资产配置能力,委外投资应该有望出现市场的分化和资产配置的通道转向多策略跨界资产配置和资产交易的能力,这是监管带来的另外一个非常重要的政策对市场的影响。

国内外商业银行净利差的界定与计算 [*]

　　自 20 世纪末中国人民银行启动利率市场化改革以来，历经 20 余年的发展，宏观调控更加倚重市场化的货币政策工具和传导机制，利率优化资源配置的经济功能日益体现。在利率市场化改革进入新阶段的当下，净利差作为衡量中国商业银行经营效率的重要指标，越来越被各界所关注。

　　商业银行作为中国金融市场的主要中介服务机构，在金融市场中扮演着资金供需桥梁与媒介的重要角色。据中国银监会统计，2016 年中国银行业非利息收入占比 23.80%，同比上升约 0.07 个百分点，近八成收入来自于传统利差。可见，尽管非利息收入占比份额正逐年扩大，但净利差作为中国传统商业银行盈利的基础和主要贡献力量，在经营收入中仍具有举足轻重的地位。2016 年，中国银行业净利差平均为 2.22%，同比下降约 0.32 个百分点。在中国宏观经济结构调整逐年深入、利率市场化进程不断深化、基准利率收紧不断加速的当下，提高净利差水平成为目前中国商业银行急需解决的问题。

　　从微观层面看，资产负债业务是中国商业银行传统业务的主体，而净利差作为银行资产负债管理的重要目标变量，分析银行业净利差及各因素的相关关系和影响程度的大小，可以对银行优化资产负债结构提供参考。同时，在国内外竞争趋于激烈的当下，了解银行业整体经营效率和净利差现状，对中国商业银行合理确定净利差水平，逐步提高自主定价能力有重要的现实意义。

　　从行业层面看，近年来，中国银行业利差缩窄、风险集中释放、利润增速放缓。通过研究净利差影响因素，能促进中国银行业在新的形势下锐意进取，在稳健发展传统业务的同时，不断对自身的组织架构进行调整，

---

　　[*]　钟文参与本文的起草与讨论，本文发表于《中国银行业》2017 年第 6 期。

在探索中推进战略转型。

在宏观层面，研究净利差影响因素可为政府宏观调控提供科学的政策依据。在中国，利率是政府进行宏观调控的重要工具，在利率尚未实现完全市场化的当下，商业银行利率水平的变动受存贷基准利差的影响巨大。基准利差是中国银行业净利差变动范围的界限，一般而言，净利差与基准利差的变动呈正相关关系，基准利差越大，净利差也会相应增大。了解中国银行业净利差变动趋势及各层次因素的影响大小，有助于政府科学地调节存贷基准利率水平，合理有效地制定相关货币政策和经济政策，真正做到及时可控。

国外利率市场化进程较早，利率市场化完成也较快，因此，在净利差的研究方面较国内更为丰富。近年来，国内外对于银行利差的研究都在不断增多，大多研究主要从定性和定量两个层面进行。笔者分别从利差界定、利差模型、利差影响因素及回归方法等四个方面对净利差研究进行系统梳理，以期在中国商业银行利差空间逐渐压缩的当下，为商业银行增加盈利、提高市场竞争力提供一定的理论依据。

存贷利差与净利差的界定

国内外对于商业银行的利差定义尚未取得统一的共识。但总体来看，利差可分为存贷利差和净利差两种，也可理解为名义利差与实际利差。不论是日常生活、商业银行的实际操作，还是在理论研究方面，我们提到的利差大多是净利差。存贷利差的计算方式可以简单理解为各商业银行贷款利率减去存款利率的差额，与简单的存贷利差相比，净利差在计算过程中剔除了不良贷款因素的影响，因此更能真实反映商业银行的实际效率、经营水平和管理水平，分析净利差可以得到影响银行利差水平的直接因素。

关于净利差的定义和计算方法有多种，但在实际应用中，主要分为两种，在大多数上市商业银行年报上使用的算法为，净利差等于银行的利息净收入（利息收入减去利息支出）除以利息类资产，但在学术研究中大多都采用利息净收入除以银行总资产这一计算方式。这是由于大多数文献研究使用的数据库 Bank Scope 中，直接提供了净利差这一变量。Bank Scope 数据库是进行利差研究常用的数据库，是由国际机构惠誉（Fitch Rating）与欧洲财务信息数据库提供商 Bureau van Dijk 合作出品的专业工具，具有较强的权威性。Bank Scope 定义净利差用的是银行总资产，为了便于统计、比较，因此大多理论研究对净利差的计算均采用 Bank Scope 给出的净利差定义。关于净利差决定因素的理论模型大体有两种：一种是做市商模型（dealership model），后经过不断的完善和扩展，成为这一研究领域的主流模型；另一种是银行类企业微观模型（micro-model of the banking firm）。有关净利差决定因素的研究基本都是在这两个模型的基础上进行的。

做市商模型。其核心思想是把银行看成一个风险厌恶的中介交易商或动态领导者，不断游走在借款人与贷款人之间进行协调，在双方可接受的范围内，同时报出存贷款利率，并随时根据存款供给和贷款需求的不断变化而变化，以求达到动态平衡。Ho 和 Saunders（1981）第一次提出了做市商模型的理论框架，并对商业银行净利差的决定因素进行了实证分析。之后，基于利差主要由货币市场平均利率而非存贷利率决定的认知，该模型不断被修正，在此基础上，又将信贷和存款拓展到不同类型，在考虑利率风险的同时还加入了信用风险，运营成本作为影响利差的一个因素也被考虑在内，形成了一个较为丰富的理论模型。有学者将商业银行的业务经营类型细分为传统和创新型两大类，并创造性地将动态性引入到模型中。同时，又建立了一个新模型，并将非传统业务和经营成本同时纳入其中。

银行类企业微观模型。与做市商模型不同，银行类企业微观模型的核心思想是把银行放在一个静态的环境中来考虑，银行的功能是设定存贷款利率，使得存款供给和贷款需求同时达到市场出清。这个模型同时考虑了银行由于不良贷款存在而面临的信用风险和由于资产负债不匹配而产生的利息风险。

微观、行业与宏观：利差的几大影响因素

微观因素。对于影响利差的微观因素，有很多研究从不同的角度给予了分析。一是认为商业银行经营者的风险偏好程度、交易规模大小、利率波动率等均对利差有较强的正相关效应。二是认为核心资本和存款波动率

会影响商业银行净利差，其中核心资本与净利差呈正相关关系，存款保险制度、资本金规模和违约风险影响着商业银行经营的稳定性，违约风险与净利差负相关。三是认为平均运营成本、风险厌恶程度、货币市场的利率风险、信用风险、利率风险与信用风险的协方差以及交易规模等因素均会影响净利差。

国内对于影响净利差的因素研究范围更加宽泛，除上述因素外，认为各银行内部融资结构是影响其净利差水平的重要因素之一，税收、贷款损失、费用开支、中间业务的发展程度、资产规模、总资产收益率等都对净利差有着直接影响。同时，也将贷款违约率、资本缓冲、流动性溢价、损失率、无风险基准利率与信贷类资产比等指标纳入研究范围，认为这些与商业银行净利差显著相关。

行业因素。国内外均认为市场竞争结构是影响商业银行利差的重要行业因素，市场份额的大小会对商业银行净利差造成影响，并且认为垄断势力越强的商业银行，相应的利差水平越高。此外，认为在银行业竞争中，金融产品之间的替代性与净利差水平呈现负相关关系。

宏观因素。国外学者发现，通货膨胀与银行净利差之间存在显著正相关关系。但显然这不是对于所有国家都适用，在研究西欧、东南欧、拉丁美洲和突尼斯等国家或地区的银行业时，均得出了相反结论，认为通货膨胀与净利差为负相关。还有的学者认为通货膨胀与净利差之间的正负相关关系取决于通货膨胀是否是可预测的，如果市场能提前预测到会发生通货膨胀，银行将相应地提高利率，利差将增加；如果预期不会通胀但实际上发生时，通货膨胀率的增加将导致银行滞后调整利率水平，而利率的提升将推动银行成本上升，对净利差产生消极影响。

关于经济增长率，分析认为，经济增长率与净利差存在负相关，过高的经济增长速度会导致贷款违约风险增加，从而引起银行净利差收窄。相反，也有人认为经济低增速将增加借款人的信用风险，提高风险溢价，从而增加银行的净利差。此外，政府财政赤字的降低会减少净利差。国内同样认为宏观因素是影响中国商业银行净利差的主要因素之一。经济周期的波动也会对银行净利差造成影响。

利差影响因素研究的四种回归方法

国内外在对利差影响因素实证研究进行具体操作时还有四种不同的回归方法。

第一种是一步回归法。即将所有可能影响银行净利差的决定因素，不管是微观因素、行业因素还是宏观因素，都放在一个等式中进行一次检验。由于简单、操作性强，一步回归法在国内外被广泛使用，但这种方法没有考虑到银行间竞争、信息不透明和宏观经济冲击之间的串行相关性，不仅是银行净利差，自变量也会随着时间的推移而不断变动。

第二种是简单的两步回归法。它将净利差影响因子进行了微观因素（包括行业）和宏观因素两个层面的划分，第一步先用微观因素（包括行业）对净利差数据进行回归，第二步再用宏观因素对净利差进行回归。

第三种是复杂的两步回归法。与第二种回归方法类似，它也将净利差影响因子进行了微观因素（包括行业）和宏观因素两个层次的划分，第一步先用微观因素（包括行业）对净利差数据进行回归，在这一步中，能被解释的那部分利差被称为"纯价差"（pure spread）。第二步用宏观因素对第一步回归中的常数项再进行回归分析。这个方法在国外用得比较多，国内鲜有学者使用。

第四种回归法又称为"动态线性模型"。它考虑了时间的影响，将时间滞后变量纳入回归模型。然而，这种动态回归法有可能会引起有偏估计，以及未考虑到解释变量之间存在的内生性问题。当然，这个问题可以通过使用广义矩方法（GMM），在动态面板中选用适当工具来解决。

总的来看，国外研究较国内研究深入、宽泛得多。国内研究大多是在国外研究成果的基础上进行，在理论模型和研究方法方面鲜有创新。多数学者对中国商业银行净利差的研究仅局限于理论分析方面，实证研究还没有系统化的模型出现，结论也是各不相同，影响了对商业银行实践层面的指导效果。当前全球经济金融形势复杂多变，国内商业银行经营环境亦面临新的变化和挑战。在经济下行期，商业银行经营发展面临多方面的压力和挑战：资产质量持续承压，信贷成本居高不下；利率市场化改革影响持续，银行业利差持续收窄；经济活动活跃度下降，中间业务收入增收难度加大；费用投入不足，效率仍有待提升；资本监管持续强化，规模扩张盈利模式受到挑战；国际经营环境错综复杂，海外及控股机构增长乏力；新金融业态兴起，支付脱媒和金融脱媒趋势明显，等等。在此背景下，我们必须加快对中国商业银行业净利差研究的脚步。但在研究的过程中，我们应该更加注重商业银行净利差演进与利率市场化之间的内在逻辑关系，以及在中国特有的制度环境中净利差的特有内涵。

新常态下的商业银行转型新趋势 *

　　在经济新常态的大背景之下，中国银行业的经营环境出现了巨大变化，同时面临着新的机遇和挑战。一方面，资产质量周期性承压、利率与汇率市场化不断推进、互联网金融等新型金融形态快速生长、监管导向日益严格等问题备受重视。另一方面，净利差收窄、盈利增幅减缓表明传统商业模式面临转型压力，需要调整客户结构与业务结构，促进商业银行的转型，来以此提高竞争力。在经济周期性回落的几年中，中国银行业一方面经受了经济下行周期的重要考验，与此同时，商业银行主动适应新的经济环境，推动经济转型，对中国经济未来一段时间在新的增长平台持续稳健的增长提供金融支持的能力明显增强。

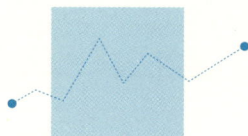

一、中国银行业外部环境的动态变化趋势

（一）中国银行业的 ROE 正在较快地向全球平均水平靠拢

　　中国银行业的 ROE 变化趋势表明，随着经济的转型，竞争的加剧，中国上市银行的净利差呈现缩窄趋势，叠加资产质量的波动压力，使得利润增速逐步下行，进而导致 ROE 较快地向全球平均水平靠拢。中国银行业的

---

　　*　本文发表于台湾《中国时报》2017年1月29日。

全行业 ROE 水平 2013 年以来以平均每年 1~2 个百分点的速度下行，从 2013 年的接近 20% 降至 2016 年的 13.4%（见图 1）。

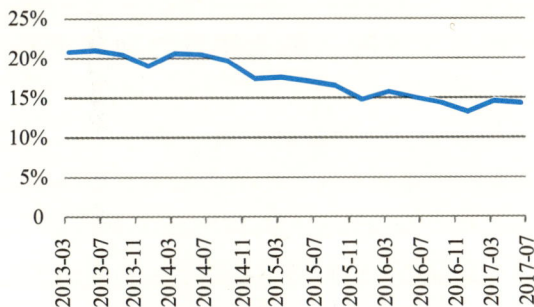

图 1　中国银行业全行业平均 ROE 走势

（二）商业银行的利润增速与非金融类公司逐步接近，并出现分化，因此亟待探索新的增长点

从统计数据分析，中国银行业的利润增速逐渐与非金融类上市公司接近，不同银行开始出现明显分化，需要寻找新的利润增长点。从行业趋势上看，过去中国银行业得益于剥离不良资产和注资带来的政策红利、市场环境扩张以及牌照的优势，盈利高速增长；而近年来中国银行业的利润增速持续下行，并逐渐与非金融类上市公司接近，银行业的利润增速正在回归常态，不同银行在回落的态势里开始出现明显的分化。在扩张期受关注最多的是规模的扩张以及高速的增长，而在回落期我们可以观察，当初在扩张期的资产布局能否经得起周期回落的考验。例如，在负债端，当新的产品和销售渠道出现时，是否有足够的市场化创新能力来应对储蓄流失的危机；在利率和汇率波动比较大的背景下，是否拥有充分的资产负债风险管理能力来应对市场风险。因此，在行业扩张时期也许很难看出竞争力的差异，大小银行之间的结构都很类似，但在行业回落阶段可以看到不同银行的分化。

从趋势看，虽然 2017 年二季度的净利差与一季度相比稍有回升，但是总体上，中国银行业的净利差还会因为直接融资的发展和市场竞争的加剧而继续趋势性收窄，对比香港市场上的商业银行的净利差也可以看出这一趋势。在竞争加剧的环境下，如何提高竞争力、寻求新的利润增长点显得尤为重要。

二、在利润增速回落时，商业银行如何转型？

从目前的市场趋势看，在经济转型期，银行面临传统商业银行业务模式转型的压力，在利润增速回落时，不同银行也在积极探索转型的新方向。

（一）银行自身层面：探索新市场环境下的新增长点

1. 轻型银行与交易银行：新环境下提高竞争力的切入点

从2017年上市银行半年报的披露信息中可以看到，在当前的行业回落时期，不同银行的经营策略开始分化。有的银行依然采取扩张路线，不断扩大其资产负债规模；有的银行则主动选择缩表，并进行收入结构转型，即轻型化方向。经过一轮洗牌之后，预期可以看到差异化的商业模式和分化的经营策略。与此同时，不同地区的银行也出现分化，与此轮经济周期中不良率的形成、上升和传递表现出明显的区域地点有密切关系。最初江浙等杠杆率比较高的地区新增不良占比接近一半，逐步向中部、西部、东北地区传递。现在来看，长三角等率先暴露风险的地区，经过几年的调整和处置，已经基本触底回升。这种情况下，就需要银行在资产组合、区域布局和行业布局上进行考虑，而不仅仅是追随大流。

自2015年以来，银行体系的规模增长与利润增长开始脱钩，一些银行开始强调轻型化。从资产结构看，以理财为主的表外资产增长速度高于资产负债表增长速度，资本耗用低的零售业务所占比重不断提升；从收入结构来看，国际先进银行的非息收入占比大约在40%，中资银行非息收入占比相对较低，但近年来呈现不断增长的趋势（见图2）。可以说，银行的轻型化正在成为一个大的趋势。但同时也应该看到，轻型化的背后必须要有实体业务的支持，只有保证足够多的客户量和传统业务，轻型化才有基础，这也是银行在轻型化过程中需要掌握好的一个平衡。

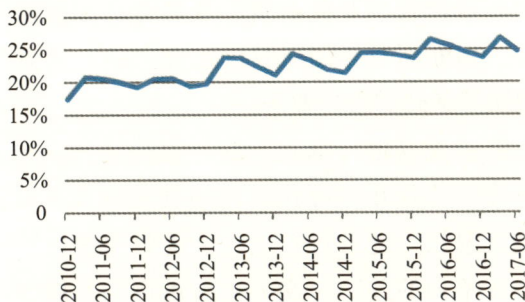

图 2　中资银行非利息收入占比走势

　　投行和资管业务成为带动银行转型的活跃领域。大资管和大投行业务是上市银行推进战略转型、培育核心竞争力的重点发展方向之一。所谓"大资管和大投行"，就是要求银行不再仅仅作为基金公司、证券公司和信托公司的一个销售渠道，而是要顺应新的资产配置需求，提高自身的产品设计能力，更好地满足客户的资产配置需求，同时加强对资管行业上中下游的金融机构的服务整合能力。这是一个大的发展趋势，也是银行业面对直接融资快速发展所必须要做出的转型调整。

　　举例来看，2017 年以来中国银行业存款规模的下降与货币基金的规模增长基本处于同一数量级，大致可以看出货币基金蚕食银行存款的趋势。这种趋势或许难以在短期内快速显现，但从中长期看，如果银行不积极跟进，这种冲击会越来越明显。从国际经验看，美国银行业受货币基金崛起的影响，银行的活期存款比例从 60% 下降到了 10%。从近几年货币基金的运营看，总体回报水平、风险管控能力，持续高于银行理财产品、高于存款收益水平。随着基金产品持续的客户渗透，如果中国银行业不进行"大资管 + 大投行"的业务转型跟进，那就很有可能看到美国市场的替代过程在中国市场重演，市场化的融资渠道就会继续侵蚀银行的负债基础。

　　从资产管理的价值链分布看，投行业务实际上也成为商业银行内部资产管理部门的产品设计部门，投行和资管业务的联动，有助于增强商业银行对客户服务的针对性。据《中国银行家调查报告》对中间业务收入来源的调查统计，投行、理财收入稳居商业银行中收入来源前两位。资管业务发展的主要方向为回归资产管理业务本质，提高资产配置能力。而投行业务主要围绕产业基金、PPP项目等创新股权融资产品，同做强债券承销、投融资顾问、银团贷款等基础类投行业务。

拓展新的价值链：交易银行崛起。交易银行正在成为公司业务转型新趋势。在利率市场化、人民币国际化、跨境交易以及互联网金融等加速发展的背景下，发展交易银行业务日益成为传统商业银行转型发展、拓展收入渠道与提升自身竞争力的关键。交易银行重点的发展方向主要集中在支付结算、现金管理、供应链金融和贸易金融等。

发展交易银行的另一个目的，就是服务中小企业。通过为中小企业提供交易和支付系统服务可以搜集大量企业的信息，从而发掘原来在银行系统缺乏信用支撑的中小企业的信用信息，使银行可以对接这一部分客户。因此可以看出，发展交易银行有助于银行挖掘新的业务增长点，拓展低成本的负债来源，提升客户的黏性，同时还可以拓展交叉型业务，拓展新的收益渠道，这背后也包含支持实体经济的含义。

交易银行业务发展面临跨地区和部门协调等制约。从目前交易银行的发展来看，制约交易银行发展的主要自身因素则体现在产品研发能力，跨地区／过境、跨部门、跨产品条线的协同能力，风险控制能力，总分行架构下的协同能力与基础设施建设等方面。

2.资产质量：检验银行跨周期经营的竞争力

从《中国银行家调查报告（2016）》调查结果可以看出，高达81.3%的银行家认为，信用风险是银行业将会面临的主要风险。虽然受到经济回暖影响，2017年上半年银行业资产质量有所改善，但当前宏观经济下行压力依然较大，实体经济经营困难向金融领域传导仍在持续。这也是对商业银行扩张期资产组合的检验。对于不良贷款上升的原因，调查结果显示，58.7%的银行家认为主要由宏观层面引起。在延续经济增速换挡期、结构调整阵痛期和前期政策刺激消化期"三期叠加"的背景下，实体企业普遍出现周期性产能过剩，部分行业现金流萎缩，利润下滑。根本上体现的是银行跨周期的竞争能力。

银行业在经济扩张时期面临的挑战，其中之一是短期的考核机制容易使信用风险释放后移，因此资产质量是检验银行跨周期运营能力的非常重要的角度。从半年报的数据看，部分银行开始慢慢出现不良率降低的情况，这背后有区域的因素，也有加大核销、调整资产结构等原因。当前经济正面临转型，经济运行的复杂度提升，不仅需要加强基于逐笔资产质量的管理，还要有基于组合的管理，对整个宏观层面、区域、行业进行判断以后，主动进行资产组合的调整。与事后处理不良相比，更需要提升的是事前的战略布局能力，比如，当判断经济处于转型期，则防守型即衣食住行等相关产业不良率相对低，而强周期的行业波动较大，掌握这样的规律便可预先布局，这就是基于组合的管理。或者当意识到基于区域推进的风险时，就应该将资源放在风险已经触底的区域。

目前大部分银行仍主要依赖于不良催收、核销重组等常规处置方式，只有少数银行开始着眼于不良资产转让或证券化、债转股等新型处置方式。未来随着监管部门的政策放开和支持，上市银行不仅需要完善各项传统处置方式，更要积极创新，提高收款效率。培育市场化的不良资产处置能力，进行全流程反馈和改进，以及采取适当的不良资产处置手段与方案设计应成为上市银行在不良资产处置方面培育核心竞争力的发力重点。

3. 顺应融资结构调整趋势：拓展资本市场业务

2017年的全国金融工作会议明确提出要发展直接融资，改善间接融资结构，降低金融机构经营成本。因此，银行业需要学会运用资本市场，拓展和资本市场相关的业务，如投行业务、资管业务、并购业务等。目前中国的并购有六成以上是以上市公司作为主体来进行，如果银行业对于整个上市公司的运行和投融资行为不了解，那就很难介入这些并购业务。

（二）外部监管层面：盲目扩张的商业模式难以持续，需要在新的监管政策导向下进行调整

"宏观审慎"与"微观审慎"相结合的监管框架不断完善。一方面，通过MPA体系不断完善监管措施，从规模、增速、占比等维度来实现系统化、动态化的宏观审慎监管。然而现有MPA考核的激励与惩罚机制（差异化法定存款准备金率）相对单一，应通过把MPA的考核结果与各项准入和资质进行挂钩，强化监管约束。另一方面，要配合微观审慎监管打破银行—非银套利交易结构，弥补宏观审慎监管。

从加杠杆到去杠杆：监管驱动商业银行资产负债表的调整。当前，表

内资产端的投资占比不断提升，标准化债券投资比例降低，非标和权益类资产占比提升。而以理财为主的表外资产占表内资产比重由2014年年底的6.5%上升至2016年年底的16.5%。与此同时，MPA框架下的广义信贷增速远高于贷款增速，资产扩张的形式变得更加多样化。目前去杠杆的过程可以视为过去两三年加杠杆的一个逆过程，对整个市场结构的影响是多方面的。例如，在业务形态上，原本视为传统业务的存贷汇占比开始回升，而其他的被视为创新的业务增长速度反而减慢；在市场集中度上，由于之前加杠杆过程使得部分小银行突破资本金约束、分支机构约束、产品线的约束，扩张业务领域进而崛起，令整个市场集中度有所降低，因而去杠杆的过程中应该会看到市场的集中度重新有所上升，重新影响现有银行格局，令小银行承压。

监管更为重视表内外资产配置，强化穿透原则。监管部门对投资和理财业务进行流向跟踪，2016年迅速扩大的同业存单、同业理财、委外投资等都纳入统计，监管漏洞不断填补。对于嵌套的资管产品、收益权等，强化底层资产穿透监管原则，掌握最终资金投向。

监管更为关注流动性风险管理，同业业务成为重中之重。对同业、理财业务进行专项检查和监管。严控依靠主动负债和表外理财迅速进行资产负债表内表外扩张行为。流动性期限缺口监测以及LCR指标监管将不断趋严。

监管鼓励创新业务发展。重点推动资产证券化、信贷资产转让、市场化债转股、政府产业基金和投贷联动等创新类业务。

（三）金融科技等外部冲击：商业银行正尝试将外部挑战融合为提升竞争力的动力

金融科技给银行业的传统商业模式带来了巨大挑战，而银行业也正在积极探索将这些外部挑战融合为提升竞争力的动力：大型银行在自身积极拓展金融科技，而中小银行则主动和金融科技公司采取合作。然而，现阶段银行谈论金融科技还是典型的银行为主思维，沿用的仍然是信息科技等原来的思路，我们的话语体系还是核心交易系统、信贷管理系统、风险管理系统、支付清算系统，主要依托信息技术平台，把金融科技作为一个现有网点业务的替代，即作为现有产品的销售渠道，而不是从一个渠道的角度、一个互联网金融科技的流量角度，从提升客户体验的角度着手，这和基于科技加入到金融的视角是完全不一样的。金融科技是从金融端来运用科技技术，或者说从科技端学会运用金融工具，二者其实是从不同的路径向中间走。比如银行新的业务增长点往往是围绕新的场景展开，而对银行挑战最大的地方在于，很多新的场景与银行无关，实体经济和互联网企业构建的场景可以实现自我信息采集，自我风险评估，从而提供金融服务，与传统银行没有关系。银行未来需要建立自己的场景或者利用好现有的场景，来采集用户的信息。通过积累数据，运用大数据处理来发展业务，而不仅仅停留在移动支付、网络销售等方面。

在利用金融科技解决银行业经营痛点的策略上，金融机构应该主动地加入金融科技生态。另外，任何新技术新模式的商业应用，都需要一个摸索和试错的过程，风险投资机构最善于处理此类技术创业项目，银行业只有与专业投资机构配合，才能有效控制探索创新可能带来的额外成本，更加稳健地参与到创新生态中来。因此，在金融科技产业生态建设中，各类机构的合作创新可以有多种实现模式：

其一，银行类金融机构通过借鉴金融科技产业创新思路，自行研发创新金融技术，构建产业生态；

其二，采用与金融科技公司合作的形式，利用金融科技公司的创新成果来推动银行业金融科技业态的研发与应用；

其三，利用"投贷联动"等产业政策契机，以投资带动合作，与专业投资机构联动，由金融机构投资或参股金融科技创业公司，来构筑双方深度业务合作的基础。

三、客观评价经济调整阶段银行业的转型进展[1]

商业银行作为带有典型亲经济周期特征的行业，在经济周期的回落阶段，往往面临资产质量下滑、盈利能力下降等压力。这既可以说是对经济扩张时期形成的资产负债组合的一个检验，同时，也会倒逼商业银行创新商业模式，推进业务转型。在2008年以4万亿元为代表的一揽子应对金融

1　第三部分发表于《金融时报》2017年9月23日。

危机的刺激政策带动中国经济阶段性回升后，中国经济在 2010 年年初达到阶段性的高点，开始在周期性的回落压力和经济转型压力等的叠加下，经历了多年的回落。在经济周期性回落的这几年中，中国银行业一方面经受了经济下行周期的重要考验，经历了经济回落初期不良资产压力明显上升的阶段后，当前资产质量压力明显缓释，盈利能力稳步回升。与此同时，商业银行主动适应新的经济环境，推动经济转型，促进自身业务转型的努力也取得了明显的进展，整体竞争力稳步提高，对中国经济未来一段时间在新的增长平台持续稳健地增长提供金融支持的能力明显增强。

（一）中国经济增长在平稳回落中开始显示较强韧性，经济结构逐步优化

2017 年，在全球主要经济体周期性回升和中国经济转型不断取得进展的共同作用下，中国的经济增长在平稳回落中表现出了较强的韧性。与此同时，中国经济新旧动能的转换稳步推进，过去主要由地产和基建等投资拉动的粗放增长方式逐渐发生变化，随着供给侧结构性改革不断向纵深推进，产能过剩行业开始出清、集中度开始提高，消费升级逐渐成为总需求上升的主要贡献力量，这些有利的经济变化反映在中国银行业的经营指标上，就是中国银行业的盈利能力在经历了经济回落初期从高位的回落之后，进入 2017 年开始企稳并呈现触底回升态势。

（二）银行资产质量压力缓释，跨周期管理能力得到检验

本轮经济增长中枢回落和结构调整快速推进的初期确实给中国银行业的资产质量带来了巨大压力，但是，经过了近年来中国银行业主动进行行业结构调整、强化风险管理和多元资产处置的过程之后，整体银行业的不良资产形成的高峰已经过去，银行业在市场化的环境中经受了资产质量风险的考验，跨周期经营的能力得到检验和提高。根据 2017 年上半年末中国银监会披露的数据，行业整体不良率稳定在 1.74%，部分银行和部分地区的不良资产比率已经出现双降，拨备充足对后续继续消化可能出现的不良资产以及支持未来利润增长提供了坚实基础。经过此轮周期的考验，中国银行业更加注重提升资产质量的战略布局能力，同时探索了不良资产转让或证券化、债转股等新型的处置方式，强化了风险化解和处置能力。从不良

资产的区域形成观察，这一轮不良资产比率明显上升，发端于以浙江温州为代表的长三角地区，当时长三角地区新增的不良资产占到当年全国银行业新增不良资产的相当大比例。经过几年来对不良资产包袱的消化和银行经营模式的转型，长三角地区的银行经营状况已经开始明显好转，不良资产比率呈现稳定回落态势。

（三）中国银行业的有效监管，引导银行业逐步适应新的市场环境，有效管控了行业风险

伴随着中国银行业重组与改革的进程，中国银行业的监管体系在总结中国经验的基础上，较早地以自信的姿态与国际接轨，监管透明度不断提高、监管体系不断完备，为引导银行业适应新的市场环境提供了一个清晰的监管框架。2011年4月，中国银监会发布了中国银行业实施新监管标准的指导意见，在全球主要经济体中较早地将巴塞尔协议Ⅱ和巴塞尔协议Ⅲ等国际金融监管改革共识进行了本土化。中国银监会在流动性、拨备覆盖率、风险集中度、不良资产率等传统审慎监管工具的基础上，陆续引入并更新了资本、拨备、流动性、杠杆率等银行监管工具，银行监管的工具箱不断充实和完善。2016年年初引入了宏观审慎评估体系，将"宏观审慎"与"微观审慎"相结合，监管框架不断完善。2017年中国银行业监管更加关注化解金融风险、服务实体经济，在第五次全国金融工作会议召开后，监管协调性和跨市场监管能力得以提升，对于银行业的平稳发展起到了重要作用。

（四）经济下行周期背景下中国银行业积极转型，业务结构更为多元，增长模式更为稳健

在新常态的经济增长环境下，中国银行业为提高风险应对能力和市场竞争力，不断拓展新的业务增长点，覆盖新的客户和市场，探索新的业务增长模式，例如传统的信贷资产在银行的资产负债表的重要性开始下降，不再一味追求信贷规模扩大支持下的增长也越来越成为中国银行业的共识，一些银行开始主动选择收缩资产负债表、调整收入结构，向资本耗用低的轻型化银行发展。自2015年以来，可以观察到，中国银行体系的规模增长

与利润增长便开始脱钩，一些银行开始加速向轻型化方向发展，资本消耗较低的零售业务占比不断提升，非息收入占比不断增长。2017 年上半年，16 家上市银行的非息收入占比加权平均达到33.33%，已接近国际先进银行的平均水平。同时，投资银行和资产管理业务等成为带动银行转型的活跃领域。银行通过提高自身的产品设计能力，加强对上下游金融机构的服务整合能力，更好地满足客户的资产配置需求。与此同时，中国银行业也主动拥抱金融科技领域的最新发展，通过建立自己的应用场景和业务数据的不断积累，提升客户体验，积极探索将外部金融科技带来的挑战融合为提升竞争力的动力来源。

零售银行业务引领商业银行转型发展 *

2017 年，银行业改革发展依然面临着严峻复杂的国内外经济环境。根据银监会召开的 2017 年工作会议要求，今年银行业要坚持以深化供给侧结构性改革为主线，坚持把防控金融风险放到更加重要的位置，着力提高服务实体经济质效，为经济社会平稳健康发展贡献金融新动能。

零售银行在获取稳定、低成本的资金来源，平衡对公和金融同业业务风险等方面具有独特的优势，其重要性不容忽视。随着经济转型步伐的加快、客户差异化需求的显现和利率市场化趋势的演进，零售银行业务正在成为国内商业银行转型发展过程中最有获利前景的增长领域。

一、零售银行业务的现状、机遇和挑战

目前，股份制银行规模庞大，小银行快速发展。股份制银行的个人贷款规模占中小银行总额的 90% 以上，占绝对优势地位，近三年也维持 20% 左右的较高速增长。相比于布局全国、体量庞大且业务齐全的股份制银行，农商行和城商行借助地缘优势发展零售业务并取得了一定成效，增速相对其他类型银行更快，占比也逐年提升，发展潜力大。中小银行个贷结构各

---

*　文章来源:《今日头条》2017 年 7 月 1 日。

异，理财业务赶超五大行。但与成熟市场相比，我国零售银行业务盈利贡献偏低。此外，个人贷款的资产质量整体优于对公贷款，住房贷款存在风险。

中国经济金融结构正在转型过程中，零售银行业面临机遇与挑战，如何实现突破创新、跨越式发展，是商业银行面临的重要问题。在互联网金融时代，面对电商平台和第三方支付平台的威胁，银行零售业务也在不断创新实现方式，加快互联网金融产品的研发和推广，银行间的竞争也转向渠道端的竞争和用户体验度的比拼。北美、欧洲的互联网银行已经开始从互联网银行1.0时代的直销银行逐渐向2.0版本的移动银行发展，未来亚太地区将成为全球范围内以移动银行为代表的零售银行的最主要发展区域。

二、零售银行业务是商业银行的重点发展方向

在众多的探索之中，积极拓展商业银行的零售银行业务，应当算是银行界应对经济金融转型的一个共识。目前，在中国银行界流行一句总结说："不做好公司业务，商业银行就没有今天；不做好零售业务，商业银行就没有明天。"这句话反映出两个基本事实：第一，针对个人客户和中小企业的零售业务收入在中国商业银行总收入中的占比仍然较低，通常不足50%，发展空间还比较广阔；第二，近些年来，以个人贷款、住房按揭贷款、信用卡业务等为代表的零售银行业务不仅快速增长，业务本身更呈现出占用资本金少、周期扰动小、经济附加值高和业务风险低等诸多优点，这使得零售业务成为大多数银行的重点发展方向。除此之外，中国的商业银行还有更充分的理由把零售业务视作银行未来的发展方向。

1. 零售银行业务是商业银行提升小微企业服务能力，实现银行服务转型的关键环节之一

从传统上看，小微企业经营状况的高风险性与银行信贷传统的审慎信贷文化有一定的不一致性，小微企业能从金融机构获得的贷款数量受到很大限制。但从现实上来看，多数小微企业集中在流通商贸、服务业等轻资产行业，虽然押品不足，其盈利能力却具有持续性和保障性，属于优质的目标融资客户，在商业银行鉴别能力不足的情况下，以多种民间融资平台

为代表的"影子银行"体系实际上在占据小微企业服务市场，并获得丰厚利润。实践表明，零售银行业务的综合服务能力，以及相关的风险防控能力成为商业银行能否介入这一市场的门槛。

2. 零售银行业务是商业银行资产管理和配置能力的重要体现

中国目前正处在银行储蓄转化为多样金融资产的转型过程之中，居民的金融资产早已不再仅仅局限为储蓄和国债的形式，银行理财产品、基金、信托等资产类别在全部金融资产中的占比逐年上升，单户的储蓄服务能力已经无法满足客户的多元化金融需求，银行之间的竞争也朝着资产管理和配置能力差异的层面延伸。而作为零售银行业务，它的前端反映着客户的资产配置需求，后端连接和维系着商业银行资产池中的理财产品，以及各种类型的资产管理平台。因此，零售银行业务对商业银行资产管理能力的强弱最为敏感，也最能体现出一家银行对客户金融资产多样化需求的满足能力。随着利率改革的推进和银行业竞争的加剧，零售银行业务及关联的资产管理和配置水平，将越来越影响到一家商业银行的盈利能力和资产规模。

3. 零售银行业务是商业银行整合外部资源，打造综合服务平台的有力推手

从实践经验来看，商业银行对客户的服务能力不仅体现在金融层面本身，也同时表现在整合外部资源满足客户各类需求方面。有调查显示，客户对银行的忠诚程度依赖于银行为其提供的服务数量，这些服务既包括银行直接提供的，也包括银行间接给予的，客户获得的服务种类越多就越加忠诚。例如，信用卡的竞争就不仅体现在外观、服务和额度方面，更体现在增值服务、厂商优惠、刷卡打折等第三方资源的整合层面。对于私人银行来说，第三方资源整合的作用就更加突出。一个极端的例子是家族办公室。在欧美私人银行为客户设立的家族办公室中，一般需要整合 30～40 家第三方机构以满足客户的各色金融和非金融需求。加拿大有一家私人银行，甚至为其客户整合了 65 家第三方机构以满足家族的汽车修理、飞机租赁、服装裁剪、法律税务等各种需求。成立于美国俄勒冈州的坎宁维尔的 Umpqua 银行最初只是一家小型社区银行，但在短短的 20 年间，它从美国众多的社区银行中脱颖而出，资产规模达到了 225 亿美元，成了一家拥有将近

400家网点的大型商业银行。Umpqua银行之所以能脱颖而出，是因为它的"差异化经营"和"专注于社区深耕细作"的竞争战略，以及其客户至上的经营理念。总的来说，以信用卡、私人银行业务等为代表的零售银行业务比公司业务更能整合外部资源，更易形成综合服务平台，这些资源和平台将在未来银行的差异化竞争中扮演重要角色。

当然，中国零售银行业务仍然面临着许多现实性的约束和挑战。然而，随着金融转型步伐的加快、客户差异化需求的显现和利率市场化趋势的演进，零售银行业务正在成为当前国内商业银行转型发展过程中最有获利前景的增长领域。

主要参考文献：

［1］巴曙松.零售银行业务的扩展之路［J］.中国城乡金融报.2012（6）.

［2］波士顿咨询公司.完美零售银行2020：人性、科技、转型、盈利［R］.2015.

［3］智研咨询.2017—2022年中国零售银行市场运营态势及发展前景预测报告［R］.2016.

直销银行未来如何"上下求索"*

2013 年 9 月 16 日，民生银行与阿里巴巴集团联合宣布筹备建立直销银行。两天后，9 月 18 日，北京银行宣布与荷兰 ING 集团合作成立了我国首家直销银行，拉开了我国直销银行的发展大幕。2015 年 7 月 18 日，中国人民银行、工业和信息化部等十部门联合发布《关于促进互联网金融健康发展的指导意见》，进一步鼓励并推动了直销银行的发展。2017 年 1 月 5 日，我国首家独立法人直销银行百信银行正式获批成立，标志着直销银行的发展迈入新的阶段。根据易观智库 2017 年 5 月份公布的最新报告显示，目前具有独立直销银行 APP 的商业银行达到了 93 家。

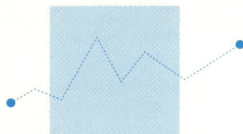

研究直销银行必须基于当前互联网金融的生态环境，着眼于直销银行在新环境下的功能和定位。与传统金融不同，互联网金融是共生和竞合的生态。国内直销银行的发展将经历内部竞合到外部竞合的演进方向，把握其中的关键点是直销银行模式成功的关键。

---

* 文章来源:《今日头条》2017 年 7 月 4 日。

一、发展直销银行的关键

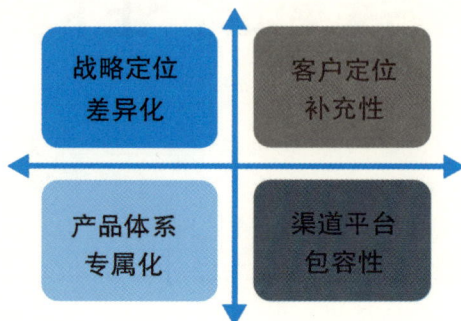

1. 差异化的战略定位

面对不同的竞争标杆，建立差异化的战略定位是直销银行建立合理竞合关系的关键。

例子：

ING Direct——以"目标国家市场的首位直销银行"和"客户的第二选择银行"为战略定位，以最简单、最基本的银行产品和服务满足客户主要的金融需求；

Openbank——针对数字精英开展业务，成为客户的主办银行、母银行的创新试验田；

Fineco——依托母银行Unicredit强大的投行平台和资产管理能力，极力成为创新、高价值、差异化的高端直销银行；

汇丰Direct——将互联网渠道吸引存款客户作为主要的战略定位。

2. 补充性的客户定位

以新客户的获取为主要目的，紧盯专属客户群，作为传统网点的补充，而非蚕食传统网点的客户资源，是直销银行与传统网点建立竞合关系的关键。

目标客户：主要是数字精英，这些客户对电子渠道接受程度高、对网点依赖性低，容易接受网络、电话等直销渠道，看重便利性。据相关报告显示，该类客户多以对便捷性要求较高的青年群体为主，因此这也是平安"橙子银行"定位为"年轻人的银行"的重要考虑因素。

专属客户：作为子品牌的直销银行，在客户定位中需建立自己的专属客户群，如德意志银行集团的三家银行瞄准不同客群，之间很少有交集，大部分德意志银行和Postbank客户需要到网点完成业务，而Norisbank则专注于数字精英；汇丰Direct的主要目标是吸收存款，而非在电子渠道提供全面银行服务，强调做客户的附属增值账户（adjunct account），而非主要账户（primary account），开发了具有创新性、低成本的业务模式来服务和获取客户，并未显著蚕食传统网点的客户。

3.专属化的产品体系

不论是作为独立的子公司还是作为事业部，建立专属化的产品体系，细分客户群，进行独立的渠道销售是直销银行在竞合关系中建立和完善自身商业模式的关键。

为建立直销银行的商业模式，直销银行普遍建立了专属化的产品体系，而且产品设计简单、定价往往优于传统渠道产品。直销银行的产品品类少而全，基本覆盖支付、投资、融资领域，但每个种类产品数量有限。如ING Direct从简单的储蓄账户起步，最终扩展到储蓄账户、按揭贷款、股票账户、养老金账户和企业储蓄账户五类，但整体提供的产品总数却在减少。产品设计往往针对直接渠道的限定范围，最大限度地减少客户互动的需要，以降低成本。同时，建立专属的直销渠道，在设计与功能上区别于传统电子渠道，渠道设计简单易用，且注重融入销售元素。依托互联网的规模成本优势，ING Direct的盈利来源于利差收入，而不是国际主流的非利差收入。但是，它采取的是"高买低卖"的方式，即以高利息吸纳存款，而以低利息发放贷款。

4.包容性的渠道平台

从国际直销银行的经营实践看，由于监管政策、法律环境和客户体验等因素的作用，纯粹的网络银行不足以形成对客户金融服务的闭环，商业模式比较脆弱，直销银行必须建立包容性的渠道平台，才能在互联网金融的竞合环境下建立完善的商业模式。

从国际直销银行的领先实践看，首先，在网点渠道上，并非完全是空中渠道，Openbank等子公司直销银行借助的是母银行的物理网点；作为服务高端直销客户的银行，Fineco建立自己的专属网点和金融咨询师团队；

ING Direct 也不是纯互联网的，它通过线下的 ING 咖啡馆支持线上业务，将咖啡吧店员培训为金融顾问，能够以不用专业术语的方式与客户沟通对话，提供产品建议。其次，在运营平台上，除 ING Direct 建立完全独立的组织架构外，作为子品牌的直销银行基本上都是前台独立，中后台运营与母银行共享。再次，在营销平台上，虽然很多直销银行奉行的都是纯线上经典营销模式，几乎不依赖于集团现有客户，但作为子公司的直销银行并不排斥网点推荐，甚至是第三方合作的形式，如 Openbank。最后，在德国这样市场成熟度高、集中度低，直销银行比较多的欧洲国家，除 ING Direct 自建自动取款机系统外，其他的直销银行要么是加入自动取款机联盟，如"现金群联盟（cash group）"或"现金池联盟（cash pool）"，要么是为客户提供能够免费取款的 VISA 或万事达信用卡。

二、对中国直销银行的政策建议

现阶段直销银行法人牌照尚未完全放开，因此直销银行现阶段的发展取决于银行内部能否真正建立一个独立的竞合主体，关键点有以下几个。

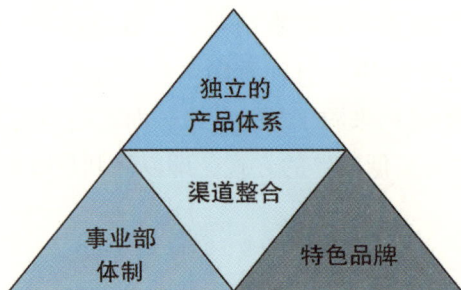

一是聚焦数字一代，建立独立的产品体系。产品设计要简化，界面设计要简洁，做到简单、专属、优势、创新、标准化。

二是要处理直销银行和分行的竞合关系，建立真正的事业部体制。建立直销银行独立的核算体系，独立的产品定价体系，处理好存量客户二次开发的问题，尽量不重复营销传统网点客户。

三是要处理好直销银行与内部渠道整合的关系。从国际经验看，直销银行有独立的前台，但中后台主要和母银行共享。国内银行目前网上银行、手机银行等电子渠道发展程度已较高，直销银行虽然是独立的销售渠道，但在目前的监管环境下，要通过移动运营、视频面签、影像识别等技术实现与各渠道的共享。

四是要细分客群和产品，尽快建立直销银行独立的品牌。结合数字一代的特点和国际直销银行的经验，建立直销银行的特色品牌，加大对网络消费信贷的营销力度，是国内直销银行建立特色和品牌的捷径。

国内互联网金融将是互联网企业和金融企业共生和竞合的生态。从国际经验看，在直销银行领域，银行端处于强势。在互联网的起源地美国，虽然物理网点分流一部分现金和手续业务到网上，但客户拓展和营销的职能要求反而继续保持快速增长。银行机构总数从20世纪80年代开始逐年下降，但分支机构的数量却始终保持稳定增长。

因此，作为银行事业部的直销银行要摆脱传统渠道的强势地位，必须利用当前互联网金融的竞合关系，强化内部整合，获取外部竞合的有利地位，利用外部平台迅速做大规模。

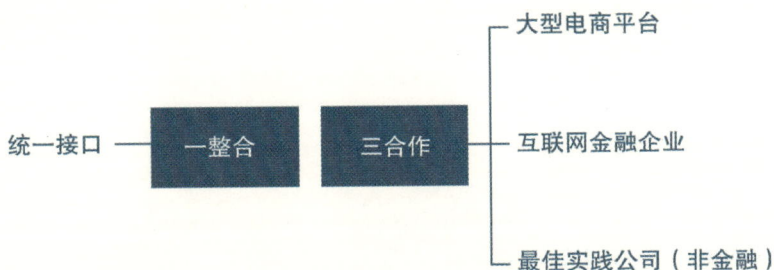

```
                                        ┌─── 大型电商平台
                                        │
统一接口 ──── [一整合] ──── [三合作] ────┼─── 互联网金融企业
                                        │
                                        └─── 最佳实践公司（非金融）
```

一是内部整合，形成外部竞合的统一接口。把自己内部的系统整合好，以一个统一的虚拟账户与互联网公司的账户对接。

二是抓住时间窗口，积极开展与大型电商平台的合作。对于数字一代来说，互联网企业是其主要入口和门户。直销银行应该抓住目前有利的时间窗口，积极开展与大型电商的平台合作，批量引入客户。

三是积极开展与第三方支付等新型互联网金融企业的合作。从中国互联网金融发展的实际看，第三方支付等互联网企业对于发展直销银行而言，既难以跨越监管政策，也缺乏内部动力。作为独立销售渠道的直销银行，应在支付结算、客户结算等方面强化与第三方支付公司的合作。

四是要开展与非金融领域最佳实践公司的合作。因为直销银行的长期目标是从事业部发展成为独立的子公司。

从国际领先实践看，ING Direct作为全球性的实体，在全球范围共享最佳实践是其成功的经验之一。因此，直销银行应加快与服务、品牌等最佳实践公司的合作，尽快建立自己特色的品牌、特色的服务，形成独特的客群和定位。

参考文献：

［1］巴曙松，吉猛.直销银行的商业模式探析［J］.中国农村金融，2015（17）.

［2］游春.直销银行的国际经验借鉴及启示——以德国和日本为例［J］.计算机世界，2016（5）.

［3］Analysys易观，金融壹账通.中国直销银行市场专题分析2017［R］.2017.

银行理财：风险渐次释放，重回平稳轨道[*]

最近，有海外财经媒体刊文指出，招商银行是中国最危险的银行，理由是招商银行严重依赖理财产品，发行的理财产品余额约有人民币 2.1 万亿元，并且称招商银行大量使用了所谓的资产管理计划，这里很可能是许多不良贷款的藏身之处。

也有国际评级机构调降了一家中国的商业银行的基础信用评级，使该行从投资级跌入垃圾级，该评级机构调降的理由是该银行的融资状况更差，并且市场融资成本升高的环境导致其盈利能力承压。

这两个事件引发了广泛的争议，但是实际上这两个争议均程度不同地与商业银行理财有密切的联系。从一定意义上说，个别海外媒体对招商银行的评价，实际上取决于其对商业银行理财产品发展状况的评价。而商业银行融资状况及其走势，也直接受到理财市场发展的影响。

首先需要指出的是，无论是这家海外财经媒体，还是国际评级机构，可能都忽视了中国的监管机构已经对商业银行理财业务采取了一系列监管举措，中国商业银行的理财业务正处于理性回归的过程中，虽然有局部风险，但是总体风险可控。统计数据表明，在监管政策的引导下，银行理财产品高收益资产配置比例正在逐步下降，从趋势看，银行理财产品的收益水平呈现逐步回落态势，有利于缓解前一阶段一度存在的商业银行融资成

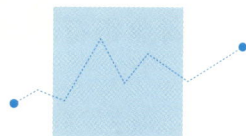

---

* 文章来源：《今日头条》2017 年 9 月 21 日。

本升高的压力。与此相伴随的是，2017年上半年中国的银行业在监管政策引导下，其同业资产、同业负债规模双双回落，这也是2010年以来首次同业规模出现"双降"。统计数据显示，二季度末，中国的商业银行同业资产余额和同业负债余额比年初均减少了1.8万亿元。这显示出监管政策正在积极发挥作用，带动商业银行的理财业务逐步释放快速发展期积累的风险，进入理性发展阶段。

商业银行理财在监管政策引导下进入平稳调整期

1. 高速发展之后，商业银行理财在监管政策引导下，正在进入平稳调整期。从历史来看，中国银行业的理财业务最早发端于2004年，经过了12年的发展，在2016年达到29.05万亿元的规模（见图1）。银行理财业务的发展，在促进金融结构的调整、促进中国银行业适应市场化的利率环境等方面，无疑发挥了积极的作用。但是，在高速发展的过程中，也确实隐含着一定的风险，2017年以来，监管部门持续开展针对包括银行理财在内的市场乱象系列治理工作，加大了理财业务的规范和监管。从数据来看，2017年1月末达到30.31万亿元的峰值后，理财存续规模不断减少，继一季度末

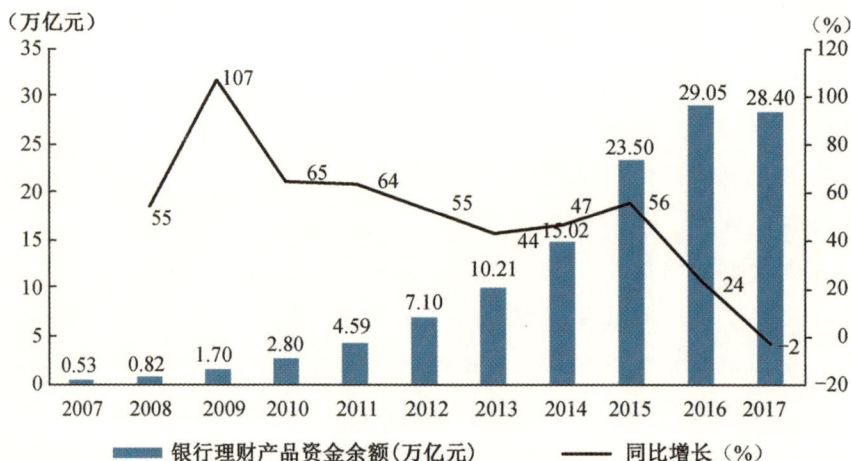

图1　银行理财产品资金余额

资料来源：Wind 资讯。

降至29.15万亿元后，二季度末进一步降至28.4万亿元，相比2016年年末下降2.23%。其中同业理财减速最明显，委外投资部分，较治理前减少5300多亿元。

根据银行业理财登记托管中心发布的《中国银行业理财市场年度报告（2016年）》，2016年风险等级为"二级（中低）"及以下的理财产品募集资金总量为137.63万亿元，占全市场募集资金总量的81.96%，较2015年下降4.39个百分点，体现出金融去杠杆的背景下，银行理财市场在监管政策引导下正在逐步释放风险，回到平稳发展的轨道。

表1 不同风险等级理财产品的募集资金情况

风险等级		一级（低）	二级（中低）	三级（中）	四级（中高）	五级（高）	合计
2016年	募集金额（万亿元）	41.81	95.82	29.81	0.34	0.15	167.94
	占比	24.90%	57.06%	17.75%	0.20%	0.09%	100%
2015年	募集金额（万亿无）	42.37	94.42	20.75	0.75	0.12	158.41
	占比	26.75%	59.60%	13.10%	0.47%	0.08%	100%

2. 表外理财占据大部分理财产品存续余额，引导表外理财健康发展成为监管关注的重点之一。根据银行业理财登记托管中心发布的《中国银行业理财市场报告》，截至2016年年底，非保本类产品，即表外理财部分余额为23.11万亿元，占全部理财产品存续余额79.56%，较年初上升5.39个百分点；保本产品的存续余额为5.94万亿元，占全部理财产品存续余额的20.44%（见图2）。表外理财占据了大部分理财产品存续余额。

图 2　不同收益类型理财产品存续额情况

3. 债券、存款、货币市场工具是理财产品主要配置的前三大类资产，总体资产质量状况良好。从银行业理财产品投资资产情况来看，债券、存款、货币市场工具是理财产品主要配置的前三大类资产，截至 2016 年年底，余额占比为 73.52%，其中，债券资产配置比例为 43.76%，在理财资金投资的资产中占比最高（见图 3）。进一步细分，国债、地方政府债、央票、政府支持机构债券和政策性金融债占理财投资资产余额的 8.69%，商业性金融债、企业债券、公司债券、企业债务融资工具、资产支持证券、外国债券和其他债券占理财投资资产余额的 35.07%。2016 年共有 19.65 万亿元的理财

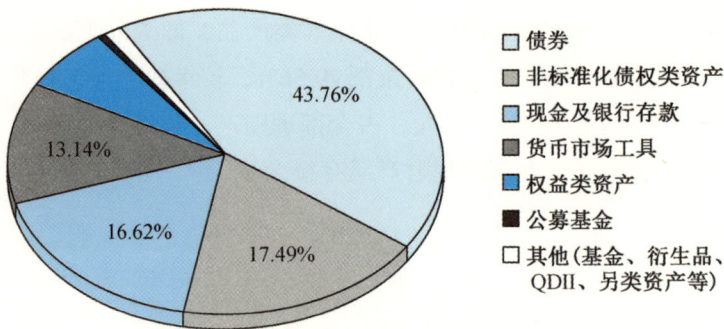

图 3　2016 年年底理财产品资产配置情况

资金通过配置债券、非标准化债权类资产、权益类资产等方式投向了实体经济，占理财资金投资各类资产余额的67.41%。其中，年末较年初增加3.77万亿元，增幅为23.75%。

4. 在监管政策引导下，市场上的理财产品收益率呈现平稳下降趋势。从银行业理财产品收益情况来看，2016年，银行业理财市场共有19.22万只产品发生兑付（其中有18.44万只产品终止到期），累计兑付客户收益9772.7亿元，较2015年增幅达12.97%。2016年，封闭式理财产品兑付客户收益率呈现出下降的趋势，兑付客户年化收益率从年初的平均4.2%左右下降至年末平均的3.5%左右（见图4）。2016年终止到期的理财产品中有88只产品出现了亏损，占全部终止到期产品的0.05%。

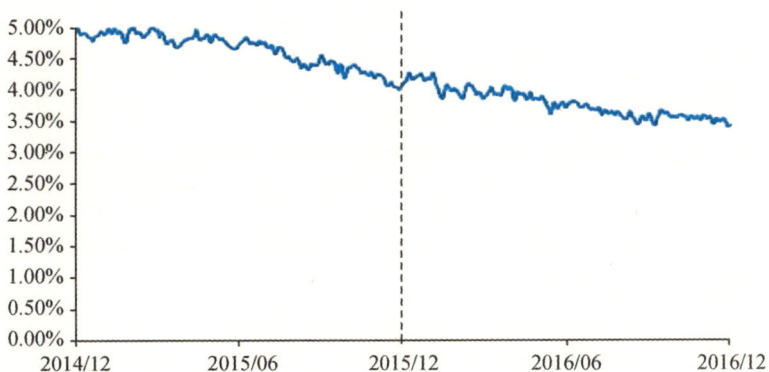

图4　银行业封闭式理财产品加权平均兑付客户年化收益率走势

商业银行理财业务可能存在的局部风险及其原因

商业银行理财业务在服务实体经济、拓宽投融资渠道方面发挥着不可忽视的积极作用，但理财业务前期规模快速扩张也可能蕴藏着局部风险和问题，具体表现为以下几个方面：

1. 多层嵌套导致风险传递。有少部分商业银行理财产品存在多层嵌套，交易结构复杂的问题，难以真正实现穿透管理，了解底层资产真实风险情况，业务风险隐性化；经过多层嵌套杠杆被严重放大。交易链条上的各参与主体可能都不能持续充分掌握业务全部信息，受托资管人也往往缺乏风险管理的主动性，全链条风险管理缺位。此外，这种业务模式也可能会加大金融风险跨行业、跨市场传递的可能和速度，一旦一个环节出现问题，则可能会蔓延至其他领域。

2.委外业务风险。商业银行理财业务规模快速增长，而银行自身的投资管理能力一时无法与规模增长相匹配，转向委托其他投资机构进行投资管理。但少数银行在选择委外机构时缺乏投资机构的系统筛选机制，主要参考投资机构的预期投资收益率水平，对于委外的投后管理也较为粗放。

3.流动性风险。理财资金的募集和运用往往存在着期限错配，通过滚动发行、集合运作、分离定价等方式，将低价、短期资金投放到长期的债权或股权项目，理财产品到期时，有时不得不依靠理财产品之间的互相交易，或是以自营资金为理财业务提供流动性支持。

4.隐性"刚性兑付"风险。虽然目前并没有哪一个理财产品是公开承诺刚性兑付的，但由于理财业务往往通过资金池操作，难以实现资产和负债一一对应，加之理财业务客户特别是普通个人客户还无法完全接受风险自负，银行出于声誉风险的防控考虑，如果出现兑付风险时，银行往往仍会动用表内资产或资产池内其他资产解决，并未实现真正的风险隔离，也背离了资产管理业务的本质特征。

5.合规风险。此前银行理财业务普遍采用的资产池模式，部分银行理财资金违规流向房地产、融资平台、"两高一剩"等限制性行业和领域，都与监管政策要求相违背。在这个的时候，银行理财业务变成了逃避监管对特定行业信贷约束的通道。

银行理财发展趋势：可控释放风险，回归资产管理本质

当前正在实施的一系列监管政策，其政策导向是十分明确的，就是要求银行理财平稳打破刚性兑付，可控地释放局部风险，回归资产管理本质。7月4日央行发布《金融稳定报告2017》，其中特别指出中国资管行业存在资金池、多层嵌套、影子银行和刚性兑付问题。此前中国银监会的各项监管文件也明确强调一致的监管意图，3—4月密集出台的政策强调监管落实，

在政策导向上是基本一致的。

从趋势看，未来对银行理财业务的监管方向应是可控释放风险，逐步统一监管标准，实施穿透监管，强化检查整改。《金融稳定报告2017》中指出，对资产管理业务快速发展过程中暴露出的突出风险和问题，要坚持有的放矢的问题导向，从统一同类产品的监管差异入手，建立有效的资产管理业务监管制度。

在这些清晰的政策导向引导下，当前商业银行也在开始重新定位资产管理业务，回归"代人理财"的资产管理本质。具体来说，有的商业银行开始通过设立资管中心或事业部，加强团队建设；有的强化培育资管客户，挖掘潜在客户的风险偏好，并重视提高自身的资产配置能力；而在委外管理上，在经历了本轮的市场洗牌之后，商业银行的委外业务将更加审慎，委外机构的投研能力、团队的稳定性等都成为选择的重要标准。

随着监管力度的持续加强、监管政策的统一和完善，银行自身对合规和风险管理的强化、资产管理能力的提升，商业银行理财业务会更为稳健，一些局部的风险隐患会逐步消除，从而使中国的商业银行理财业务将会走上更加健康、稳健的发展轨道。

参考文献：

[1] 巴曙松，王月香.银行理财将回归资产管理本质 [N].国际金融报，2017-01-02（005）.

[2] 银行业理财登记托管中心.中国银行业理财市场年度报告（2016年）[R].2017-05-19.

[3] 中国人民银行金融稳定分析小组.中国金融稳定报告2017 [M].北京：中国金融出版社，2017.

国外"现金贷"业务发展经验以及启示 *

近年来，国内"现金贷"业务迅速崛起，成为互联网金融与消费金融融合发展的代表性产物。"现金贷"的主流模式主要是借鉴了国外的 Payday Loan，该项业务主要面向收入较低、无法从银行获取贷款的客户，期限平均为 7~30 天，金额在 100 美元到 1000 美元之间，具有无抵押担保、无场景、无指定用途等特点。客户通过 Payday Loan 获取小额资金用于周转应急，并在发薪日用薪水归还，所以称为 Payday Loan，即发薪日贷款。

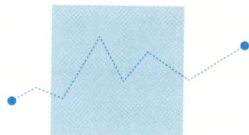

Payday Loan 起源于 20 世纪 80 年代末的美国，1983 年，Cash America Pawn 率先开始开展 Payday Loan 业务，First Cash、EZCorp 等快速跟进，先后推出了现金垫款、预付借记卡、典当、汽车贷款、消费贷款等产品。2006 年左右，英国 Payday Loan 业务开始发展，其中代表性机构 Wonga 于 2007 年初上线。到 2014 年年末，美国 Payday Loan 累计放贷金额约 460 亿美元，市场上约存在 1000 多家 Payday Loan 服务商、1200 万活跃借款用户，超过总人口的 3%。在英国，2013 年 Payday Loan 达到高峰，市场上有 400 多家企业服务于 160 万客户，超过总人口的 2%，市场价值达到 25 亿英镑。

在业务规模急剧扩大的同时，对 Payday Loan 的争议和质疑也逐渐增加，美国和英国的监管机构均出台专项办法对该业务进行全面规范。此后，Payday Loan 在英美市场的格局基本稳定，行业逐步进入调整期，发展速度有所放缓，产品服务寻求完善。

---

* 王志峰、舒天之参与本文起草与讨论，本文发表于《中国银行业》2017 年 4 月 15 日。

Payday Loan 的发展曾饱受争议

Payday Loan 的最典型模式即"银行支票持有模式",即:贷款人在经过信用审查后,按 Payday Loan 企业要求指令银行从自己的账户开立一张支票,Payday Loan 公司持有这张支票一段时间,并在支票金额的基础上按一定比例打折后向贷款人发放一笔小额信用贷款。到贷款人发薪日,Payday Loan 公司将要求银行兑付支票,从而完成还款。其主要特点:一是高效率。特别是依托互联网及大数据技术,Payday Loan 实现24小时在线受理业务、15分钟放款的服务水准,极好地匹配用户急用资金的核心需求,为用户带来前所未有的良好体验。二是天然高风险。据统计,美国 Payday Loan 不良率约为10%~20%。据美国消费金融保护局(Consumer Financial Protection Bureau,CFPB)研究表明,23% 的网络贷款借贷人在18个月的样本周期结束后即面临账户关闭问题,远高于银行公布的6% 的账户关闭率。三是短期借贷成本低于其他小额现金产品,但长期借贷利率极高。Payday Loan 每笔贷款的原始期限极短,一般按日设置利率,平均在5‰~1%的水平。据测算,如果能按期还款,这一成本低于开立空头支票以及银行信用卡罚息。但是,从年化角度计算,这一年化利率高达180%~400%,落入高利贷范畴。

从 Payday Loan 的主要特征可以看出,Payday Loan 本质即为面向低收入人群的高利息小额借贷,这使得其在发挥巨大社会价值的同时也面临道德争议。实际上,这种产品并非新鲜事物,在莎士比亚名作《威尼斯商人》中就有类似业务的描述,并在当时引起巨大的争议。

一方面,低收入人群需要借钱救急,否则难以渡过眼前难关。据美国《经济学家》统计,在美国,8% 的年收入少于1.5万美元(约10万元人民币)的家庭没有银行账户。联邦储蓄委员会统计显示,一半的美国人当下无法拿出400美元用于救急。同样,在英国,缺乏储蓄习惯也使借钱应急成为刚需。例如,2008年前后受金融危机影响,据英国监管当局统计,有120万用户因财务暂时困难而涌入平台寻求小额融资。

另一方面,Payday Loan 如"威尼斯商人"一样面临道德争议。一是多数 Payday Loan 用户无法一次性归还借款,而选择延期,利滚利导致用户将承担巨额利息，原本困难的生活更加雪上加霜。据统计，在美国超过80%的 Payday Loan 用户将在一个月内续借。二是若支票账户金额不足，Payday Loan 公司将反复尝试兑现支票，支票扣费不成功将导致银行反复收取罚金。三是如果还款失败，用户将面临高压催收。

英美两国对 Payday Loan 的监管以及影响

发展初期，英国和美国对 Payday Loan 的服务平台都并没有专门的监管规则，而是归类于有放贷资质的机构进行统一监管。比如美国 Payday Loan 与其他放贷机构均接受《联邦贷款法案》《公平信用报告法》《公平信贷机会法》《真实借贷法》等约束。随着 Payday Loan 的弊端逐渐暴露，英国金融行为监管局（Financial Conduct Authority，FCA）于2014年4月率先颁布了《消费贷款管理细则》，对包含 Payday Loan 在内的高成本短期贷款进行监管。2016年6月2日，美国消费者金融保护局（Consumer Financial Protection Bureau，CFPB）发布了关于 Payday Loan 新规征求意见稿，该新规将在联邦层面全面适用，会影响绝大多数市面产品。美英两国对 Payday Loan 监管对比如表1所示。

表1 美英两国对 Payday Loan 监管对比

对比项目	美国消费者金融保护局（CFPB）	金融行为监管局（FCA）
管理办法／出台时间	《Payday, Vehicle Title, and Certain High-Cost Installment Loans》（2016年6月征求意见）	Detailed rules for the FCA regime for consumer credit（2014年4月）
机构准入	备案登记	资质认证
限额规定	开展"足额偿还测试（Full-payment test）"，或最高不超过500美元	强制性可支付能力检查
利率限制	各州立法	利率上限不得高于0.8%/天
展期限制	用户在贷款无法归还时，最多只能申请再次展期，且每次展期必须归还1/3的借款	用户只能申请两次展期，两次展期后其借款总额（含利息）不得超过其最初借款金额的两倍
罚金限制	出借人必须至少在还款日三天前书面通知借款人还款日及应还金额，仅允许在借款人支票账户有余额时才能催缴扣款	对用户逾期收取的罚金最高不得超过以下费用的总和：每天15英镑加上每天按0.8%的日利率收取的利息，且最高要求归还贷款（含罚金）的总额不能超过借款金额的2倍
消费者保护	信息披露，风险提示，用户减轻融资负担或使用其他融资方案替代高成本短期融资的咨询建议	
监管措施	向监管机构实时汇报数据	

美英两国 Payday Loan 监管法案要点主要包括以下六个方面：

（1）监管目标。让借款机构只向合适的人群借款；让消费者充分了解借款所承担的义务与风险。

（2）监管范围。美国对 Payday Loan 产品和车贷等纳入监管。英国将 P2P 借款及 APR（年化利率）高于 100% 的产品均纳入高成本短期借款范畴。

（3）准入机制。美英 Payday Loan 机构需向主管部门申请资格认证。

（4）贷款要素限制。具体包括：借款成本、借款额度限制、贷款展期限制、罚金管理等（详见表1），从而避免借款用户通过持续周转、多头借贷等方式承担远超过自身可负荷债务总额，陷入债务陷阱。

（5）引导优化产品服务。如美国监管部门建议 Payday Loan 提供低风险的长期贷款产品，即允许出借人提供两种长期贷款选项：一种为年化利率上限为 28% 且申请费用不得超过 20 美元的贷款；另一种为贷款期限不超过 2 年，年化利率不超过 36% 的贷款，但违约率需要控制在 5% 以内。

（6）建立监管报告机制。美英两国均要求出借人必须通过信贷报告系统汇报所有信贷数据，包括足额偿还测试或者本金偿还选项等信息。

英美两国的监管规则对 Payday Loan 行业均产生了深远影响。在美国，First Cash、EZCorp、Cash America 等上市型 Payday Loan 服务商均表示，Payday Loan 服务规模会根据监管规则实施调整。在英国，监管规则落地后的 6 个月，Payday Loan 的申贷客户数、授信通过率和贷款金额分别下降了 20%、50% 和 35%。FCA 对监管制度落地可能产生的市场影响进行评估，认为最终仅有 1/4 的 Payday Loan 机构能够留在市场。但强监管是否有助于提升消费者权益保障效果尚无定论，研究机构、媒体和用户也执不同意见。研究者认为，此举使用强制性措施保护了消费者避免债务缠身，但也有研究表明，此举降低了 Payday Loan 供应规模，伤害了市场机制，但从电话及网络投诉渠道的调查来看，原有的问题并没有完全得到解决。

"现金贷"在中国的发展现状

我国"现金贷"兴起于 2015 年左右，正值互联网金融快速发展期。据第三方媒体的不完全统计，目前市面上打出"现金贷"旗号的互联网平台上千家，活跃用户约为 3000 万人。

与国外类似，中国的"现金贷"具有方便快捷、金额小、期限短、利率高、无场景等特征，主要用于小额消费或应急周转。从用户画像来看，其客户群主要是30岁以下的年轻人，收入低、经济负担小、负债消费观念强，偏好通过借贷以提升生活品质。从服务方式看，我国"现金贷"出生就带有互联网基因，主要通过互联网平台运营及提供服务，在便捷性上完全不逊于英美同行。从风险控制技术看，我国"现金贷"充分依托大数据技术所带来的后发优势，通过数据建模、信用评分、智能反欺诈等工具和手段提升风控水平和效率，有力支撑"现金贷"业务快速发展。

与英美国家 Payday Loan 前期发展阶段类似，"现金贷"在为市场普遍接受的同时，也存在诸多弊端。一是道德争议。"现金贷"高额利息和普遍周转续贷（利滚利）的做法，让用户背上沉重负担。特别是部分平台设置利率过高、收费等信息披露不明、诱导用户续贷（长期周转）、刻意弱化逾期提示以造成用户逾期罚息等行为，严重伤害了消费者权益，是对行业名誉的透支。二是风险控制担忧。目前"现金贷"行业仍处于起步期，尚未经历完整的风险周期，客户和资本大量涌入带来短期的丰厚利润。对此，部分平台放松风险控制标准，大量无还款能力用户得以准入。部分平台自身风险控制能力薄弱，但为了提升竞争能力，盲目比拼放款效率、授信额度，形成风险隐患。另外，我国征信体系远不如国外发达，多头贷款、恶意欺诈等现象更加难以防范。

启示与建议

总体来看，"现金贷"具有推进金融市场化、完善金融供给体系、丰富金融市场层次、增加消费者选择空间的巨大社会价值，应当给予生存及发展空间。但高利息借贷涉及现代文明社会的道德原则和公序良俗，容易被缺乏自律的市场主体滥用，需要完善的监管体系加以约束和规范。

从英美经验看，应加强行业立法和监管。主要包括三个方面：一是明确监管部门，可以借鉴 P2P 监管方式，由地方金融办与银行业监督管理委员会实施机构监管和行为监管双条线。二是建立准入制度，如在工商登记环节明确"现金贷"的主体资格和经营范围要求，确立行业从业者的合法地位。三是建立适当的行业规范，对贷款利率、多头借贷、滚动续贷等突出问题进行限制。特别是借贷利率，我国对利率的明文法律规定见于《民法通则》，规定银行同期贷款利率4倍以内的属于合法利率，超过4倍属于高利贷，不受法律保护。从英美经验看，这一利率上限过低，与"现金贷"超短期的产品特性不符，不利于商业可持续。四是建立简明有力的执法机制。当前，"现金贷"主要通过互联网发放，执法手段也应以互联网和大数据为基础，实现高效监管。

除了加强立法和监管以外，"现金贷"业务的健康发展离不开良好的行业环境。在优化行业发展环境方面，建议如下：一是加大力度建设基础征信体系，加强征信资源共享，帮助 Payday Loan 平台有效实现反欺诈、多头贷款识别和信用不良用户的识别，提升行业整体风险控制水平。二是建设行业自律机制和信息披露机制，增强信息透明度，有力减少对消费者的欺瞒、不正当诱导行为。可以重点发挥互联网金融协会平台作用，出台行业标准、引导行业自律。三是加强消费者金融知识教育和信用意识教育，让借款人了解借贷行为的责任与风险。

银行理财将回归资产管理本质 *

2016 年年底的中央工作会议，将防范化解金融风险提到了更高要求的层面上，明确提出"要把防控金融风险放到更加重要的位置，下决心处置一批风险点，着力防控资产泡沫，提高和改进监管能力，确保不发生系统性金融风险"。

这是 2016 年以来中国金融监管防风险、降杠杆思路的深化与延伸。中国的银行理财业务，在经历了爆发式的规模扩张之后，其背后隐藏的行业风险以及由此可能引发的宏观流动性风险不容小觑，是本轮金融风险管控的重要着手点，监管对于银行理财业务的不断规范，并将其纳入宏观审慎监管的范畴之内，对于行业的健康发展有着深远意义。

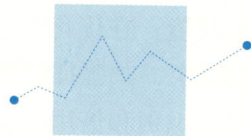

一、银行理财业务缘起：资产与负债双头驱动

中国银行业的理财业务最早发端于 2004 年，经过了 12 年的繁荣发展，截至 2016 年上半年末，已经达到了 26.28 万亿元的规模，成为资产管理行业中规模最大的子行业。理财业务的发展是顺应中国利率市场化进程的产物，受益于资产和负债的双头驱动。在资产端，理财业务对接部分原有表内传统信贷资产，拓展了实体经济融资的渠道；而在负债端，理财业务迎合了

---

* 王月香参与本文的起草与讨论，本文发表于《国际金融报》2016 年 12 月 31 日。

居民财富快速增长的情况下，对资产保值增值的需求，随着理财产品净值化的推进，理财业务也逐步发挥对投资者的风险教育功能。

图 1　银行理财产品资金余额增长趋势

资料来源：Wind 资讯。

　　根据是否承诺保本，理财业务分为保证收益、保本浮动收益和非保本浮动收益三类，前两类均需纳入银行的资产负债表内进行统计，在负债端将其统计在一般性存款、结构性存款或者以公允价值计量且其变动计入资产减值损失的金融负债类别中，成为银行市场化定价的负债来源之一；在资产端，根据银行的整体资产结构配置进行"资金池"式的运作。这两部分理财能够在银行的资产负债表中予以明显地体现，银行在其中作为信用和流动性中介，发挥间接融资的功能，因此与银行的传统存贷业务并无本质上的区别。

　　对于非保本浮动收益类，由于资产和负债端均体现在表外，运作更加灵活，而信息披露要求相对较少，只在报表中"未纳入合并财务报表范围的结构化主体中的权益"部分披露总量信息，而对资产管理的收益、资产配置情况等均无披露要求。

　　根据银行业理财登记托管中心发布的《中国银行业理财市场报告》，2016年上半年，非保本类产品，即表外理财部分，基本贡献了全部的新增规模，占比达到76.8%，并呈上升趋势（见图2）。因此，表外理财爆发式发展的背后逻辑成为监管的重要关注点。

图 2　近年理财业务规模

资料来源：Wind 资讯。

二、表外理财发展逻辑：监管套利与收益驱动

银行理财规模在2013年突破10万亿元大关之后，其发展背后的逻辑开始逐渐清晰。从外部看，监管放松引导了金融创新的环境；从理财行业自身的发展看，大类资产配置下的逐利性成为规模壮大的内在因素。

（一）监管套利：表内资产表外化

2013年以银信业务为代表的通道类业务已经成为理财投向的主要方向，根据统计，2010年年末，银信合作的资产余额占全部信托规模的比值超过一半，这一比值随后逐渐下降，2012年年底降至约30%。银行与各类金融机构合作，通过多种非标准化债权通道，包括信托产品、委托债券以及各类收（受）益权等，将表内资产腾挪至表外，规避了监管对于信贷规模、行业等限制。同时，表外运作不受资本占用的监管，理论上可以无限扩大信用供给。资产驱动负债的模式带动了理财规模和收益的增长。《关于规范商业银行理财业务投资运作有关问题的通知》（8号文）的出台，通过限制理财资金投资非标资产在任何时点不得高于理财余额的35%与银行总资产的4%，对迅猛发展的通道业务进行了规范。

时至今日，对非标资产的投资规模已经回归理性，2016年上半年末，理财产品投资非标的占比也降至16.5%，远未用足额度。究其原因，一方面实体经济的融资需求下降，前期高基数的增长到期后难继续，尤其是地产相关行业，其占比将近一半，但在外部监管政策收紧的情况下，融资需求被抑制；另一方面，收益率下行通道中，满足要求的项目资源减少，而表内信贷和自营投资对高收益资产也产生竞争，非标类资产有回表趋势。

（二）收益驱动：大类资产配置雏形显现

理财的资产配置主要由其负债端的风险偏好和承受能力决定，不同类别风险等级的产品需匹配相适应的风险资产。由于银行客户群体的风险偏好整体上相较其他资产管理子行业低，尤其是一般个人类群体（占比高达49%），因此其资产配置的风险偏好也低。从2016年上半年末的统计数据看，资产配置中，现金及银行存款、货币市场工具、债券三类资产占比总计达74%，成为资产配置的主体（见图3）。

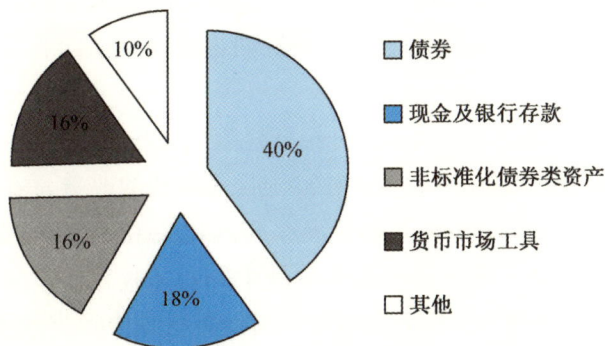

图3　2016年上半年末理财产品的资产配置

注：其他包括权益类投资、公募基金、私募基金、金融衍生品、产业投资基金、新增可投资资产、理财直接融资工具、代客境外理财投资 QDII、另类资产

而对于投资者群体中的风险承受能力较高的私人银行、机构专属类，资产配置体现出了资本的逐利性。从2010年开始，银行理财的收益率依次

被非标、债市、股市所牵引，显现出了大类资产轮动的雏形。

以招商银行为例，截至2016年上半年末，招行理财余额为2.04万亿元，在全行业位居第二，仅次于工行。表外理财余额占生息资产的比重高达38.9%，位居全行业第一。从产品结构看，净值型产品占比高达68.44%。招行得益于其雄厚的零售客户基础，理财产品的投资者风险偏好相对较高，资产配置上相较同业也较为激进。大类资产配置上权益市场的配资与融资占比高达6%，债券投资中，信用债占63%，债券委托投资占24%。

三、爆发式扩张背后：宏观流动性风险凸显

随着理财规模的不断壮大，表外理财已成为资产管理行业中规模最大的子行业，形成了以国有大型银行、全国性股份制银行为主体，城商行、农村金融机构迅速发展的市场格局。截至2016年上半年末，全国性股份制银行的理财余额超过10万亿元，占比达到41.4%，国有大型银行的理财余额9万亿元，占比达到34.2%。理财的发展无论对商业银行本身，还是对整个资产管理行业，以及金融支持实体经济都贡献了重要的力量。同时也应看到，规模的迅速扩张，从宏观经济层面也对信贷供给和流动性造成了更为显著的扰动。

（一）改善银行收入结构，提升银行轻型化运作水平

理财发展最直观的益处，是对银行收入结构的改善。在我国银行长期依赖利差的背景下，理财的快速发展，带动相关手续费和管理费从无到有，进而延伸至托管费、项目推介费等其他中间业务收入，丰富了中间业务收入来源。以招行为例，2016年上半年理财业务贡献中间业务收入99.08亿元，占非息收入的23.35%，成为非息收入增长的重要源泉；另外，表外理财业务不占用资本，提高了银行轻型化运作水平。通过涉猎资产管理业务，有助于银行提升混业经营下的服务客户能力，提高银行的多元化经营水平。

（二）壮大资产管理行业发展

商业银行拥有最庞大的客户基础，在资金获取上有天然优势，在监管放松和同业合作的环境下，如此大的体量直接催生了信托、券商资管、基金子公司等资管子行业的壮大。传统公募基金行业在经过了近20年的发展

之后，管理资产规模在2016年上半年末尚未超过8万亿元，而基金子公司在过去的两年时间，资产规模从3.74万亿元一跃突破10万亿元大关，在2016年上半年末达到11.06万亿元；券商资管中的定向资管产品，在2016年上半年末也达到了12.56万亿元的规模，占全部券商资管产品的比例超过八成（见图4和图5）。上述二者的迅速扩张均依托于银行的资金来源。通过资

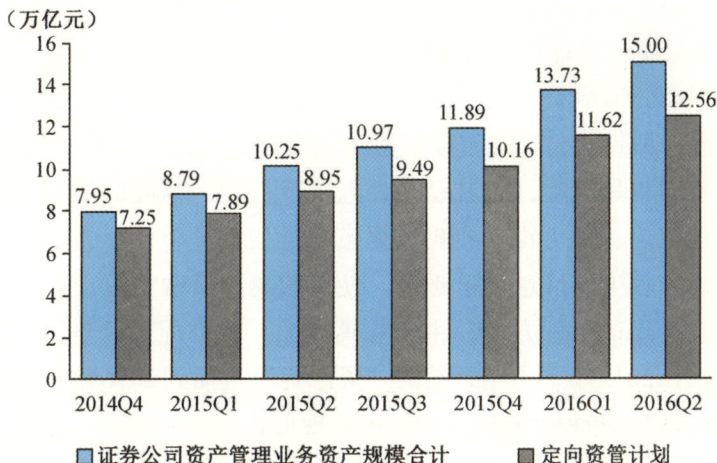

（万亿元）

图 4　证券公司资管产品规模

资料来源：Wind 资讯。

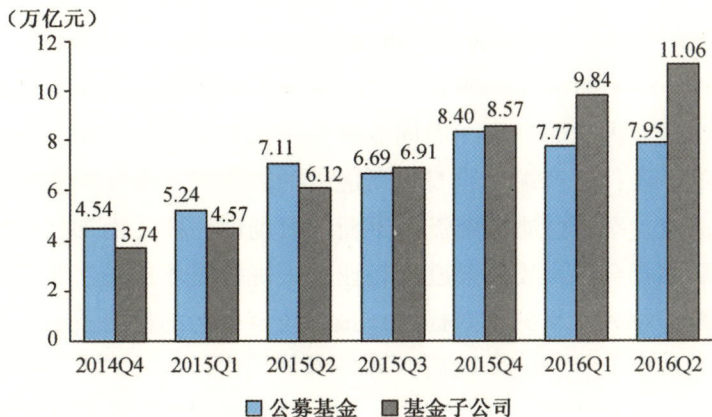

（万亿元）

图 5　公募基金与基金子公司资管规模

资料来源：Wind 资讯。

管计划的产品形式，引导资金投向实体经济，发挥了支持实体经济融资的不可替代的作用。

但更应该注意到，多层通道的镶嵌以及同业链条的扩展，不仅推高了融资成本，而且加大了中间风险。随着竞争加剧，通道费率不断降低，同时理财新规和监管制度对资本金要求的完善对通道进行了限制，单纯的通道业务终将消亡，从而倒逼不同类型的资管子行业找准自身定位，发挥差异优势，未来资产管理行业的发展将更加细化和深入。

（三）从资产荒到资金荒，对流动性产生扰动

现阶段，刚性兑付尚未打破，理财的发展还未进入行业的成熟发展期，快速发展不断积累风险，尤其是叠加经济下行期，风险的暴露可能更加迅速、涉及面更广。一方面，理财的融资属性使得整个社会的信用扩张，而其表外属性和较少的信息披露要求，使其脱离于金融监管，使金融统计数据的准确性下降；另一方面，由于规模庞大，资产配置对整体的流动性也产生了影响，2015年下半年开始的"资产荒"进而到2016年年末的"资金荒"，成为风险不断积聚并暴露的一种表现形式。

随着理财市场规模的扩大，市场竞争加剧，而资产价值洼地被逐渐填平，收益空间逐步压缩。当规模扩张惯性不断持续，而优质资产不断被追逐的情况下，资产荒应运而生。最初的资产驱动负债模式，逐渐演变成负债驱动资产模式，负债的增长存在棘轮效应的情况下，优质资产愈发缺乏，金融市场的原发性过度膨胀体现得淋漓尽致。

中小银行的不断参与，延长了风险链条。负债端，由于零售类的资金来源难以在短期内迅速积累，而同业理财作为批发性的资金，成为迅速补充负债端的手段；资产端，自身投研能力的缺乏产生委外投资需求，委外机构为提高收益率通过质押融资，不断加大场内杠杆，而加杠杆带来的高收益吸引更多资金进入委外渠道，行业进入规模循环扩张，背后的风险不断积累。随着杠杆水平的不断提高，最终投资资产的价格波动给整个市场带来的影响被放大。2013年以后，在外部货币供给由外汇占款投放转向公开市场操作以及 MLF 锁短放长为主，在资金成本提升的情况下，整个市场的流动性变得异常脆弱和紧张，债券市场长期与基本面的背离以及违约事件的发生成为链条断裂的最后一根稻草。

四、银行理财发展方向：回归资产管理本质

监管对于理财业务发展的引导，体现了有堵有疏的思路。

一方面，本着资本约束资产扩张的原则，对本质上与表内业务同质，而银行承担信用风险和流动性风险的部分，引导合理回表；另一方面，鼓励行业回归资产管理本质。

对于类信贷的资产配置，表外理财的资产配置与银行表内资产有一定的同质性和替代性，而同质性的资产波动会对表内外产生一致性的影响，因此，强调全口径下的表内外全面风险管理成为监管的思路。《商业银行理财业务监督管理办法（征求意见稿）》和《商业银行表外业务风险管理指引（修订征求意见稿）》要求根据风险情况计提风险准备并占用资本，体现了"实质重于形式"的理念。同时，打断金融机构间的过长链条，加强扩市场、扩行业的监管协同性，限制通道降成本，引导形成差异化的资管格局。

强调宏观审慎监管，2017年第一季度起，通过将表外理财纳入MPA（宏观审慎评估）广义信贷的范畴，合理引导规模增长。广义信贷是在充分考虑银行业务创新转型情况下，信贷类资产在信用扩张中的占比逐渐减少，传统合意信贷监管指标难以对信用扩张的全貌进行统计，将银行的债券投资、股权投资、同业间的买入返售以及表外理财中扣除现金和存款的部分纳入统计。通过限制广义信贷的增速并挂钩宏观审慎资本充足率对银行进行约束，有利于加强信息透明化，消除影子银行的担忧，避免资金空转，从而抑制资产泡沫，促进脱虚入实。在广义信贷的约束下，预计2017年理财业务的增长将放缓，进入平稳增长期，由此使社会信用规模的扩张处于监管统计之下，并引导行业回归资产管理本质。

商业银行本身也开始重新定位资产管理业务，回归"代人理财"的资产管理本质。通过设立资管中心或事业部，加强团队建设；不断培育资管客户，挖掘潜在客户的风险偏好，并重视提高自身的资产配置能力；而在委外管理上，在经历了本轮的市场洗牌之后，委外将更加审慎，委外机构的投研能力、团队的稳定性等都成为选择的重要标准。

投资新三板：从发展趋势到风险管理[*]

2017年3月5日，在第十二届全国人民代表大会第五次会议上的政府工作报告中，重点提到"新三板"，并指出："深化多层次资本市场改革，完善主板市场基础性制度，积极发展创业板、新三板，规范发展区域性股权市场。"报告中将新三板和创业板并列，并要求"积极发展"，这与新三板在多层次资本市场地位的提高是直接相关的。全国中小企业股份转让系统又称为新三板，源于2006年北京中关村，主要是以高科技企业为主。

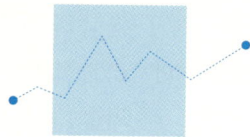

一、快速发展的新三板

在2012年以前，新三板只覆盖中关村一个试点市场。2012年8月3日，中国证券监督管理委员会宣布，新三板新扩容包括上海张江高新技术产业开发区、武汉东湖新技术产业开发区和天津滨海高新区这3个国家级高新园区。2013年1月全国中小企业股份转让系统正式挂牌。2013年12月13日，国务院颁布《国务院关于全国中小企业股份转让系统有关问题的决定》(以下简称《有关问题的决定》)，强调充分发挥全国中小企业股份转让系统的功能，缓解中小微企业融资难问题。2013年年底，证监会宣布新三板打破地域限制，从四个高新园区到对全国放开，新三板由此得到飞速发展。与此同时，一系列重要的制度创新先后推出，2014年8月25日，做市商制度

---

*   文章来源:《今日头条》2017年9月25日。

正式实施。2015年3月18日，新三板正式发布指数行情；2016年6月27日新三板企业内部分层制度正式实施。

在一系列因素的推动下，从2014年年底到2016年年底新三板企业数量从1572家增长到10163家，到2017年8月新三板挂牌企业数量达到11551家。新三板挂牌企业总数也早已超过了沪深上市公司数量总和，成为中国多层次资本市场的重要组成部分，并且在中国的多层次资本市场中起到承上启下的作用（见图1）。

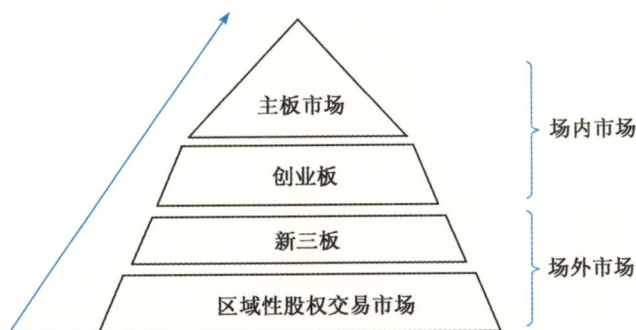

图1　多层次资本市场

2013年12月13日，国务院颁布的《有关问题的决定》将新三板定位在为创新型、创业型、成长型中小微企业发展服务，为中小微企业增加了新的融资渠道。从新三板在多层次资本市场体系中所处的位置来讲，既可以向主板或创业板进行转板上市，也可以接收区域性股权交易市场上的企业挂牌，因此具有承上启下的重要地位。

新三板作为场外市场，其主要制度框架的建立主要是在2014年和2016年之间。2014年8月25日实行做市商制度，2016年6月27日实行分层制度，2016年10月25日新三板发布《全国中小企业股份转让系统挂牌公司股票终止挂牌实施细则（征求意见稿）》，也即是摘牌制度的征求意见稿（见图2）。

2014年8月，新三板引入做市商制度后，公司股票的交易可以通过做市转让和协议转让两种方式进行。截止到2016年12月31日，新三板的10163家企业中，采用做市转让和协议转让的企业分别为1654家和8509家。

新三板做市商制度借鉴了成熟市场的经验，但在做市商条件、做市成交方式、最低做市期限和双向豁免权等四个方面根据中国市场的具体状况做了调整，例如：考虑到做市商库存风险，给予做市商一定的双向豁免权（具体豁免标准不同）；考虑到交易成本问题，给予做市商一定的买卖差价（新三板价差5%）等。

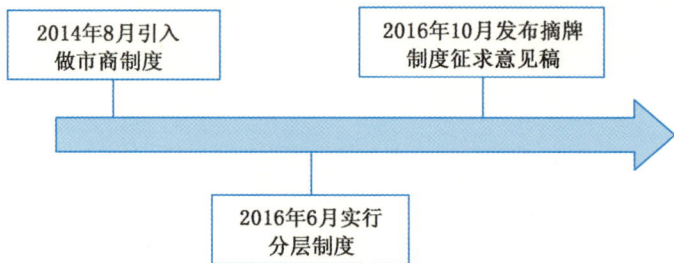

图 2　新三板制度框架的建立

2016年，新三板的分层机制落地。因为挂牌公司数量众多、企业质量参差不齐，这样会增加投资者的投资决策成本，不利于市场投融资功能的发挥。分层机制为不同风险偏好的投资者对投资标的进行筛选，降低投资者的信息收集成本。新三板企业想要进入创新层，会对公司财务、规模、交易方式等多方面有诸多要求，这也是创新层与基础层的不同之处。截止到2016年年底，创新层及基础层的企业数分别为952家和9511家。2016年10月，全国中小企业股份转让系统发布摘牌制度征求意见稿。该制度的建立打破了新三板企业只进不出的局面。

从新三板挂牌企业分布的地区来看，排在前五位的分别是广东、北京、江苏、浙江和上海。在10163家挂牌企业中，有6100家企业分布在这五个省市中，占全部企业数的60%，超过了全部企业的半数之多（见图3）。这五个地区分别位于环渤海、长三角、珠三角等区域，具有一定的地域和资源优势，同时也是创新型企业的聚集地。

从行业分布来看，新三板的主体行业是制造业和信息技术服务业，其中制造业的企业数量达到了5153家，占到了整个挂牌企业数量的50.70%，可谓是占据了整个行业规模的半壁江山（见图4）。信息技术服务业也有

2003家企业，占比约为19.71%。其次，金融业、交通邮政业及公共设施管理业分别约占1%左右。住宿和餐饮行业的分布最少只有29家企业。

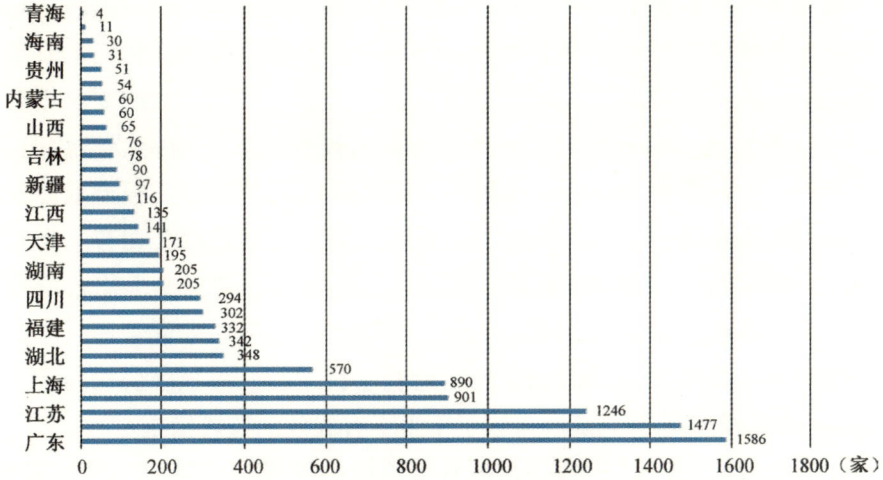

图3　新三板挂牌企业地区分布情况

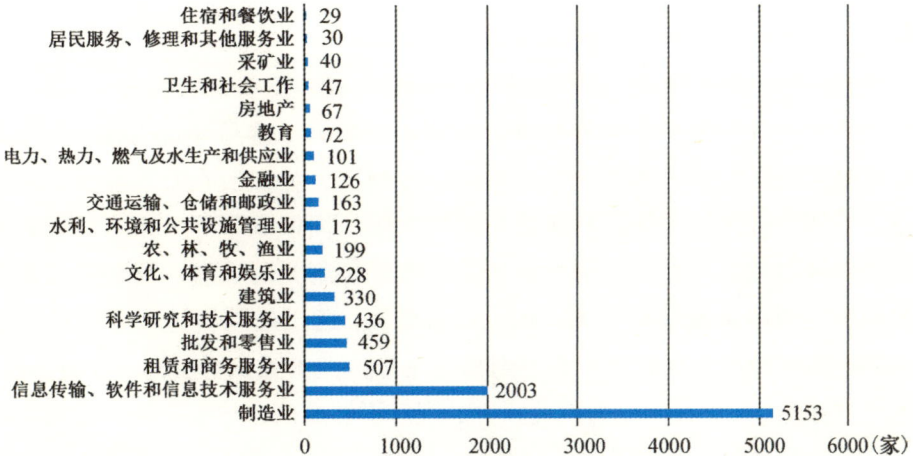

图4　新三板企业行业分布情况

二、如何管理好新三板的投资风险

参与新三板挂牌公司的投资，相比较而言，是风险较高的股权投资。新三板上的挂牌公司属于非上市公众公司，由于新三板设立初期主要是为了促进中小微企业的发展，因此挂牌条件中对公司存续时间的要求相对较低，对财务状况、盈利能力等财务指标没有硬性要求；对持续经营能力、公司治理、合法合规性的要求也属于原则性规定。因此新三板上的挂牌公司的投资风险相较于上市公司应当说更高。新三板的挂牌公司有不少非常优秀的，也有不少有非常好的成长前景的，但是从一般意义上比较，事前充分强调投资新三板挂牌公司的风险，相应有针对性地采取管理风险的措施，是非常有必要的。我们也看到，监管层针对新三板挂牌公司的这些风险，也在积极完善监管制度，采取了不少卓有成效的监管措施。

在分析投资新三板挂牌公司通常可能面临的投资风险时，应注意到，挂牌公司都会面临的一般风险，针对挂牌公司所处行业的特有风险，需要投资者从行业的角度来进行专业分析，在此不进行赘述。我们将风险分为一般中小微企业面临的主要风险和非上市公众公司的面临的主要风险来进行分析。

（一）一般中小微企业面临的主要风险

1.公司治理不健全，以及诚信缺失导致出现违反承诺的情况

从实例看，公司治理不健全，以及诚信缺失，容易导致出现违反挂牌时出具的承诺，直接带来的风险系实际控制人、控股股东及其控制的关联方占用挂牌公司的资金、挂牌公司违规担保、同业竞争等。中小微企业的前期发展过程，主要是依赖控股股东及实际控制人的管理，公司管理通常表现为控股股东及实际控制人的"一言堂"，通过新三板挂牌后，挂牌公司的内部治理虽然在制度层面得到相应完善，但实际执行层面"江山易改，本性难移"。加之挂牌公司对关联方的理解不够准确，容易出现故意或者是无意识遗漏关联方及关联交易的情况。由此可能产生的是：

（1）挂牌公司资金被控股股东、实际控制人及其控制的关联方占用。涉及公司原本自有资金以及定向增发募集资金，其形式有的是发生之前未履

行审议程序的关联方资金拆借，或者是以其他不必要、不公允或者虚构的关联交易形式被占用，资金用途违规改变后，将给公司的正常经营带来不利影响；据不完全统计，2016年1月1日至2017年8月31日期间，股转系统及各地证监局开具的罚单中涉及该问题的约184张。

（2）挂牌公司违规担保，也就是发生时未履行审议程序的担保。包括为控股股东及实际控制人或者是非关联方提供的担保。当债务人无法履行义务时，挂牌公司需要承担相应责任，给挂牌公司的正常经营增加了风险；据不完全统计，2016年1月1日至2017年8月31日期间，股转系统及各地证监局开具的罚单中涉及该问题的约53张。

（3）同业竞争。为保证挂牌公司业务发展的独立性，在公司挂牌时，通常不能存在同业竞争，同时挂牌后，公司、公司控股股东及实际控制人、董事、监事、高级管理人员也会出具相应承诺，承诺避免发生同业竞争。公司挂牌后，由于合规经营导致成本上升，为了提高效益，挂牌公司通常会违背同业竞争的承诺，将部分业务通过比较隐蔽的关联方来操作。

针对该风险，建议投资者在制定投资决策时关注挂牌公司的内部治理的制度规定以及实际执行情况，关注管理层以及控股股东、实际控制人的诚信情况，同时对挂牌公司的关联方进行充分全面的核查。

2. 财务造假

一方面，新三板挂牌条件中虽然对财务指标没有硬性要求，但为了吸引投资者，或者是为了谋求理想的股价，或者是为了满足对赌、业绩承诺等特殊事项，有的挂牌公司存在粉饰业绩，财务造假的动机；另一方面，中小微企业在挂牌前普遍存在"多套账"、"现金收支"等财务不规范的情况，挂牌时通过中介机构的梳理，财务的规范性在一定程度上得到提高，但这与相应的会计师事务所及主办券商具体从业人员的执业操守有密切关系。挂牌后，挂牌公司的年度报告是强制要求由具有证券期货资格的会计师事务所进行审计，但实践中由于所有上市公司和挂牌公司的年度报告均需要在4月30日之前进行审计披露，导致会计师事务所工作安排可能非常紧张，加之新三板的年报审计收费较低，因此挂牌公司年度报告中财务报表的真实性、完整性和准确性是需要保持高度审慎态度。

针对该风险，建议投资者在参与新三板挂牌公司投资时，不管是公开转让说明书中经审计的财务报表，还是年度报告中经审计的财务报表，都需要结合挂牌公司实际业务情况，必要时通过客户或供应商来侧面了解，多角度验证报表的真实性、完整性和准确性，在此基础上制定合理的投资决策。对于会计师事务所出具无法表示意见、否定意见或者保留意见的审计报告，更是需要关注和分析对应的原因和可能存在的风险。

3. 业务经营过程中违法违规

新三板市场中众多的公司属于中小微企业，中小微企业由于所处发展阶段的需要，对业务经营过程中的合法合规认识程度有限，挂牌后虽然是实行主办券商持续督导制度，但持续督导的重点还是倾向于信息披露和三会议事重大事项方面，对于业务经营过程中的合法合规性还是依赖挂牌公司自身。同时监管部门对业务经营过程中的管理多属于动态管理，持续伴随挂牌公司的整个发展阶段。挂牌公司出于直接经济利益的考虑，可能对业务经营过程中各方面合法合规的态度不够重视，因此导致受到相关部门的行政处罚。据不完全统计，2016年1月1日至2017年8月31日，披露受到环境部门行政处罚的挂牌公司有72家，受到安全生产监督部门行政处罚的挂牌公司有40家，受到税务部门、海关部门、公安部门、市场监督管理部门、食品药品监督管理部门、城市管理部门、文化管理部门等相关部门处罚的公告超过200则。这些业务方面的风险给挂牌公司的正常生产经营带来不利影响。

针对该风险，建议投资者在制定投资决策时，不仅需要关注公司历史上合法合规经营的情况，还需要考察管理层以及控股股东、实际控制人对于合法规范经营的态度。

4. 发展过快，杠杆过高，资金周转困难，导致资金链断裂，以及涉及民间借贷的风险

企业在新三板挂牌后，通常由于知名度提高，获取到更多的客户、订单、供应商和合作伙伴等资源，进入快速发展阶段。在此阶段，挂牌公司通常会采取扩大产能、放宽销售信用期限、增加对外投资等多种方式来促生产，促销售。一方面，由于挂牌公司中多为中小民营企业，如遇偶发事件或者政策变动，银行出于风险考虑会立即收紧信贷，导致挂牌公司资金周转困难，挂牌公司为了缓解资金周转的问题，就可能涉及民间借贷，从

而产生相应的风险。如果资金问题得不到妥善解决，公司的正常生产经营也会受到严重影响。另一方面，挂牌公司在此阶段，如果实际的客户市场与扩产或投资前预计情况差别较大，挂牌公司也会面临固定资产摊销过大，对外投资失败等导致的企业盈利下降，更难获取新增资金。众多挂牌公司由于公司体量较小，融资手段有限，能够获取的股东及各方资源较少，在面临资金周转困难以及由此带来的一系列打击之下，很容易"一蹶不振"，需要花费很长的时间和很大的工夫才能恢复正常生产经营。

针对该风险，建议投资者在制定投资决策时，通过网络查询、访谈等多种方式尽可能全面地了解公司涉及的诉讼情况以及债务纠纷；全面了解公司的负债情况，分析公司的偿债能力；针对挂牌公司制定的发展战略，向公司管理层和控股股东、实际控制人充分了解相应的资金规划和风险应对措施。

（二）非上市公众公司的主要面临的风险

新三板挂牌公司是以信息披露为本，以公司自治和市场约束为基础，建立的是自律监管、中介督导、社会监督为一体的市场约束机制。因此投资新三板还需考虑挂牌公司未充分履行信息披露义务带来的风险，包括披露内容出现虚假记载、误导性陈述或重大遗漏，具体可表现为：挂牌时相关文件以及挂牌后对股权变动、对赌协议、未决诉讼、重大合同纠纷、关联方和关联交易、对外投资、对外担保、重大资产重组、重大资产处置等影响投资者决策的重大事项未披露或披露不完整，以及在事项发生之前未履行相应审议程序。这种信息不对称，容易导致投资者制定不合理的投资决策。此外，投资者投资了新三板后，作为公司的股东，享有相应的知情权和表决权，一定要充分行使自身权利，维护自身利益。

针对该风险，建议投资者对于挂牌公司在股转系统指定信息披露平台披露的公告在进行收集整理的基础上，关注挂牌公司出现补发公告、更正公告的原因，以分析挂牌公司披露信息的可靠性。同时在制定投资决策时，需要带着审慎态度，运用实地走访公司，观察实际生产发货情况，走访客户、供应商、网络搜索等多种方式，尽可能全面地了解挂牌公司的情况。在成为挂牌公司股东后，也一定要积极关注挂牌公司的信息披露和三会议事情况，充分行使股东的权利，维护自身利益。

　　综上所述，新三板上挂牌公司数量众多，覆盖行业范围广。投资者在选择投资新三板时，其目标是从中找到具有核心竞争力的公司，有的标的未来有潜力成为细分行业龙头；有的标的所处行业未来发展空间巨大，挂牌公司能够参与分享行业快速壮大红利。投资者在选择投资标的时主要基于挂牌公司公开披露的信息，但对于这些信息一方面需要对信息的真实性、完整性和准确性保持高度审慎态度，通过多种手段，多个角度来验证信息。另一方面，投资者还需要考虑到新三板主要是处于成长期的中小微企业，这些企业的特点决定了其在发展过程中，可能会对生产经营的合法合规不够重视，在选择企业发展战略和融资规划时可能过于激进，对粉饰业绩进行财务造假可能有一定的动机，公司治理尚不完善等给挂牌公司带来风险，以及对挂牌公司未来发展可能带来不利的影响。在经过了前面的充分考虑、层层分析后，投资者针对新三板投资可能面临的风险制定好相应的应对措施，方能进行投资。而投资新三板可能带来的收益机会，也就是在选择好投资标的后，享受其所投资的挂牌公司在资本市场的帮助下，快速发展，规范经营，不断成长为细分行业龙头，市场占有率不断提高，挂牌公司价值不断增加所带来的资本增值。

参考文献：

　　［1］巴曙松．新三板的投资风险分析［EB/OL］．悟空问答．2017年9月4日．
　　［2］新三板研究院．中国新三板年度报告（2016）［M］．北京：机械工业出版社．2017.

打破刚兑正在进行时：
资产管理行业如何因此洗牌 *

一、刚性兑付如何"从无到有"

近几年来，中国各金融机构广义的资产管理规模出现了迅速扩张，从大致的数据观察，从2012年的18万亿元左右扩张到2017年100万亿元左右，资产管理规模的快速扩张促进了中国金融结构的转型，但是也使得一些制度性的隐忧引起了越来越多的关注，其中之一就是刚性兑付。

所谓刚性兑付，指的是一款资产管理产品，不论其实际的投资业绩如何、底层资产实际的表现如何，发行该产品的金融机构均会实际上兑付给产品的投资人本金，以及承诺的或者隐形承诺的一定水平的收益。

纵览当前中国资产管理各行业的法律法规，刚性兑付在现有的法律条文中并没有得到确定与支持。恰恰相反的是，《信托公司管理办法》第34条明确规定"信托公司不得承诺信托财产不受损失或保证最低收益"。那么，这种局部存在的刚性兑付的行业潜规则是如何形成的？

1. 早期个别案例的处置中具有隐性刚兑要求，由此逐步形成了路径依赖。如2004年某信托计划失败后，为了维护市场稳定，当时的监管部门就提出该信托产品到期时，信托公司应保证兑付投资者资金。之后也在处置其他类似案例时强调了类似精神，如某监管部门2008年发布的关于加强信托公司房地产、证券业务监管有关问题的通知中，将信托项目按期兑付作为监管评价的一项非常重要的指标。这就慢慢导致一些资产管理机构将刚兑视为事实上的行业潜在规则，也可能让投资者产生一些资产管理产品具

---

　　* 文章来源：选自《2017年中国资产管理行业发展报告》，2017年10月1日刊载于公众平台"金融读书会"。

有刚性兑付的错误潜在认知。

2. 金融机构维护牌照价值和自身声誉的需求。为维护机构牌照价值和自身声誉，有的金融机构在个别金融产品收益率达不到预期或出现投资亏损时，可能会权衡利弊进行刚性兑付，选择以自有资金或其他方式兜底垫付。

3. 法律层面有待完善。在现有的法律框架下，资产管理产品到期不能兑付时，各方需要承担的责任还需要进一步明确。例如，从金融机构角度，中国理财产品或资产管理产品出现不能如期兑付的情况，其所需要承担的责任还需要进一步厘清。

4. 面向投资者的风险披露需要强化。相比风险责任清晰的市场，在面向投资者的风险披露较为含糊时，不易于培育风险自担的投资理念观念。

二、刚性兑付扭曲中国资管行业的生态环境

对资产管理行业整体而言，刚性兑付扭曲了中国资产管理行业的风险分布状况，实际上也增大了资产管理行业整体实际承担的金融风险。对于金融机构而言刚性兑付使得投资产品具有事实上的债务属性，换个角度说，刚性兑付实质上导致项目投资风险从投资人转移到金融机构内部。资产管理行业主要涉及从资金来源到资金运用的不同环节，在刚性兑付的环境下，往往在资金端表现为"刚性兑付"产品从银行延伸至信托、资管，而与此形成对应的是，往往在资产端表现为对基础资产缺少合理识别风险的风险定价，也就自然使得风险自担的约束机制难以落实。

对于资产管理机构而言，刚性兑付的存在会扭曲实体经济回报水平与金融投资收益率的关系。刚性兑付支持下就可能会出现较高的市场无风险收益率，如果实体经济的回报水平低于被刚性兑付抬高的金融投资收益率，那么，社会资金自然就会脱离实体经济而主要在金融资产中自我循环。从中国上市公司多年的统计数据观察，中国非金融行业上市公司的净资产收益率大致上在6%左右波动，近年来实际上金融行业的净资产收益率也在逐步向这个水平靠拢。然而，许多金融机构销售的资产管理产品的收益率都明显高于6%这个水平，在一段时期内，刚性兑付直接推动了中国的市场上

金融投资收益率高于实体投资收益率的扭曲格局。

刚性兑付一旦形成行业的潜规则，就可能会降低投资者对于风险的识别能力，客观上会鼓励投资者将资金投入高风险产品，也不利于建立买者自负的风险约束机制。

三、刚性兑付正如何被有序打破

刚性兑付带来的风险已经被广泛关注，监管层从2016年至今出台诸多政策管控并引导资产管理行业逐步打破刚性兑付：

2017年第五次全国金融工作会议，对强化监管、促进监管协调进行了一系列重要部署，在资产管理监管方面的政策基调与市场一直关注的资产管理监管框架调整预期基本一致。2017年4月，银监会连发多份强化监管的文件、券商资管禁资金池、保险资管频出新政之后，2017年"严监管"无疑将成为席卷银行理财、信托、券商资管和基金子公司的新政策基调。对于行业本身来说，监管层对于资产管理行业逐步打破刚性兑付、回归资产管理本源的要求、对于资产管理产品统一监管标准的举措，给不同类型的资产管理机构造成了一定的转型压力，促使各类资产管理机构更为切实地思考如何提升自身资产管理能力，进行转型。

近年来，在债券等金融领域事实上存在着刚性兑付问题。随着监管的规范化，经济的周期性回落、结构性转型、金融去杠杆等的推进，局部风险在逐步暴露，债券违约率在逐步增加，债券市场刚性兑付逐渐被打破。2014年3月"超日债"违约，成为中国国内债券市场首例违约的公募债券，此后信用违约事件的涉及主体、行业不断扩展。2015年下半年和2016年上半年更是违约集中爆发高峰期，截至2016年12月15日，共有88只债券发生违约，涉及52家发行企业，违约规模496.94亿元。从违约发行人性质来看，民营企业违约较多，共计33家，规模157.94亿元；公众企业3家，规模20.70亿元；三资企业4家，规模88.90亿元；央企4家，规模81.00亿元；地方国企6家，规模148.40亿元。

从以上数据可以看出，债券风险在逐步释放，刚性兑付在逐步打破，特别是那些可能被投资者认为具备明显刚性兑付特征的央企和地方性国企也出现了刚性兑付打破的实例，这说明以债券违约为代表的打破刚性兑付，已经逐步步入常态化。

四、刚性兑付打破后，资产管理行业面临的变化

刚性兑付是资产管理行业粗放式发展造成的一个风险因素。2016年以来，"一行三会"不断加大监管力度，促进资产管理产品回归业务本质，从前文我们也可以看出，刚性兑付正被逐步打破，打破刚性兑付应该是一个必然趋势。那么刚兑最终打破后资产管理行业将面临怎样的新变化？

（1）打破刚性兑付会逐步促进无风险收益率的回归。从长期看，金融投资的收益率预期会逐步回落到实体经济回报水平之下，这也会驱使资产管理行业更加关注服务实体经济。

（2）打破刚性兑付有助于促进资产管理各环节的风险收益职责合理分配。刚性兑付打破后，有助于明确资产管理不同领域、不同环节的基础功能及其相互关系。资产管理产品违约后，管理人、销售商、中介机构以及投资者本人各自需要承担的风险和责任也会明确化。

（3）打破刚性兑付有助于促进买者自负的投资文化的建立。打破刚性兑付有助于促进投资者强化对产品风险收益以及自身风险偏好的理性评估，不同投资者的风险偏好产生对资产管理产品的多样化需求。

（4）打破刚性兑付有助于促使资金向具备出色管理能力的机构集中，带动行业结构的优化。打破刚性兑付后，资产管理行业运行机制和机构关系面临重构，原有的以商业银行体系为主导的体系有望得到改变，资产管理能力将会成为资金真正追逐的重点，优质资产管理公司将淘汰劣质资产管理公司，资金向具备优秀管理能力的机构和企业集中，行业集中度提升。

（5）打破刚性兑付会促使资产管理产品品种更加丰富。对于现有资产管理产品来说，供给端在刚性兑付压力消除后，机构拥有更大的设计不同风险水平产品的空间。需求端投资者不同的风险偏好则会得到更多的关注，并通过合理的产品设计来体现，市场需求多元化。供需两端在打破刚性兑付之后会促使资产管理产品品种变得更加丰富，产品的透明度、风险收益都会变得至关重要。

资产管理业的核心竞争力 *

现在流行一个概念——"大资管"，银行、信托、保险行业异军突起，中国理财市场的资产量已达到80万亿元（人民币，下同）。资本市场由一部分公募基金等市场主体起主导作用的阶段，逐渐过渡到面临"大资管"背景下的激烈竞争，而不得不寻找可突出自身优势的战略定位和独特商业模式的阶段。

中国资管行业80万亿元的资产量中，第一的是银行，20多万亿元，占近30%。第二是信托类，15万亿到16万亿元，其中很大部分是通道业务。第三是基金类，整体约16万亿元，但细分来看，增长较快的主要子公司有8万亿多元，专户4万亿多元，还有就是带有另类投资性质的私募基金4万亿多元。可见这些年增长较快的，不是传统的二级市场为主的公募基金领域，而是专户和子公司等新业务领域。在当前的市场环境下，只要大多数公募基金还能持续跑赢市场，就说明资产管理市场的竞争还不够充分，还有很大的发展空间。

无论是公募或私募基金，治理结构都是难题。

最近不少实例证明，在资管行业中最关键的还是管理人的专业水准。不可能指望以廉价的成本，聘请到最优秀的基金经理和管理人来为你服务。如果公司不能有效解决激励机制的问题，就留不住这些优秀的基金经理人，他们就转而去做私募，为少数高端客户服务。

基金行业的发展需要周期的检验。当前中国公募基金行业中，从业年限不到2年的基金经理约占基金经理总量的52%。与成熟市场相比，中国的基金经理普遍年轻而有活力，但就像银行业的发展需要经历一个完整周期的检验，一位基金经理如果没有经历过市场完整周期的上升和下降阶段的

---

* 本文发表于中国台湾《中国时报》2016年8月15日。

检验，很难说他是成熟的基金经理。

早期在基金界存在一个争议，大规模的基金是首发规模做得大重要，还是后期由基金经理持续做出业绩后，进行持续地销售重要，这值得思考，因为涉及公司内部应把资源合理地配置在哪个环节。但从早期公募基金行业的发展情况来看，基本上不少的公募基金是归因于首发规模较大。很多基金发了之后却没有足够专业优秀的基金经理来持续跟踪和管理。

经历两个牛熊周期还能在市场中幸存下来的，其中真正优秀的基金经理比例无疑就高得多。要将这些优秀经理留下来，就又要回到激励机制问题。

而要成功穿越周期，需要持续的积累，需要独立的思考，特别是市场的反思能力，从而不断增进对市场的理解。

美国20世纪80年代的股灾，也出现类似2015年中国股市大幅波动的现象。美国在股灾中付出沉重代价之后，有400多份专业研究报告来反思，这些报告直接促成了随后美国资本市场制度的完善。现在针对中国资本市场的一系列波动，是不是也应有所反思？

笔者发现，在2015年中国股灾救助的实施过程中，本来只是股市局部的问题，结果把证券公司、基金公司、银行、保险等各方面的金融机构全部动员起来并捆绑在一起。如此一来，股市的风险很可能迅速向金融体系其他部分传导，如果股市波动继续持续，就很可能真的把局部的微观风险变成系统性的风险，而不得不救助了。

随着金融市场的发展，资产管理行业也出现非常深刻的变化。前段时间常听闻"大资管"的概念，"大资管"的第一个阶段是每个人都看着对方的业务领域，觉得很新鲜，因此积极相互进入到对方的领域。现在这个阶段基本上告一段落了，基于业务板块划分带来价格的差异和套利的空间消失了，进入第二个阶段，每一种类型的资产管理机构要基于自身的比较优势找到自己的核心能力，特别是主动管理的能力。

港、台资管行业如果想真正进入内地（大陆）市场，仅仅靠通道业务和早期的政策优惠是不可持续的。真正能支援一家资产管理机构持续发展的，应当是根据市场需求主动进行管理的能力。在市场调整时，拥有和没有主动管理能力的机构，马上会呈现出明显的差异。

从资产管理行业发展看金融结构变革趋势 *

非常高兴今天参加马洪基金会举办的盛会，马洪先生是中国经济政策咨询的开创者之一，我就在他开创并领导的国务院发展研究中心工作了十多年，马洪先生在国务院发展研究中心开创的培养年轻研究人员务实、开放、贴近经济现实的作风，现在成了国务院发展研究中心研究人员都十分敬重的研究传统。今天非常荣幸在马洪基金会的会议上跟大家做一个简单的演讲。

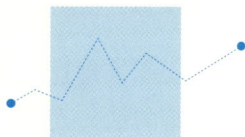

一、资产管理的覆盖面不断在拓展

我今天在这想讨论的题目是关于资产管理行业的发展。我自己在十年前开始，基于对资产管理行业会逐步深刻改变中国金融结构这个预期，每年跟踪这个行业的变化，坚持每年主持出一本关于中国资产管理行业发展变化的年度发展报告，到现在已经坚持了十年。

仅仅就资产管理这个概念来说，仔细观察会发现，这十年来，这个含义在不断地变化、不断地被拓宽。十年前最开始谈资产管理时，其实主要是讨论公募基金，后来逐步扩展到银行、信托、保险，然后才有所谓的"大资管"的概念，接下来越来越广泛地拓展到互联网金融、资产的国际配置等更为宽阔的范围。严格来说，现在我们讨论的资产管理，已经不再仅仅是一个金融行业的细分行业，而更多的是一种影响广泛的基本的金融功能。

---

* 本文为巴曙松教授在马洪基金会 2016 春季理事报告会上的发言速记。

现在，不少金融机构越来越深入地参与到资产管理这个业务中，使得不同机构在不同程度上有点像类资产管理机构。同时，这个过程也是泥沙俱下，市场上也有一些打着资产管理公司旗号的机构，出问题的也不少，陆续在曝光。如果我们把这些出问题的公司做一个产业链的梳理，就不难看到问题出在什么地方。

二、资产管理行业的价值链框架

资产管理这个覆盖面在不断拓展的行业，如果从价值链、产业链角度来分析的话，可以分为几个不同的部分：第一个是基础资产；第二个是资产管理机构，把基础资产转换设计成可投资的金融产品，然后通过特定的销售渠道销售给投资者。我们通常说资产管理机构内部的流程是融、投、管、退等几个环节，即融资、投资、管理、退出，这是资产管理的内部。

现在有一些打着资产管理旗号的机构出了问题，除了一些明显的自融等违规行为外，从资产管理的逻辑角度看，基础资产出了问题，是重要的原因。无论互联网金融讲得再天花乱坠，往往其中不少投的还是传统行业、产能过剩行业等这些领域的基础资产。无论在互联网的销售渠道方面设计得多么炫，基础资产如果还是风险比较高的传统资产，风险就会比较高，一旦经济调整，当然就容易出问题。另外一个重要的问题，常常出现在基础资产转换设计成金融产品的过程中，这个过程可能存在扭曲，没有正确评估风险、揭示风险和定价风险，这个环节也会蕴藏很多的问题。同时，销售环节也可能存在一些误导，所提供的信息有可能存在误导的成分，也不排除少数投资者自身投机性过强等因素。

简单分析的话，资产管理行业的产业链主要就包括上面这几个方面。如果再把它说得细一点，所谓基础资产就是实体经济的融资需求，既可能是直接的融资需求，也可以是标准化的融资需求，还可以是基于标准化融资需求的衍生品。在资产管理这个领域，金融机构是做什么的？金融机构为什么需要存在，它的存在有什么价值？在资产管理行业，可以说，金融机构的主要功能就是把非标准化的融资需求标准化、产品化，变成公众可以接受、可以投资的产品。所以资产管理机构把握基础资产、进而设计、管理并销售金融产品，将金融产品转换成连接投资者与基础资产之间的重要环节，投资者投资金融产品，金融产品再投资于基础资产。各个类型的资产管理机构的核心资产管理能力就主要蕴含在金融产品投资基础资产的过程中，不同类型的资产管理机构从不同的环节、以不同的方式来介入这个价值链和产业链。

如果不考虑经济增长的因素，中国的资产管理放到中国金融市场发展的大背景下来看就是一个相伴而生的发展过程，伴随着中国金融机构逐步升级、金融市场逐步深化的过程，实际上也可以说是资金由效率比较低、回报比较低的机构，通过市场化产品的竞争流向效率更高的部门的过程。资金原来放在传统的商业银行，银行是非常舒服的，你的钱存在这儿，利率是官方定的，随着资产管理行业的发展，各种类型的资产管理机构通过发产品等方式变成了储蓄的竞争者和分流者，这样资金就在资产管理行业的不断发展的过程中，不断流向效率更高的金融机构。这个过程其实也是资产管理行业效率逐步提升的过程，也是一个使中国金融体系错配减少，融资的需求和资金的供应方之间的匹配精细度提升的过程。我们也可以看到，基础资产的领域和范围在不断地拓展，原来没有得到很好满足的融资需求不断地被新设计出产品来满足。如果把客户的融资需求，或者说基础资产想象成一个光谱的话，我们原来的商业银行服务比较好的是中间一部分，是企业生命周期中开始有盈利的成熟时期。从企业的生命周期看，从最开始开创一个新企业，到经过一波三折的发展以后开始有正的现金流，开始积累了一个厂房，有固定资产可以做抵押担保，这个阶段，中国的商业银行服务是非常好的。这个光谱之外的两边，在商业银行的传统业务体系框架下，就不容易把它作为基础资产、去满足融资需求。我们说资产管理行业推动金融体系的发展，不光在基础资产，在管理机构和金融资产方面也是不断拓宽的过程，销售渠道也在增多。随着资产管理行业内涵和外延的变化，资产管理从原来相对比较狭窄的一个金融的子行业，逐步变成了对金融业产生深远影响的基本金融功能。

从全球金融市场的发展来看，一个国家的投融资体系中，直接融资的比例越高，市场化程度越高，这套投融资体系会越来越体现出一种广义的内资资产管理体系的特征，做商业银行也好，证券公司、基金公司、保险公司也好，最后也都是在不同程度地参与资产管理，识别一种实际经济运行中的融资需求，进而将这个融资需求转化成可以投资的金融产品。销售产品的过程，也就是向投资者筹集资金的过程。

这个简单的资产管理行业的产业链和价值链，可以用来解释现在很多资产管理领域出现的现象，也可以用来评估不同的金融机构在这个转换中的竞争力和运行效率。比如说近年来开始流行的一个新词"资产荒"，理论上讲怎么会有资产荒呢，你手上有资金应当就能买到相应的资产，仔细分析"资产荒"这个词，实际上背后体现的是市场对金融机构的资产管理能力的挑战：在金融市场上，因为经济结构的转型和金融市场的竞争，资产端的收益在明显回落，但是负债端的成本因为金融机构之间的竞争依然居高不下，回落得非常慢，负债的成本与资产端的收益出现了不匹配，这个时候才出现所谓资产荒现象。这本身体现了资产管理行业现在面临资产、负债等从期限到成本等匹配和管理的更高的能力要求。

从功能的角度来看，资产管理行业功能可以从融资方、投资方和国家的三个角度来分类，金融市场的各类融资方也是资产管理行业的资金需求方；投资方，也就是资产管理产品的购买方，或者是金融市场上资金的供给方。对于投资方来说，资产管理是资产投资很重要的途径，可以把银行的储蓄利率水平和市场上的金融产品给予回报的中间差额进行重新分配，通过各种类型的资产管理机构进入、提供的各种金融产品的竞争，把由原来商业银行获得的净利差利润转移，还给了资金的提供方和投资方。宏观角度来说，这体现了金融资源、资源要素配置的过程中借助市场的力量在不断提升配置效率。投融资体系更加类资产管理化以后，意味着金融资源的配置也相应更为市场化。从风险识别、定价和风险控制的角度来说，类资产管理化下的直接融资占比高的风险体系，对于我们原来习惯的间接融资环境的金融机构就构成很多新的挑战，因而需要提升新的专业能力，资产荒就是其中的例证。

资产管理行业快速发展也提出了很多值得研究的问题，比如说基础法律对证券缺乏功能的定义。如何界定适当的投资者群体？对于资产管理创新和资产管理的监管，哪些是面向私募的高净值人群的，哪些是可以变成公募的？这之间由谁来监管？这些边界目前的界定还不清晰。同时，目前资产管理业务适用的法律关系也不统一，现在大家能买的理财产品渠道非常多，证券公司有资管产品，基金公司有公募基金产品，基金公司下面子公司有私募产品、委托贷款业务，银行里有银行理财，信托公司有信托产品，保险公司也发资管产品，投资者在投资这些产品时，常常需要受不同的法律法规约束。同时资产管理行业的规模也足够大，不同市场之间的联系也越来越紧密，如果继续以机构监管为出发点，就容易导致资产管理行业为代表的直接融资监管的边界和定位不清晰。

李克强总理前一阶段强调，在股市大幅波动逐步平息下来之后，现在应该要反思一下股灾，总结经验教训。可以反思的角度很多，其中很重要的一点就是，不同类型的资产管理行业介入市场的方式不同，行为归不同的监管机构管，作为证券监管部门的负责人掌握不了市场上完整的杠杆分配状况，他可能看到场内两融的变化，看到证券公司融资融券的变化，但是银行理财产品的杠杆是什么样，信托产品介入是什么样，证券监管部门并不知道。至于说互联网金融行业的配资，高杠杆的配资他更不知道，这也是我们资产管理行业快速发展积累下来的值得研究的问题。

实际操作中，比如说将来资产管理行业越来越大、发展越来越深入以后，怎么样实施风险并表，如何在一个统一的风险管理框架下管理好各类表外、表表外业务？现在，一家商业银行下面不办几家资产管理机构，不与几家资产管理机构进行各种业务合作，就会被视为是十分传统的商业银行，这实际上体现了当前金融结构的一个显著变化，就是随着资产管理行业的发展，金融机构的业务模式在深刻变化，例如，现在融资需求来了，金融机构都会进行比较，比较通过什么渠道做、不同渠道的资本金的要求是多少、成本是多少。当然，这就给金融监管带来新的挑战。

三、全球资产管理行业的发展趋势

从全球范围内来考察，在金融市场的不同细分领域，资产管理行业看来也是发展最快的领域之一。2014年年底全球资产管理的规模为74万亿美元。从资产管理行业市场份额的全球分布来看，目前北美的资产管理行业稳居全球的首位，大概占到全球50%的份额；欧洲占30%。亚洲虽然发展得很快，中国和印度两个富有活力的人口大国是发展最快的，但是加起来的占比目前刚刚过10%。所以，到目前为止，资产管理这个行业从区域的分布来看，实际上是典型的欧美市场主导的行业，中国是新兴市场，成长空间大，但是到目前为止，国际影响力还相对有限。

资产管理行业的影响力，表现在很多方面。例如，中国的决策者现在越来越关注与国际金融市场沟通政策动态。为什么沟通的必要性在上升？因为欧美市场管理着80%左右的金融市场资产，这80%的资产背后的管理机构及其基金经理和研究人员如何认为，就不仅仅是市场份额的问题，还涉及特定的行业发展趋势、国际资本的流动、不同市场的资产定价，以及在金融危机导致金融市场大幅波动的时期，同样的危机，不同市场受冲击的程度可能就很不一样。其中有一个重要的影响因素，我们可以称之为"本土市场偏好"。从资产管理的市场份额看，50%在北美，30%在欧洲，如果这些市场出了问题，往往容易卖出其他市场的资产，即使危机和波动本来是由他们自己的问题导致的，结果往往反而是新兴市场的波动更剧烈。

这个意义上来说，中国资产管理行业还处于非常初步的、起步的阶段，还有很大的发展空间，也有很远的路要走。目前，根据中国基金业协会的统计，中国私募行业已经有2.6万家企业，这与当初主要靠一年增加几家公募基金公司相比，算是相当大的突破了。公募基金现在规模扩张也不小了，至少比刚刚起步是要好得多，在市场比较困难的时期，很多基金公司从成立到发产品，当时的远大理想就是要管理100亿元，后来说要到1000亿元。有一次开会时有监管部门的领导说，将来我们的基金公司要管理1000亿元，下面的基金公司的参会人员有的就笑了，估计是想，怎么可能管到1000亿元呢，能发10亿元、20亿元就很了不起了。现在状况已经有了很大的改变，但是与成熟市场比，差距还是很大的。

过去两年，我在哥伦比亚大学做高级访问学者，有机会拜访了金融界各个方面的专业人士，也包括华尔街的基金经理。一次我见过一家老牌的资产管理机构的基金经理，他当时对中国经济比较悲观，所以有朋友热心安排我们交流了一下。他担任基金经理的那只股票型基金有多大呢？同行的朋友告诉我，以当时的规模计算，是900亿美元的股票基金。我当时想，中国的公募基金公司中，如果把货币基金等剔除掉，仅仅比较股票型的基金，规模能过900亿美元的我看没几家吧？有一家知名的电商企业当时在纽约上市，成功上市的第二天，笔者和一位参与这个项目的投行的朋友小聚，问他们团队对纽约市场有什么体会。他说，他们团队的不少人觉得纽约这个大市场确实是流动性充足，他们公司这么大的融资额，在国内市场上市的话可能需要一些部门协调配合，在纽约市场上市了，似乎市场连个大一点的水花都不起一下，各个环节的配套产品也很丰富。

从全球市场看，资产管理行业的细分行业里，对冲基金、主权基金、另类财务资产的投资上升得非常快，投资者对于另类投资，方案解决型、多资产型、被动型投资产品的需求开始侵蚀主动型产品的半壁江山。传统主动管理产品的占比从2003年的59%，降到2014年的39%，现在还在下降中。而被动型的产品在持续上升，解决方案型的产品也在持续上升。这也显示出，在越来越波动的市场环境下，基金经理很难有一以贯之的良好表现，所以投资者在实际的产品配置方面，就呈现出向两端走的趋势，要么干脆配置被动的指数投资，要么就积极追求主动投资的收益，希望资产管理机构针对自己的状况做一揽子的个性化解决方案。

国际市场上的产品的变化和市场的发展也是直接相关的，危机之后债券基金的增长取代了货币市场基金，成了增长非常快的产品。ETF是指数投资和被动投资很重要的产品和载体。这方面被动投资受到广泛的欢迎，这点上我们从统计数据可以看到美国ETF的投向在这些方面处于主导地位。具体对比中美的私募基金，相较于美国私募资产管理行业的管理规模以及产品的多样化，中国的私募基金还有非常长的路要走，还需要持续努力。我们在这里对相关的业务数据做了简单的梳理，了解中美私募基金的资产规模等的分布和差异。另外，对照不同产品内部看，美国市场上采用不同策略的私募基金、对冲基金，这一轮危机里也有差异很大的表现。

从全世界范围来看，资产管理行业的规模越来越大，对金融行业的影响越来越大，监管也相应地变得越来越严格，比如说现在不少的监管机构也开始要进行基金压力测试和特定的信息披露，对产品的特性、服务模式、销售渠道做出调整。与此同时，互联网、计算机技术、大数据等元素也在不断渗透资产管理行业，机器人投顾或者说理财机器人在不断地扩张，最开始是在硅谷起步，现在也正在深刻改变资产管理行业的商业模式，数字化成为非常重要的行业发展趋势。很多大的资产管理公司，可能在市场发展等方面在裁人，但是在 IT、大数据应用方面一直在加人，这个趋势转变得很明显。传统的资产管理机构也在出现显著的变化，一方面是考虑传统的资产管理机构怎么完善产品分类、完善产品线，另一方面则是思考专业型的资产管理机构怎么推出符合消费者个性化的金融产品。与此相对应，多元化、大规模的资产管理机构与个性化、专业化的资产管理机构并存。

四、中国资产管理细分行业的发展进展

一是银行理财。这几年银行的理财市场发展得非常快，主要的动力一个是通过资产的表外扩张减少资本金的约束。例如，如果表内融资100万元，资本充足率保持10%，则需要10万元的资本金。如果资产规模扩张较快，那么银行资本金补充压力将会非常大。

二是理财产品的刚性兑付问题。实际上并没有哪个法律文件明确要实施刚性兑付的。2015年上半年的股市大幅波动期间，支持救市的理由之一，就是担心股市持续的无量下跌会导致银行理财产品的刚性兑付的无序打破。从发展趋势看，未来银行理财的发展速度将放缓，特别是监管机构做了4%和30%的限制，另外资产荒下净资产收益率下行的幅度明显大于负债成本的回落，所以理财收益率下调，吸引力也在下降，这些都是导致银行理财吸引力下降的因素。尽管如此，银行资管依然是重要的发展方向，其发展趋势主要表现为净值化、活期化，固定期限产品，这也是在逐步凸显商业银行的核心竞争优势。

三是信托行业资产规模在增长，增速在下降，通道业务在萎缩。当前信托行业主要的挑战是通道业务在明显萎缩，信托开始面临转型，开始转向做资产证券化信托、土地流转社会化信托，主要还是发挥信托的功能优势，实现资产管理的个性化、差异化。

四是保险行业增长非常快，已经成为不可忽视的市场投资主体，配置也越来越多样化，当然也有引起大家争议和关注的地方，比如说万能险快速发展、负债成本高导致配置相应的资产压力增大等。

五是公募基金继续处于平稳发展的过程中，阳光私募资产公司的数量

增长非常快。基金子公司开始向主动管理转型，而原来更多的是做一些通道的业务。期货资产管理行业目前算是相对做得小的，但自己和自己比，一年一年上去还是很快的。最近发展比较快的是私募股权投资基金，增长的势头大幅度上升。近年来比较新的是各级政府在鼓励创业的背景下设立的政府引导基金。新三板快速发展，也是促进私募股权发展重要的因素。

六是保险基金开始越来越主动地做另类投资，结合自己的上下游做一些股权投资。根据专业化细分领域的投资，资产管理行业还有一个值得大家关注的是私人银行业务或高端财务管理业务，规模越来越大。全权委托管理和 FOF 是比较受认可、发展潜力比较大的两个领域。

七是 2015 年以来经济增长速度在回落，内部和外部的货币宽松，相对安全和收益相对高的资产供给在减少，这就形成了资产荒的情况。这个背景下，影响资产管理行业的几个大的政策，一个是地方债的置换，中央财政承担地方的一部分债务，短期的债务转换为长期限债务，高利息负债变成低利息负债，这实际上在客观上也加剧了资产荒现象。

八是资产证券化近年发展也非常快。资产证券化和投行功能的结合成为受关注的一个新趋势，商业银行、证券公司、保险公司都开始关注投行业务，把资产证券化和资管、投行业务相互结合，这样可以提供更多的产品。基础资产因为资产证券化的深入在不断地拓宽。例如，近期经济调整导致银行不良资产上升，不良资产的证券化关注度在上升。资产荒的背景下，"资管加投行"的业务模式受到越来越多的关注，基本面经济增长速度还在回落，负债成本还比较高，加上资产端收益回落，推动资管和投行主动拓展新的资产类别，将其变成可投资的产品。现在有一个说法，原来金融机构做业务叫作负债先行，银行里面是所谓存款立行，只有吸收存款，才能根据存贷比放贷款，有了存款和贷款就有利差。现在，市场环境出现了剧烈的变化，特别是资产管理行业的大发展，现在金融机构程度不同地变成了资产主导。市场竞争的关键是先要拿到好的资产，然后再去找渠道匹配资金来源。实际上市场上的资金来源也不少，既可以配存款，也可以配成不同的理财产品。

最后我们说一下互联网的资产管理。虽然很多互联网金融企业出现这样那样的问题，但是互联网、大数据在渠道、产品和平台发展上的优势远远没有充分展现出来，怎么基于互联网的渠道有针对性地销售产品？怎么设计出基于大数据和数据分析、挖掘的新产品？怎么应用机器人理财？互联网金融的发展，推动了横跨多领域的互联网资产管理平台的出现。反观前期出了问题的几个所谓互联网金融平台，真正用上大数据的和互联网优势的并不多，还没有真正用上它作为大数据去识别风险、定价风险、管理风险。互联网、大数据技术会成为改变未来资产管理行业非常重要的推动力。

中国保险资管境外配置渐成趋势 *

中国保险资管规模历经多年发展，已激增至超过10万亿元，而与金融行业其他资管业务一样，境外资产配置渐成趋势。

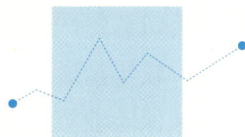

保险资产管理行业发展现状

回顾过去近十年，保险业总资产年均增长率和保险资金运用余额年均增长率都超过20%。按照资产规模计算，保险资产规模仅次于银行和信托。截至2015年年底，银行理财规模超过23万亿元，信托资产规模超过16万亿元，保险业资金运用余额超过11万亿元。

从保费规模上来看，中国保费规模世界排名第三位，仅次于美国、日本。原保险保费收入28864.87亿元，同比增长28.88%。其中产险业务原保险保费收入7773.05亿元，同比增长8.73%；寿险业务原保险保费收入16556.68亿元，同比增长33.12%；健康险业务原保险保费收入3841.80亿元，同比增长73.08%；意外险业务原保险保费收入693.34亿元，同比增长17.37%。另外，寿险公司未计入保险合同核算的保户投资款和独立账户本年新增交费12114.53亿元，同比增长65.17%。

保险资金的主要特点可以总结为：①成本的确定性。保险资金是负债资本，负债成本明确，因此要求资产负债匹配，否则可能带来系统性风险。②风险偏好低，要求长期、稳定的收益率。③资金的长期性、持续性，保险业保险保单存续期较长。④资金体量规模大、增长稳定。按照资产规模

---

* 朱晓参与本文的起草与讨论，本文发表于《第一财经日报》评论版2017年2月26日。

计算，保险资产规模在资管市场上仅次于银行和信托。⑤资金的资本特性。保险资金可以作为企业的资本金，进行长期股权投资，在一定程度上可以缓解实体经济负债率高、投资成本高的问题。

从具体的资产规模来看，截至2016年11月底，我国保险业总资产149608.60亿元，较年初增长21.04%（见图1）。其中产险公司总资产23463.59亿元，较年初增长26.96%；寿险公司总资产123197.62亿元，较年初增长24.04%；再保险公司总资产2735.34亿元，较年初减少47.27%；资产管理公司总资产407.62亿元，较年初增长15.67%。资金运用余额131189.16亿元，较年初增长17.35%，占保险行业总资产的87.69%。

从保险业资金运用模式上来看，全球范围内保险公司的资金运用模式主要分为三种：保险公司内部设立投资部门、委托独立第三方投资管理公司、设立投资管理公司。

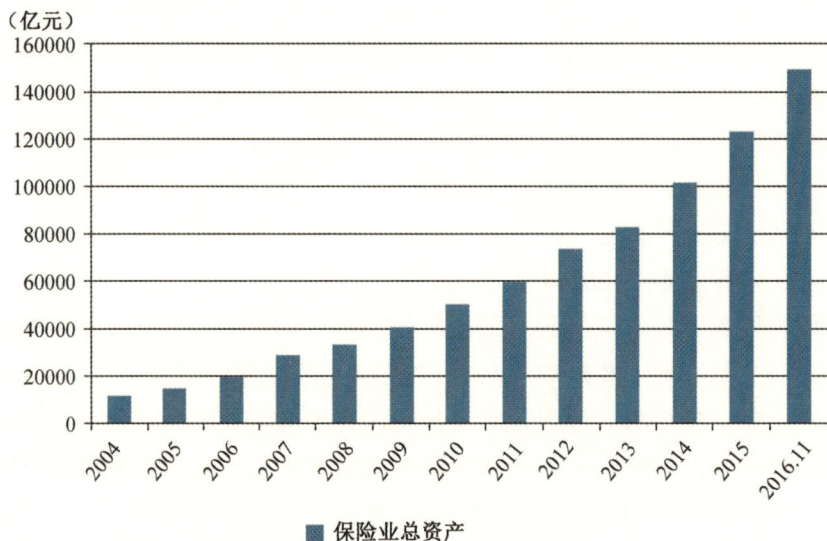

图1　历年保险业资产规模

数据来源：保监会网站。

在保险公司内设投资部门的运作模式下，保险公司直接管理和运作保险资金，保险资金的资产端和负债端都统一在保险公司内部完成，更有利于资产负债匹配及相互驱动，利于保险公司控制其资金安全和流动性风险。但是随着保险业资产规模的快速扩大，这种运作模式也凸显出交易内部化、缺少有效市场竞争及不利于提高保险资金收益率等问题。

委托第三方投资管理公司运作模式为多数国外产险、再保险和小部分小型寿险公司倾向于采用的运作模式。第三方业务占比较大的公司，市场化程度较高，综合投资能力正在接近或者达到充分竞争的大资产管理市场的标准。当然该种模式可能产生较多的"委托—代理"问题，既存在投资风险，同时也面临外部投资公司投资行为偏差和投资操作风险。

设立保险资产管理公司的运作模式更专注于管理母公司资金，一方面可以更好地吸引资金运用人才，提高资金运用效益；另一方面可以通过专业化资产管理运作，使资金运用成为母公司新的业务增长点，推动母公司整体业务发展。专业化的运作能够帮助母公司扩大资产管理的范围、提高保险资金收益；同时部分弥补了内设投资部门和委托外部投资机构管理的不足。目前这种模式已经越来越成为中国保险业资金运用的主要运作模式。

从目前保险资产管理公司的业务定位来看，大部分公司隶属于各个保险公司但业务范围并非仅限于内部的关联方委托业务，而是向高度市场化的资产管理业务拓展，业务结构也逐渐走向多元化。主要的业务发展趋势可以总结为以下几个方面：投资模式由公募业务向私募业务拓展，由投资业务向投行业务拓展，由境内业务向境外业务拓展；运行机制开始引入资产全托管机制、风险责任人机制、投资牌照化机制以及另类投资的事业部制、团队制等机制，对强化资源配置多元化发挥了重要的作用；管理模式由委受托的模式下的账户管理模式逐渐向产品化模式转变，积极拓展第三方资产管理业务成为重要趋势，保险资产管理机构通过发展设立债权投资计划、股权投资计划、组合投资计划、资产证券化和类基金产品，促使保险资产管理走向标准化和市场化。

截至2016年11月底，保险资产配置中固定收益类资产占比为51.35%，其中各类债券43045.28亿元，占比32.81%；银行存款23522.39亿元，占比17.93%，可见目前保险资金配置资产仍以固定收益类为主，但比例有所下降（2015年11月底债券配置占比34.82%、银行存款占比23.3%）。权益类资产18852.32亿元，占比为14.37%，占比稳中有升，同比增长0.3%。其他投资 45769.17 亿元，占比为 34.89%，较 2015 年 11 月底的占比 27.81% 有较大幅度的提升（见图 2）。

投资收益方面，根据中国保监会的报告，2011—2015 年，中国保险资金投资收益率分别为 3.49%、3.39%、5.04%、6.3% 和 7.56%（见图 3）。2015 年保险资金运用收益共计 7803.63 亿元，资金运用平均收益率为 7.56%，创近四年新高。2004—2014 年，保险资金累计实现投资收益总额 21425 亿元，平均投资收益率为 5.32%，平均每年贡献近 2000 亿元的收益。

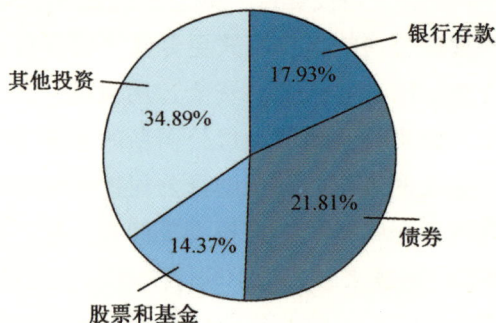

图 2 保险资金资产配置结构（截至 2016 年 11 月底）

资料来源：保监会网站。

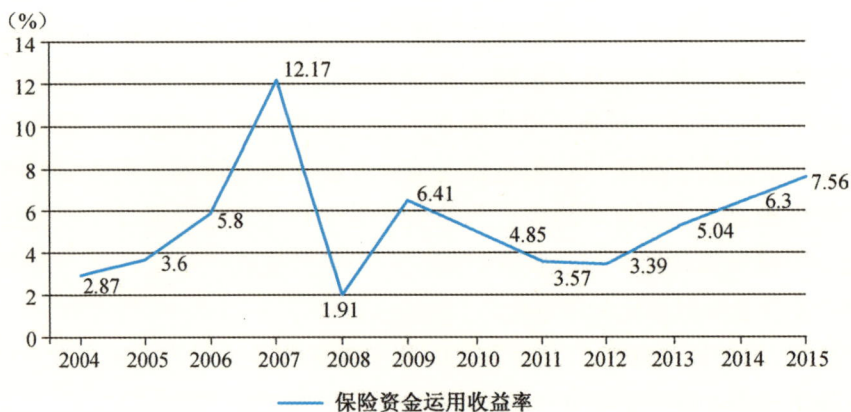

图 3 保险资金运用收益率

资金成本方面，《2015年保险资产管理市场运行报告》显示，随着保险费率市场化改革的深入，部分保险公司主推分红险、万能险等具有理财性质的高现值产品，保险公司面临负债的成本上升、资产端收益率下降的两难选择，保险资金资产配置难度加大，大部分保险公司的负债成本仍然在6%~8%，也有超过10%的情况。

境外资产配置监管规定

2004年，保监会和中国人民银行联合颁布了《保险外汇资金境外运用管理暂行办法》，允许保险外汇资金进行境外运用。

2007年7月，保监会、中国人民银行和国家外汇管理局共同颁布了《保险资金境外投资管理暂行办法》，允许保险机构委托保险资产管理公司或者其他专业投资管理机构负责保险资金的境外投资运作，将保险资金境外的投资范围从固定收益产品扩大到股票、股权等权益类产品，将投资市场扩大到全球发展成熟的资本市场，并将保险资金境外投资总额提高至不超过上年年末总资产的15%。

2012年10月，保监会印发《保险资金境外投资管理暂行办法实施细则》，明确保险资管行业的国际化方向，规范保险资金境外投资运作行为，防范投资管理风险，实现保险资产保值增值。将可投资范围扩展到45个国家或地区，其中包括25个发达市场和20个新兴市场，并将投资范围明确为货币市场类、固定收益类、权益类、不动产类及境外基金，明确境外投资余额不超过上年年末总资产的15%，投资新兴市场余额不超过上年年末总资产的10%。

2014年8月，保监会发布《关于加快发展现代保险服务业的若干意见》（"新国十条"），提出要提高保险资金配置效率，加大保险业支持企业"走出去"的力度，提升对内对外开放水平，引进先进经营管理理念和技术，释放和激发行业持续发展和创新的活力。

2015年3月，保监会发布《中国保监会关于调整保险资金境外投资有关政策的通知》，将保险机构受托委托投资范围由香港市场扩大至45个国家或地区的金融市场，同时扩大境外债券投资范围，由BBB级以上的评级调整为 BBB- 级以上的评级，并且开放了保险资金投资香港创业板股票。

2016年3月，"十三五"规划明确指出支持保险业走出去，拓展保险资金境外投资范围。提高金融机构国际化水平，加强海外网点布局，完善全球服务网络，提高中国内地金融市场对境外机构开放水平。

2016年9月，保监会发布《关于保险资金参与沪港通试点的监管口径》，允许保险资金参与沪港通。主要内容包括：保险机构开展沪港通股票投资应具备股票投资能力，不具备者应委托符合条件的投资管理人开展运作；明确保险资管发起设立的组合类保险资管可投资港股通试点股票；明确保险机构应当将账面余额纳入权益类资产计算，并明确了保险资管产品投资沪港通股票时的相关细节要求。

此外，2016年一季度起，"偿二代"监管体系正式实施，"偿二代"在境外资产的资本要求上呈现四大特点：对于发达市场的固定收益品种，偏向投资期限较长的；现阶段鼓励投资发达市场的股票，因相对其他资产，股票投资更加节约资本，风险水平相对可控，投资价值也较高；对于境外不动产的资本要求相比"偿一代"大幅降低；对于新兴市场投资总体投资策略偏审慎。

境外资产配置趋势

在低利率的环境下，保险机构普遍面临投资收益减少、资金成本上升的两难困境。

一方面，2014 年以来，中国国债利率进入快速下行通道，国债收益率持续下行加大险资配置压力。在低利率环境中，保险公司此前持续大量配置的高收益固收类资产缺乏，保险资产管理机构难以找到相对高收益的低风险资产进行配置，保险公司资产配置压力巨大。

另一方面，保险公司负债成本呈现持续上升趋势，其中主要有两方面的因素：一是行业内外的竞争性定价。为了换取规模上的战略优势，部分保险公司往往以牺牲短期利益为代价，推升负债成本。除了保险行业内部的产品定价竞争之外，银行理财产品和各类信托理财产品也在与保险公司竞争资金来源。二是保险资金负债的长期性。保险资金的特点是负债的长期性，这使得保险公司的产品定价也基于较长期投资期限的考量，从而主动地承受相对偏高的负债成本。

不同利率周期下，保险资产端的目标不同。利率上升时，资产端以更高收益率为首要目标，在利率下降时，资产负债的匹配管理则显得尤为突出。而在目前低利率周期压力下，保险资金在资产负债两端都面临巨大挑战。

目前市场业界普遍认为，在面临低利率的环境时，投资主体的应对措施可以归纳为五类，分别是增加境外资产配置、进行全球化资产配置；在做好风险管控的前提下，提升风险偏好、提高风险容忍度；增加受利率影响相对间接的权益类资产投资；拉长资产久期；提升另类资产比例。

然而，目前中国内地市场流动性充裕，资产价格偏高，相对缺乏高收益的长期优质的资产。多方面的因素使得境内资产组合已不能完全满足保险资产多元化配置需求，国际市场容量更大，资产类别更加多元，资产价格相对中国内地市场更为理性，国际资产配置给保险机构提供了更多的选择。例如，海外市场可以提供中国内地资本市场稀缺的、超长久期的国债品种，如20年、30年、50年的长久期国债及通胀保值债券。

从现实需求出发，配置境外资产，有利于帮助保险资金拓展投资渠道，将有效分散资产配置风险，通过多样化的资产配置提高保险资金的投资回报。此外，保险资管机构加大对海外优质资产的投资，对于规避汇率波动风险以及区域性风险也具有重要作用。

截至2016年7月末，共有53家保险机构获准投资境外市场，投资总额为445.79亿美元，规模占比2.14%，与截至2015年年底保险资金境外投资余额相比，增幅为23%；与截至2012年的97亿美元相比，增幅达459.58%。

2016年以前，我国保险资金进行境外投资主要通过QDII渠道，加之内地监管机构对境外投资额度批准较为谨慎，在人民币贬值压力下，保险资金境外投资额度增长缓慢，因此通过境外投资优化保险资产配置、提升投资收益率的战略作用受到一定制约。

2012年10月，保监会印发《保险资金境外投资管理暂行办法实施细则》，明确保险资管行业境外投资余额不超过上年年末总资产的15%，投资新兴市场余额不超过上年年末总资产的10%。截至目前，中国保险资金的境外投资占比在2%左右，同时也远低于日本、英国等市场中保险资金的境外配置比例，可见中国保险资金境外资产配置仍有较大发展空间。

目前中国保险资金境外资产配置主要有以下几个特点：一是投资领域相对集中，覆盖银行存款、不动产、股票、债券、基金、股权等。二是投资方式相对单一，保险资金境外投资的方式主要包括直接股权投资、间接股权投资和购入不动产等。三是投资区域分布集中度高：目前保险资金境外投资的市场主要包括香港市场（股权投资为主）和欧美、澳大利亚等发达国家市场（不动产及保险企业股权投资）。在资本流出存在一定管制、QDII业务收紧的政策背景下，保险机构很难直接获得投资海外权益市场的机会，同时相对于其他海外权益市场，中国内地机构投资者对于香港权益市场制度更熟悉，对于香港市场的企业更加了解，因此投资港股往往成为保险机构投资海外市场的首选。截至2015年年中，中国保险资金境外投资中港币资产超过1700亿港币，约占境外投资余额的67%。四是资产配置比例集中于权益类资产，另类资产占比上升：以股票投资、股权投资和不动产投资为主。股票占比是最大的一类资产，但从最近趋势来看，股权、不动产投资快速增加，两者相加占比已逐渐超过股票成为第一大类资产。另类资产成为境外投资的主要方向之一，同时私募基金、房地产信托投资基金、资产证券化等金融产品的配置也逐渐受到市场主体的重视。部分保险公司先后在伦敦、纽约等核心门户城市的核心地段购买了多栋优质写字楼或酒店，并通过股权投资的方式对境外优质企业进行财务投资，其中也包括境外的保险公司。

由于保险资金自身特点，风险特征匹配被认为是保险资金资产配置的基本原则，在此原则下保险资产配置的多元化、分散化、全球化成为国际普遍的做法。

由于保险资金规模大、有一定的收益率要求，而本土金融市场容量有限，投资回报率难以满足保险负债成本要求，加之境外投资监管政策较为宽松，英国和日本的保险业在境外资产上配置了较大比例。

从日本保险资金境外资产配置经验来看，大类资产配置比较灵活，与经济的发展高度相关，主要体现在国内经济转差的情况下，提高对境外资产的投资比重以获取高收益。在投资偏好方面，保险公司投资风格比较传统，偏好安全性和流动性原则。

日本国内投资收益率有限，所以保险业十分重视海外投资。特别是2008年金融危机之后，伴随日本国债收益率的持续降低，日本保险公司逐步提升境外资产比例。随着投资收益的提升，投资比例也逐年上升，到2014年达到19%的比例。

英国保险行业监管相对宽松，与流动性和安全性相比，更注重收益性。英国保险资金运用的渠道非常多样化，资金投资结构较为多元，与债券等固定收益类投资相比，更青睐股票投资，并且一直以来积极地进行海外投资。

展望中国保险资管行业境外资产配置趋势，利率下行周期中，提升权益配置是保险资产配置的自然需求。2008年金融危机之后，英国和日本均经历了债券利率持续下行，两国的保险公司均通过提高权益类资产配置比例，以缓解低利率对投资端收益的冲击。

与内地资本市场相比，香港作为国际金融中心，也在多个层面拥有众多优势：市场更加成熟；投资者结构更加多元，适合长期配置；市场容量更大，资产类别更加多元，资产价格相对更为理性，为机构提供了更多选择；直接融资比例更高，机构投资者对市场影响力更强，资本跨境流动更加自由，有利于保险资金投资收益率的稳定。从估值比较、市场波动性、AH折价率、股息率、全球配置等角度来看，港股对保险资金的吸引力优势也相对明显。

2016年年初开始，市场已经看到大量保险资金通过沪港通投资港股。2016年9月保监会正式发布《关于保险资金参与沪港通试点的监管口径》，港股对保险资金的吸引力持续提升。

除了港股在上述几个方面具备的优势外，一个很重要的原因还在于沪港通投资标的与保险资金的投资偏好较为一致。根据沪港通规定，在试点初期，香港证监会要求参与港股通的境内投资者仅限于机构投资者及证券账户及资金账户资产合计不低于人民币50万元的个人投资者。而港股通的股票范围是联交所恒生综合大型股指数、恒生综合中型股指数成分股和同时在联交所、上交所上市的A+H股公司股票。从上述规定可以看出，港股通的投资者为机构投资者或者专业的个人投资者，而投资标的也为市值较大的指数成分股，与保险资金的投资偏好较为一致。

而深港通的启动，特别是总额度的取消，把香港市场、上海市场和深圳市场连接成了一个"共同市场"，同时允许保险资金参与，进一步拓展了保险资金配置海外市场的发展空间。

此外，保险资金也可通过这一渠道实现对境外资产的间接购买。在沪港通和深港通的合计417只标的中，29家港股上市公司拥有境外资产，102家公司有海外业务，其中36家公司的海外业务占比超过50%。香港市场也是全球最大的股权融资市场之一，融资和再融资机制灵活。未来，随着更多的境外资产在港交所上市，有利于保险资金逐步介入全球资产配置中，对冲单个市场下跌带来的风险，有助于稳定保险投资收益率。未来保险资金可以考虑通过进行长期股权投资，将银行存款、债券等固收类投资转化为上市公司股权等高收益资产，有效应对低利率，拉长资产久期。

在低利率环境下，另类资产相较于其他大类资产，配置价值较高，预计未来增长潜力较大。

当市场利率下行时，资金会追求相对高收益、安全性好的资产进行配置。而另类投资的高收益并不一定依赖于承担高风险获得，而更多依赖于稀缺资源的获取能力、投后管理的增值能力和跨越市场的套利能力获取超额收益。另类投资还具有进入门槛高、退出期限灵活性低等显著特点，与保险资金的长久期性，追求长期、安全的投资回报具有天然的契合性。

其中，海外不动产在保险资金境外资产配置中的比重仍有较大上升空间。日本寿险和财险业不动产投资在总投资资产占比分别为1.7%和3.4%，英国保险业的不动产投资占比长期高于5%，目前中国保险资金不动产资产的配置比例仍低于这一水平，仅占1%左右，距现行监管规定的30%上限仍有较大空间。

从监管角度出发，偿二代框架鼓励保险资产的多元化配置策略，鼓励保险资金投资于另类资产。偿二代框架下，不动产投资的风险因子有所降低，资本消耗大幅低于股票和基金。

保险资产管理机构的"保险"特征，决定了其与一般资产管理机构有所区别。基于保险资金的负债特性，"资产负债匹配"和"风险管理"是两个非常重要的基本原则。

　　回顾过去一年，国际金融市场"黑天鹅"事件频发，多个资产类别的价格均出现不同程度的大幅波动，预计2017年仍将是非常波动和不确定的一年。如何在进行境外资产配置的同时有效控制好风险，是当前很多市场主体在复杂多变的海外市场进行资产配置时重点关注的。随着更多的保险资金进入国际市场进行资产配置，市场对风险对冲工具和风险管理工具的关注和需求增加，如何积极主动管理风险，使存在的风险可测、可识、可控，将成为保险资金在境外资产配置的重要制约。同时也可以预见市场主体对于境外市场各类风险对冲工具的需求也将显著增加。

我国基本养老保险制度待遇水平测算及影响因素分析 *

摘要：近年来，针对不同参保群体，我国基本养老保险制度一直呈现城镇职工和城乡居民两种制度共存的局面。本文在同一框架内，以总替代率、净替代率、总相对水平、净相对水平四个指标为工具，利用精算模型测算城镇职工和城乡居民基本养老保险待遇水平。结果显示，城镇职工养老保险存在性别差异，城乡居民养老保险存在城乡差异，城镇职工养老保险待遇水平高于城乡居民。随后本文对影响待遇水平的退休年龄、投资收益率和待遇增长机制三项因素进行敏感性分析，发现这三项因素对两种制度的待遇水平都具有重要影响，对城镇职工养老制度影响大于城乡居民。最后提出提高政府补贴、做好制度衔接、适当延长退休年龄、提高投资收益率和健全待遇增长机制等政策建议。

关键词：城镇职工基本养老保险，城乡居民基本养老保险，替代率，相对水平

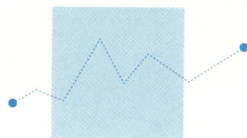

---

* 李羽翔参与本文的起草与讨论，本文发表于《当代财经》2017年第10期。

一、引言

近年来，由于人口老龄化和人口红利减少等因素，养老保险制度公平问题愈加凸显，越来越成为人们关注的焦点问题之一，也是我国政府亟须改革和解决的问题。2014年年初，李克强总理在国务院常务会议上指出："决定合并新型农村社会养老保险和城镇居民社会养老保险，建立全国统一的城乡居民基本养老保险制度。"2014年国务院颁发了《关于建立统一的城乡居民基本养老保险制度的意见》，规定将在全国范围内建立统一的城乡居民养老保险制度。2015年1月国务院又颁发了《关于机关事业单位工作人员养老保险制度改革的决定》，该文件规定近4000万机关事业单位工作人员开始与企业员工一样进行养老保险缴费。新政策实施之后，我国基本养老制度主要由城乡居民基本养老保险和城镇职工基本养老保险组成。中共十八大提出实现"社会保障全民覆盖"，目前来看，城镇企业职工养老制度基本实现了全覆盖，而城乡居民养老保险覆盖率较低，其中待遇水平差异较大是影响覆盖率的一个重要原因。因此，测算城镇职工养老保险和城乡居民养老保险待遇水平，比较待遇差距，并分析待遇水平差距的影响因素变得十分有意义。

从待遇水平测算方法来看，现有文献大致分为三种。第一种是从生存角度出发，分析微观主体的养老需求，从而得出适度的养老待遇水平，例如边恕（2011）[1]、穆怀中（2012）[2]。第二种是，引入一般均衡理论，从全社会福利角度出发得出最优的养老待遇水平。杨再贵（2008）[3]和张迎斌（2013）[4]采用世代交叠模型，对参数进行合理设置后，模拟出社会最优养老待遇水平。第三种是制度式的，通过测算参保人员预期收益来衡量养老待遇水平。这种方法需要对参数进行一定的合理设置，可以把设计机制不同的养老保险制度统一在同一框架内进行待遇水平比较和分析。我国基本养老保险制度由城镇企业职工基本养老保险制度和城乡居民基本养老保险制度组成，两种制度设计差异较大，若想比较待遇水平差异，并分析影响因素，采用制度式的方法更为合理。国内外也通常采用制度式的方法衡量养老待遇水平。具体文献梳理如下。

国际上，Feldstein（1974）[5]首次提出养老财产概念及其估算方法来度量养老待遇水平。随后 Aldrich（1982）[6]、Whiteford（1993）[7]等学者使用养老金替代率指标度量养老制度待遇水平。与养老财产相比，替代率属于相对指标，能更全面地衡量待遇水平。在国内，许多学者沿用替代率指标进行制度间待遇水平差异比较，王晓军（2007）[8]利用替代率指标将机关事业单位和企业职工养老待遇水平进行比较，发现机关事业单位待遇水平高于企业职工；林东海等（2007）[9]利用替代率指标测算了1997年和2005年城镇职工基本养老保险的待遇水平，比较改革效果；邓大松（2010）[10]也利用这一指标测算了我国新型农村社会养老保险个人账户待遇水平，并提出提高缴费率和政府补贴等政策建议。王亚柯（2013）[11]把城镇职工、机关事业单位、新农保、企业年金四项制度待遇水平纳入统一框架，得出城镇职工养老待遇水平高于新农保的结论。2014年新农保和城乡居民养老保险并轨后，薛惠元（2016）[12]把城乡居民和城镇职工养老保险纳入统一框架内，通过测算参保人员投入产出比，发现城镇职工养老保险比城乡居民养老保险收益要高。

综上所述，可以看出，现有文献大多集中在对城镇职工养老保险、新农保待遇水平的测算，对城乡居民养老保险待遇水平研究不足。现有研究大多以养老金替代率来估算待遇水平，测度待遇水平的指标还较为单一，对待遇水平的全面分析不足。OECD(2005)[13]提出，养老金总替代率忽略了社会待遇缴费、个人所得税和社会平均工资的作用和影响，无法准确衡量养老金的相对收益，引入养老金相对水平等指标则更能全面衡量养老金的待遇水平。在此基础上，本文借鉴 OECD[14]这一研究的做法，运用总替代率、净替代率、总相对水平和净相对水平等指标来测算我国基本养老制度待遇水平，并探讨退休年龄、投资收益率和待遇增长机制等因素的影响和作用。本文旨在测算我国基本养老制度待遇水平，并分析其待遇差异。本文要研究的问题是，城镇职工和城乡居民所能提供的待遇水平是多高，两种制度的待遇水平存在差异吗？差异有多大？不同收入水平的群体所获得的待遇水平有何不同？不同性别的参保人员所获待遇水平有何不同？延迟退休年龄、提高投资收益率和待遇增长机制的设置对养老待遇水平有何影响？

本文对后续章节做如下安排：第二节对城镇企业职工和城乡居民两种养老制度从缴费和支付方面进行了比较；第三节对模型进行了设置，并对参数选择的合理性进行了探讨；第四节，分析了测算结果，并进行参数的敏感性分析，探讨参数如何影响待遇水平；第五节，根据测算结果得出结论，并提出政策建议。

二、制度对比

在对我国基本养老保险制度待遇水平进行测度前，对城镇职工和城镇居民养老制度设计进行比较十分必要。由于两种制度模式和设计不同，制度细则也存在较大差异，具体见表1。

表1　城镇职工与城乡居民制度对比

制度		城镇职工	城乡居民
缴费	社会统筹	企业缴纳工资的20%（月）	无
	个人账户	个人缴纳工资的8%（月）	个人缴费分100~2000元/年等12个档次，地方财政补贴最低30元/年，500元以上缴费档次的，最低补贴60元/年
退休年龄（男/女）		50/60岁	60岁
支付	社会统筹	基数为参保职工退休时上一年的当地平均工资与本人指数化月工资的平均值，缴费年限每满一年发给基数的1%	中央政府支付每月55元
	个人账户	退休职工个人账户储蓄额除以国家政策规定的计发系数	个人账户储蓄额除以国家规定的计发系数

城乡居民养老保险适用于《关于建立统一的城乡居民基本养老保险制度的意见》，这一制度是以DC（defined contribution，固定缴费）型为主的养

老计划。从缴费来看，城乡居民养老保险的运行十分简单，个人按照12个档次缴费，地方政府根据个人缴费情况给予一定程度的补贴。从待遇来看，社会统筹账户由中央每月支付55元补贴，个人账户按照先前积累按国家规定的计发系数发放养老金。城镇职工养老保险包括两部分，由社会统筹账户和个人账户组成，社会统筹部分为DB（defined benefit，固定收益）型，个人账户部分为DC型养老制度。从缴费来看，单位缴费的比例为本单位工资总额的20%，个人缴费的比例为本人缴费工资的8%。从待遇来看，社会统筹计发的基础养老金，以当地上年度在岗职工月平均工资和本人指数化月平均缴费工资的平均值为基数，缴费每满1年发给1%；个人账户计发的养老金，为个人账户储存额除以国家规定的计发月数。以下部分养老制度的估算模型是以这些细则为基础进行构建的。

三、模型设定

本文采用总替代率、净替代率、总相对水平和净相对水平指标，对城镇职工和城乡居民两种养老保险制度待遇水平进行测算。其中，总替代率（GRR，gross replacement rate）指的是个人的养老金收入与最后一年总工资的比例；净替代率（NRR，net replacement rate）是指个人的养老金收入与扣除社保缴费和个人所得税后净工资的比例；总相对水平（GRL，gross relative level）是个人养老金与退休当年社会平均总工资的比例；净相对水平（NRL，net relative level）指个人养老金与退休当年社会平均净工资的比例。关于这些指标的详细说明请参见王亚柯等（2013）[1]。养老金替代率显示了个人养老金收入对于个人工资的替代情况；养老金相对水平则显示了个人养老金收入相对于社会平均工资水平的高低，可以有效衡量养老金收入的充足性。通常而言，净替代率大于总替代率，净相对水平高于总相对水平。可以看出，相对于总替代率和总相对水平，净替代率和相对水平更能反映养老制度的待遇水平。

本文主要遵循以下精算模型进行数据的处理与评估：

1　王亚柯，王宾，韩冰洁，高云.我国养老保障水平差异研究——基于替代率与相对水平的比较分析［J］.管理世界，2013，(08):109-117.

总替代率：个人养老金与退休前一年的总工资收入的比例。

$$总替代率(GRR) = \frac{个人预期年养老金}{个人退休前一年总收入}$$

净替代率：个人养老金与退休前一年的扣除缴纳的社会保险费后的净的纯收入的比例。它在一定程度上反映了更真实的替代率。

$$净替代率(NRR) = \frac{个人预期年养老金}{个人退休前一年净收入}$$

总相对水平：个人养老金与退休当年社会平均总体收入的比例。

$$总相对水平(GRL) = \frac{个人预期年养老金}{退休当年社会平均总收入}$$

净相对水平：个人养老金与退休当年扣除社会保险费后的社会平均净纯收入的比例，可以有效衡量养老金收入的充足性。

$$净相对水平(GRL) = \frac{个人预期年养老金}{退休当年社会平均净纯收入}$$

本文根据这四项指标对模型进行构建。模型构建通常假定基本养老保险制度是可持续的，在未来时期是不变的，即估算的是这一制度下"新人"的待遇水平。同时，模型构建还需要设置一些基本的参数。我们假设工资增长率为 g，个人账户投资收益率为 i，参保人员年龄为 a，并于 r 岁退休，a 岁时个人工资和社会平均工资分别为 W_a 和 $\overline{W}_a$，个人缴纳的收入所得税为 T，C_s、C_p、C_g 分别为社保缴费、个人缴费和政府补贴缴费，个人账户计发系数为 M。

（一）城镇职工养老金替代率和相对水平模型

我们将2015年全国城镇单位就业人员年平均工资62029元作为 $\overline{W}_a$，城镇职工养老保险制度规定，60%社会平均工资作为缴费基数的下限，300%社会平均工资为缴费基数上限，本文根据这一指标划分高中低收入者，0.6倍、0.8倍社会平均工资为低收入者，1倍、1.2倍社会平均工资为中等收入者，1.5倍、2倍、3倍社会平均工资为高收入者。

城镇职工退休时的年养老收入为：

$$PB_1 = \frac{1}{2}\left(\overline{W}_{a-1} + \overline{W}_{a-1} \times \frac{1}{N} \times \sum_{n=a}^{r-1} \frac{w_n}{W_{n-1}}\right) \times N\% \times (1+g)^{r-a} + \frac{1}{M} \times$$

$$\sum_{n=a}^{r-1} w_a \times (1+g)^{(n-a)} \times C_1 \times (1+i)^{r-1-n}$$

总替代率为：

$$GRR_1 = \frac{\frac{1}{2}(\overline{W}_{a-1} + \overline{W}_{a-1} \times \frac{1}{N} \times \sum_{n=a}^{r-1} \frac{w_n}{W_{n-1}}) \times N\% \times (1+g)^{r-a} + \frac{1}{M} \times \sum_{n=a}^{r-1} w_a \times (1+g)^{(n-a)} \times C_1 \times (1+i)^{r-1-n}}{w_a \times (1+g)^{r-1-a}}$$

净替代率为：

$$NRR_1 = \frac{\frac{1}{2}(\overline{W}_{a-1} + \overline{W}_{a-1} \times \frac{1}{N} \times \sum_{n=a}^{r-1} \frac{w_n}{W_{n-1}}) \times N\% \times (1+g)^{r-a} + \frac{1}{M} \times \sum_{n=a}^{r-1} w_a \times (1+g)^{n-a} \times C_1 \times (1+i)^{r-1-n}}{[w_a \times (1-C_1) - T] \times (1+g)^{r-1-a}}$$

总相对水平为：

$$GRL_1 = \frac{\frac{1}{2}(\overline{W}_{a-1} + \overline{W}_{a-1} \times \frac{1}{N} \times \sum_{n=a}^{r-1} \frac{w_n}{W_{n-1}}) \times N\% \times (1+g)^{r-a} + \frac{1}{M} \times \sum_{n=a}^{r-1} w_a \times (1+g)^{n-a} \times C_1 \times (1+i)^{r-1-n}}{\overline{W}_a \times (1+g)^{r-a}}$$

净相对水平为：

$$NRL_1 = \frac{\frac{1}{2}(\overline{W}_{a-1} + \overline{W}_{a-1} \times \frac{1}{N} \times \sum_{n=a}^{r-1} \frac{w_n}{W_{n-1}}) \times N\% \times (1+g)^{r-a} + \frac{1}{M} \times \sum_{n=a}^{r-1} w_a \times (1+g)^{n-a} \times C_1 \times (1+i)^{r-1-n}}{[\overline{W}_a \times (1-C_1) - T] \times (1+g)^{r-a}}$$

(二) 城乡居民养老金替代率和相对水平模型

在设置模型时，本文会把城乡居民的个人缴费和政府补贴根据通货膨胀和经济增长、收入水平等因素进行调整，本研究假设城乡居民的年均纯收入增长率与城镇职工工资增长率相同，我们采取农村居民人均纯收入以替代工资收入。由于国家统计局关于全国农村居民人均纯收入的数据只更新到2012年的7917元，为了研究的方便本文以2012年的全国农村居民人均纯收入为基数，以5%的工资增长率估算出2015年全国农村居民人均纯收入为9164元，以此为基数计算全国农民的养老替代率和相对水平。对于参加城乡居民养老保险的城镇居民来说，工作性质多为灵活就业，且工作单位多以私营小型企业为主，我们以2015年全国城镇私营单位就业人员平均工资39589元作为$\overline{W}_a$。

测算城乡居民养老待遇水平时，为了与城镇职工收入水平对照比较，对于农民，将100元到700元的七个缴费档次分别对应0.6倍、0.8倍、1倍、1.2倍、1.5倍、2倍和3倍于农村人均纯收入水平的缴费，以区别农村不同收入阶层由于缴费的区别而导致的替代率水平的差别，相对应的地方政府补助分别为30元、40元、50元、60元、70元、80元、90元；对于城镇居民，将600元、700元、800元、900元、1000元、1500元和2000元分别对应0.6倍、0.8倍、1倍、1.2倍、1.5倍、2倍和3倍于城镇职工人均纯收入水平的缴费，以区别城镇居民不同收入阶层由于缴费的区别而导致的替代率水平的差别，相对应的地方政府补助分别为60元、65元、70元、75元、80元、85元、90元。

城乡居民退休时养老收入为：

$$PB_2 = (12 \times 55) \times (1+g)^{r-a} + \frac{1}{M} \sum_{n=a}^{r-1} (C_p + C_g) \times (1+g)^{n-a} \times (1+i)^{r-1-n}$$

总替代率为：

$$GRR_2 = \frac{(12 \times 55) \times (1+g)^{r-a} + \frac{1}{M} \sum_{y=a}^{n-1} (C_p + C_g) \times (1+g)^{n-a} \times (1+i)^{r-1-n}}{w_a \times (1+g)^{r-1-a}}$$

净替代率为：

$$NRR_2 = \frac{(12 \times 55) \times (1+g)^{r-a} + \frac{1}{M} \sum_{n=a}^{r-1} (C_p + C_g) \times (1+g)^{n-a} \times (1+i)^{r-1-n}}{(w_a - C_p - T) \times (1+g)^{r-1-a}}$$

总相对水平为：

$$GRL_2 = \frac{(12 \times 55) \times (1+g)^{r-a} + \frac{1}{M} \sum_{n=a}^{n-1} (C_p + C_g) \times (1+g)^{n-a} \times (1+i)^{r-1-n}}{\overline{W}_a \times (1+g)^{r-a}}$$

净相对水平为：

$$NRL_2 = \frac{(12 \times 55) \times (1+g)^{r-a} + \frac{1}{M} \sum_{n=a}^{n-1} (C_p + C_g) \times (1+g)^{n-a} \times (1+i)^{r-1-n}}{[\overline{W}_a \times (1-C_p) - T] \times (1+g)^{r-a}}$$

（三）参数假设

为了得到合理的养老金替代率和相对水平，我们还需要设定一些参数。我们假定参保人员25岁进入劳动力市场，在工作期间的个人工资与社会平均工资同步增长，这就意味着个人在整体收入分布中的位置是不变的。我国目前法定的退休年龄是男职工年满60周岁，女职工年满50或55周岁，因此，假设个人账户养老金计发系数为 M，不同退休年龄对应不同计发系数 M，若50岁退休，M 取值195/12，若55岁退休，M 取值170/12，若60岁退休，M 取值139/12，若65岁退休，M 取值101/12。在计算净收入时，我们需要考虑社保个人缴费和个人所得税的影响。具体而言，城镇职工的社保缴费包括8%的养老保险、2%的医疗保险和0.5%的失业保险[1]，并在扣除这些社保缴费后再缴纳个人所得税[2]。

根据《中国统计年鉴 (2015)》[15] 和人社部发布的《全国企业年金数据摘要》[3] 我们可得如表2数据：

表2　CPI 增长率、工资增长率和投资收益率

单位：%

年份	2007	2008	2009	2010	2011	2012	2013	2014
GDP 增长率	14.2	9.7	9.4	10.6	9.5	7.9	7.8	7.3
城镇单位就业人员工资增长率	18.5	16.9	11.6	13.3	14.4	11.9	10.1	9.5
企业年金加权投资收益率	41	−1.8	7.8	3.4	−0.8	5.7	3.7	9.3
CPI 增长率	4.8	5.9	−0.7	3.3	5.4	2.6	2.6	2.0

由表2可知，自从金融危机以来，经济增长进入"新常态"，GDP 回落，城镇单位就业人员工资增长率呈现逐年下降趋势，工资已难以维持高增长的状态。Whitehouse(2001)[16] 通过研究 15 个 OECD 国家，发现收入增长率处于0~6%的区间，参考国际经验，未来我国工资增长率可能回落，而2007—2014年 CPI 增长率均值为3.2%，因此，考虑通胀因素后，我们假定工资增长率为5%。虽然基本养老保险中的个人账户和非全额财政供款单位

1　失业保险费率各地情况不同，都在0~1%之间浮动，我们假定为0.5%不变。

2　目前我国个人所得税实行七级超额累进税率，起征点为3500元。假定这一征税办法是可持续的，因此未来的年金收入也按照这一办法计税。

3　人力资源和社会保障部：《2015年度全国企业年金基金业务数据摘要》北京社会保险基金监管局 2015 获取方式:http://www.mohrss.gov.cn/gkml/xxgk/201603/t20160331_236972.html.

的职业年金采取记账利率，但考虑到未来个人账户和职业年金将市场化运行，已实账积累和市场化运营的企业年金的投资收益率特别有借鉴意义。自从2007年以来，企业年金平均加权投资收益率为8.5%，因此，我们扣除通胀因素，假设真实的投资收益率为5%。

四、待遇水平测算结果分析

本章主要是利用上文建立的精算模型，测算不同基本养老保险制度的待遇水平差异，即同一框架内，不同收入水平的城镇职工和城乡居民在各自的养老待遇制度下的养老金总替代率（GRR）、净替代率（NRR）、总相对水平（GRL）和净相对水平（NRL），表3为精算模型估算结果。

表3 不同养老制度的替代率和相对水平

单位：%

收入水平		指标	城镇职工		城乡居民	
			男	女	城镇	农村
低收入	0.6	GRR	71.7	46.3	11.3	19.7
		NRR	80.1	51.7	16.2	25.3
		GRL	41.0	26.4	6.5	11.3
		NRL	49.62	32.0	8.5	18.6
	0.8	GRR	64.4	41.1	9.5	19.3
		NRR	74.5	47.5	9.6	28.8
		GRL	49.1	31.3	7.2	14.7
		NRL	59.4	37.9	9.5	24.3

续表

收入水平		指标	城镇职工		城乡居民	
			男	女	城镇	农村
中收入	1	GRR	60.0	37.9	8.4	19.1
		NRR	72.7	45.9	11.1	31.5
		GRL	57.2	36.1	8.0	18.2
		NRL	69.3	43.7	10.5	30.0
	1.2	GRR	57.1	35.8	7.7	18.9
		NRR	69.5	43.6	9.9	33.6
		GRL	65.3	41.0	8.8	21.6
		NRL	79.1	49.6	11.6	35.6
高收入	1.5	GRR	54.2	33.8	6.7	17.6
		NRR	66.2	41.2	8.6	31.2
		GRL	77.4	48.2	9.5	25.1
		NRL	93.8	58.4	12.6	41.3
	2	GRR	51.3	31.7	6.9	15.0
		NRR	66.6	41.2	9.7	24.7
		GRL	97.7	60.3	13.2	28.6
		NRL	118.3	73.1	17.4	47.0
	3	GRR	48.4	29.6	5.9	11.2
		NRR	65.7	40.2	8.1	16.1
		GRL	138.2	84.6	16.9	32.0
		NRL	167.4	102.4	22.3	52.7

就中等收入人群来看，城镇职工养老制度中，男性参保人员待遇水平
高于女性，城乡居民养老制度中，农村参保人员待遇水平高于城镇，城镇
职工养老制度的待遇水平高于城乡居民。以1倍社会平均工资的中等收入

者为例，从替代率指标来看，城镇职工男性参保人员 GRR 和 NRR 分别为 60% 和 72.2%，女性为 37.9% 和 45.9%，男女相差 22.1% 和 26.3%，城乡城镇居民 GRR 和 NRR 分别为 8.4% 和 11.1%，农村居民为 19.1% 和 31.5%，城镇和农村相差 10.7% 和 20.4%。城镇职工养老制度中所获待遇水平最低的女性参保人员也比城乡居民所获待遇水平最高的农村群体高 18.8% 和 14.4%。从相对水平指标来看，我们也能得出同样的规律。

就低收入人群来看，城镇职工养老制度中男性待遇水平仍高于女性，城乡居民养老待遇水平农村仍高于城镇，城镇职工待遇水平仍高于城乡居民。从替代率指标来看，无论城镇职工还是城乡居民制度，低收入水平人群待遇高于中等收入人群的特征。而从相对水平指标来看，低收入水平人群待遇低于中等收入人群。以 0.6 倍社会平均工资参保人群为例，城镇职工男性 GRR、NRR、GRL 和 NRL 分别为 71.7%、80.1%、41%、49.6%，女性分别为 46.3%、51.7%、26.4%、32%，城乡居民城镇分别为 11.3%、16.2%、6.5%、8.5%，农村分别为 19.7%、25.3%、11.3%、18.6%。

就高收入人群来看，仍呈现出男性高于女性，农村高于城镇，城镇职工高于城乡居民的特征，但城镇职工和城乡居民两种制度所提供的待遇水平差距在不断缩小。从净替代率指标来看，由于较高收入需缴纳更多个税，所有制度的净替代率都有所增大，而且收入水平越高，社会保障缴费和个税的作用越显著，净替代率上升的幅度也越大。从相对水平指标来看，随着收入水平上升，两种制度所提供的相对水平也随之上升，尽管较高收入者的替代率有所下降，但相对于社会平均工资，他们获得的保障水平是较高的。

总的来看，城镇职工养老制度中，男性参保人员待遇水平高于女性，这主要是因为城镇职工养老制度设计中体现了"多缴多得"的激励理念，男性退休年龄晚于女性，缴费年限较长，缴费较多。城乡居民养老制度中，虽然在前提假设中城镇居民缴费高于农村居民，但还出现了城镇参保人员待遇水平低于农村的现象，这主要是因为城镇收入高于农村收入，城乡居民养老制度设计中待遇水平提高速度慢于收入水平提高速度。结合这两种基本养老制度来看，无论处于何种收入水平，城镇职工待遇水平都高于城乡居民，这主要是由于城镇职工参保人员收入较高，缴费较多，而城乡居民参保人员收入较低，缴费较低。

从替代率指标来看，城镇职工和城乡居民待遇水平都随收入水平上升而下降。例如，总替代率指标中，城镇职工男性从最高71.7%下降到最低48.4%，女性总替代率从46.3%下降到19.1%，而城乡居民城镇从11.3%下降到5.9%，农村从19.7%下降到11.2%。对于城镇职工而言，主要是统筹账户起到了再分配作用，提高了低收入者待遇，降低了高收入者待遇，充分体现了制度的公平性。而对于城乡居民而言，虽然个人缴费越多，地方政府补贴越多，但由于缴费激励作用有限，且缴费档次提高速度慢于收入水平提高速度，因此，替代率仍然呈现下降趋势。从相对水平指标来看，两种制度所提供的待遇水平都随着收入水平提高而提高，与此同时，城镇职工与城乡居民待遇差距也随着收入水平提高而扩大，这说明城镇职工的"多缴多得"激励性优于城乡居民。例如，在0.6倍社会平均工资收入水平下，城镇职工男性群体与城乡居民农村群体相差29.7%，女性与城镇相差20%，而在3倍社会平均工资收入水平下，男性与农村相差106.2%，女性和城镇相差52.6%。

五、敏感性分析

从精算模型我们可以看出，退休年龄、投资收益率和待遇增长机制设定这三项关键参数对养老待遇水平具有重要影响，下面我们选取中等收入群体总替代率指标为例进行敏感性分析，由于其他收入水平和指标呈现出相同特征，这里不再赘述。

（一）退休年龄

2013年11月12日，《中共中央关于全面深化改革若干重大问题的决定》指出：研究制定渐进式延迟退休年龄政策。近年来，人力资源和社会保障部也陆续提出，要实施渐进式的延长退休年龄政策。可以看出，延长退休年龄是我国未来养老保险制度的改革趋势。基于此，我们估算了延长退休年龄对养老金替代率的影响。结果如图1所示。

从图1中我们可以看到，若城镇职工参保人员退休年龄从55岁延长到65岁，替代率从47.7%上升到79%，上升了31.3%，而城乡居民参保人员退休年龄从60岁延长到65岁时，城镇居民替代率从8.4%上升到12.2%，农村居民从19.1%上升到25.7%，分别上升了3.8%和6.6%。养老金总替代率与退休年龄的延长呈正相关，退休年龄越晚，替代率越高，这是因为，退休年龄的延长意味着缴费年限的增长，养老金累积增多，所以替代率也相应提高。但随着退休年龄延长，不同制度所提供的待遇水平呈现持续提高趋势，城镇职工所提供的待遇水平上升幅度大于城乡居民。

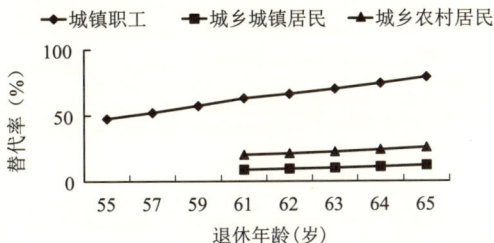

图1　不同退休年龄养老金总替代率

（二）投资收益率

根据基本养老保险的政策规定，基本养老保险个人账户每年统一按照国家规定的记账利率计息。2015年8月，国务院印发了《基本养老保险基金投资办法》，明确了机关事业单位工作人员基本养老基金要实行中央集中运营、市场化投资运作，由省级政府将各地可投资的养老基金归集到省级社会保障专户，统一委托给国务院授权的养老基金管理机构进行投资管理。《办法》强调，养老基金投资运营，必须坚持安全第一的原则，严格控制风险。基金投资运营须采取多元化方式，通过组合方案多元配置资产，保持合理投资结构。

假设个人实际工资增长率为5%，我们计算投资收益率由2%到6%变化所带来的替代率的变化。结果如图2所示。

由于个人实际工资增长率为5%恒定不变，当投资收益率在［2%，5%）区间，个人实际工资增长率高于投资收益率；当投资收益率为5%时，个人实际工资增长率与投资收益率相同；当投资收益率在（5%，6%］区间，个人实际工资增长率低于投资收益率。从图2中的结果我们可以看出，无论城镇企业职工还是城乡居民，养老金总替代率都随着投资收益率的增加而上升。城镇男职工从51.3%上升到64.4%，城镇女职工从34.5%上升到39.4%，分别上升了13.1%和4.9%，城乡农村居民从14.9%上升到21.2%，城乡城镇居民从6%上升到9.6%，分别上升了6.3%和3.6%。我们不难发现，随着投资收益率上升，城乡居民和城镇职工养老制度的待遇水平呈提高趋势。

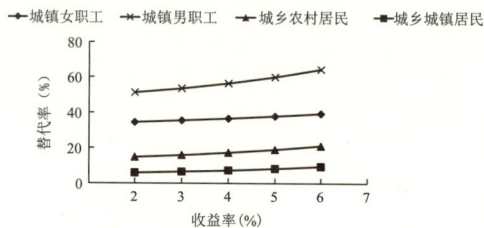

图2 不同投资收益率下养老金总替代率

（三）待遇增长机制

我国的养老保障制度中个人账户部分通过投资从而使其保值增值，而统筹账户部分则是受待遇增长机制的影响。所以，待遇增长机制也是影响养老待遇水平的重要因素之一。国际上养老金待遇增长机制调整的主流做法一般是养老金根据消费者价格指数或在岗职工平均工资增长率进行调整。将企业退休人员的养老金在消费者价格指数增长的基础上，再根据在岗职工平均工资增长率进行一定的调整。所以我们假定其他参数保持不变，待遇增长机制根据实际工资增长率进行调整。由于受到历史缴费工资水平的影响，退休人员的养老金增长速度不会与在职者的工资增长完全同步。因此我们假定待遇增长分别为实际工资增长率的50%、70%、80%，本文将测算不同的待遇增长机制对城镇职工和城乡居民养老金总替代率的影响。假设参保人员从60岁退休后一直领取养老金直至90岁，以研究不同情况下待遇增长机制对养老金总替代率的影响。结果见表4。

由表4可知，在50%、70%和80%货币工资增长率的假定下，参保人员从60岁存活到90岁，对于城镇职工养老制度，总替代率从60%下降到41.6%、47.5%和51.1%，对于城乡城镇居民从8.4%下降到4.1%、5.5%和6.3%，对于城乡农村居民，从19.1%下降到9.3%、12.4%和14.3%。我们可以清楚看出，无论对于城镇职工还是城乡居民养老制度，待遇增长机制设定越高，总替代率下降幅度越小，参保人员所获待遇水平越高。因此，设置合理的待遇增长机制是提高养老待遇水平的关键因素。

表 4　不同待遇增长机制下养老金总替代率水平

单位：%

年龄	城镇职工			城乡居民（城镇）			城乡居民（农村）		
	50%	70%	80%	50%	70%	80%	50%	70%	80%
60 岁	60.0	60.0	60.0	8.4	8.4	8.4	19.1	19.1	19.1
65 岁	56.0	57.6	58.4	7.4	7.8	8.0	16.9	17.8	18.2
70 岁	52.4	55.2	56.8	6.6	7.3	7.6	15.0	16.5	17.4
75 岁	49.2	53.1	55.3	5.9	6.8	7.3	13.3	15.4	16.5
80 岁	46.3	51.1	53.8	5.2	6.2	6.9	11.8	14.3	15.8
85 岁	43.8	49.2	52.4	4.6	5.9	6.6	10.5	13.3	15.0
90 岁	41.6	47.5	51.1	4.1	5.5	6.3	9.3	12.4	14.3

六、结论和政策建议

通过前文的分析我们发现，无论从替代率指标还是相对水平指标来看，城镇职工养老保险所提供的待遇水平远高于城乡居民。不同性别、不同收入水平对养老待遇水平有重要影响。在城镇职工养老保险体系中，男性待遇水平远高于女性，因为男性退休时间晚于女性，男性缴费时间长于女性。在城乡居民养老保险体系中，农村居民待遇水平高于城镇居民。这可能因为农村居民收入较城镇居民低，而养老预期收益差异不大，因此，农村居民的养老预期收益与个人收入之比高于城镇居民。同时，我们还发现退休年龄、投资收益率和待遇增长机制对城镇职工和城乡居民养老保险都具有重要影响。其中，随着退休年龄延长和投资收益率提高，城镇职工养老待遇水平提高幅度大于城乡居民。这主要是由于两种制度激励机制的设计不同，城乡居民养老保险更加重视保证基本保障，而城镇企业职工养老保险的设计不仅注重保证基本保障，还具有多缴多得的激励理念。

从制度设计来看，城镇职工和城乡居民养老保险制度缴费和计发办法的不同，最终领取的养老金待遇差距很大，这是非常不公平的，会导致公众对政府的非议。因此，建议通过加大各级财政投入、提高城乡居民养老保险缴费补贴水平和基础养老金水平的方式来适当缩小养老金待遇差距。与此同时，要落实好《城乡养老保险制度衔接暂行办法》，简化两种制度间的转移接续手续，切实保护好参保人员在制度间转移和流动的权益。从进一步的改革思路来看，退休年龄、投资收益率和待遇增长机制等因素的设置对待遇水平具有非常重要的影响和作用。就目前而言，投资收益率低、延迟退休年龄受阻和缺乏待遇增长机制等问题会对参保人员待遇水平产生负面的影响。针对这些问题，制度设计者还需要采取一系列的改革措施。首先，尽快推动养老保险基金的市场化运行基金，以提高投资收益。其次，加快推动延长退休年龄政策。目前，由于个人偏好和工作环境不同，不同参保人员对延迟退休持有不同态度，因此可以适当扩大参保人员退休选择权，适当减缓延迟退休政策压力。最后，在各级政府财政可负担范围内尽快建立基本养老金的正常调整机制。目前而言，我国养老保险尚缺乏具体细致的待遇增长机制，须尽快制定相关规则，以提高养老待遇水平。

参考文献：

［1］边恕，穆怀中.农村养老保险适度水平的微观测度与动态调整研究［J］.社会保障研究，2011，(06):3-11.

［2］穆怀中，沈毅.中国农民有无土地两序列养老路径及养老水平研究［J］.中国软科学，2012，(12):78-89.

［3］杨再贵.企业职工基本养老保险、养老金替代率和人口增长率［J］.统计研究，2008，(05):39-42.

［4］张迎斌，刘志新，柏满迎，罗淇耀.我国社会基本养老保险的均衡体系与最优替代率研究——基于跨期叠代模型的实证分析［J］.金融研究，2013，(01):79-91

［5］Feldstein，MS. Social Security，Induced Retirement and Aggregate Capital Formation［J］. Journal of Political Economy，1974(82):905-926.

［6］Aldrich，J. The Earnings Replacement Rate of Old-age Benefits in 12 Countries，1969-80［J］. Social Security Bulletin，1982，45(11):3-11.

［7］Whiteford P. The Use of Replacement Rates in International Comparisons of Benefit Systems［J］. International Social Security Review，1995，48(2):3-30.

［8］王晓军，乔杨.我国企业与机关事业单位职工养老待遇差距分析［J］.统计研究，2007，(05):36-40.

［9］林东海，丁煜.养老金新政：新旧养老保险政策的替代率测算［J］.人口与经济，2007，(01):69-74.

［10］邓大松，薛惠元.新型农村社会养老保险制度推行中的难点分析——兼析个人、集体和政府的筹资能力［J］.经济体制改革，2010，(01):86-92.

［11］王亚柯，王宾，韩冰洁，高云.我国养老保障水平差异研究——基于替代率与相对水平的比较分析［J］.管理世界，2013，(08):109-117.

［12］薛惠元，王帆.参加城镇职工基本养老保险划算吗?——谈城镇职工基本养老保险的投入产出［J］.经济与管理，2016，(06):50-57.

［13］OECD. Pensions at a Glance: Public Policies Across OECD Countries 2005 Edition Complete［J］. Source OECD Social Issues/migration/health，2005(6):i-195(196).

［14］OECD. Pensions at a Glance 2011: Retirement-Income System in OECD and G20 Countries［J］. Source OECD Finance and Investment/Insurance and Pensions，2011(2):i-350(351).

［15］国家统计局.中国统计年鉴（2015）［M］.北京：中国统计出版社，2015.

［16］Whitehouse，E. Pension systems in 15 countries compared: the value of entitlements［R］. MPRA Papers，2001，(02/04).

我国小微型企业贷款保证保险相关问题研究 [*]

摘要：小微型企业为国家的经济发展做出了巨大的贡献，但融资困难的问题一直存在。资金短缺难以获得担保，缺少担保就难以获得银行的贷款，没有贷款使得企业运营更加困难。小微型企业资金短缺的不良循环严重制约了企业的发展。针对小微型企业的贷款保证保险的出现，为企业提供了一种新型的融资保障方式，在提高企业的信用水平的同时，又为贷款的提供者商业银行提供了保障。本文结合保证保险与小微型企业融资现状，针对小微型企业贷款保证保险发展存在的问题和不足，提出了对该业务发展的针对性建议，助力小微型企业贷款保证保险更好更快的发展。

关键词：保证保险，小微型企业，融资

小微型企业是国民经济的重要组成部分，在我国经济发展过程中起着举足轻重的作用，尤其是改革开放以来，随着市场经济体制的逐步建立，小微型企业在提供就业机会、增加财政税收，以及出口、促进 GDP 的增长上发挥了巨大的作用。在小微型企业的发展过程中，资金的有效供给与利用是促进小微型企业发展的重要动力。

---

* 游春参与本文的起草和讨论，本文发表于《经济问题》2015 年 01 期。

但是长期以来，由于自身财务制度的欠缺、信用缺失等原因，小微型企业一直面临融资困难的局面，加之经济危机过后，在整体经济受挫的大环境下，要素价格的上涨和产品供需不平衡使得企业利润空间不断减小，资金紧缺，还款能力不足，使得银行更难向其提供贷款，严重制约了小微型企业的发展。目前，如何在降低小微型企业贷款风险的同时进一步增加小微型企业的贷款数量，成为摆在政府和金融机构面前的重要问题。

在这个背景下，引入贷款保证保险为解决小微型企业融资问题带来了福音。小微型企业贷款保证保险不仅会提高企业的信用水平，解决小微型企业的融资困境，同时也为贷款的提供者加强了保障，降低内部风险控制成本，解除了贷款发放后的后顾之忧，也促进了银行对小微型企业金融市场的渗透率。改善小微型企业融资环境，促进了企业的长足发展。

一、贷款保证保险概述及目前试点情况

1. 贷款保证保险概述

贷款保证保险是指权利人直接向保险人投保债务人信用风险的一种保险，是一项用于管理企业风险的保险业务。由投保人（借款人）向保险人交付保费，保险人按照约定，在投保人在不能按贷款合同的约定归还被保险人（即银行）的贷款时，由保险人保险金额范围内予以赔付的保证保险合同。

贷款保证保险制度或类似制度已在发达国家尤其是在日本得到广泛应用。我国的保证保险业务开展的时间较晚，主要是汽车消费信贷履约保险和住房贷款履约保证保险，对于小微型企业的贷款保证保险还处于试点阶段。在立法方面，20世纪80年代以来，《财产保险合同条例》《保险企业暂行条例》《保险法》等的颁布，标志着我国保险立法制度在不断完善。在2009年的新保险法中，明确地将保证保险列在了财产保险项下，规定"保险公司的运营范围包括：财产损失保险、责任保险、信用保险、保证保险等保险业务"。至此，保证保险正式出现在《保险法》中。

从发达国家的经验来看，贷款通过不同形式获得保险，可以降低和转嫁信用风险，间接提升小微型企业的信用等级和融资能力，减少各方之间信息的不对称性，打破小微型企业资产规模小、偿债能力弱引发的融资瓶

颈。在我国推广贷款违约保证保险，可以说是解决目前小微型企业融资问题的新途径。

2. 小微型企业贷款保证保险试点情况

2009年9月起宁波市城乡小额保证保险贷款在政府机构的推动下开始进行试点，企业能否获得承保主要由银行和保险公司的风险控制部门审核确定。企业违约风险主要由银行、保险机构共担，宁波市政府则建立了超赔补偿机制，对保险机构在该保险项下赔款总额超出当年保费收入150%的部分，给予合理补偿。截至2012年，已累计帮助1400余家小微型企业提供14多亿元的贷款，支付赔款120多万元，很多企业是首次获得银行贷款。

宁波模式中，申请小额贷款保证保险业务的流程是：向银行或者保险公司提交申请材料，银行和保险公司分别审核提交材料、到企业调查，符合条件后签订合同、发放贷款。保险机构以其收取的保费，对贷款本息承担保证保险责任，一旦小额贷款的借款人欠息连续达3个月以上或贷款到期后1个月内仍未归还本金，银行进行催收仍未收回，保险机构就要按照约定向银行进行赔偿。有了风险的分担机制，银行的小额贷款违约风险更有保障，增加了向小微型企业发放贷款的动力。保险强化了风险的分担机制。保险机构和贷款发放者共同作为风险的承担者。一旦发生贷款本金损失，由试点银行和小额贷款保证保险营运中心按3∶7的比例共同分担。后者是由中国人保财险宁波分公司、太平洋财产保险宁波分公司组成的"共保体"，他们之间再按一定比例进一步分解风险和保费。此外，政府财政设立的1000万元超赔补偿基金也给小额贷款保证保险提供了更多的保障。

浙江省小微型企业数量约56.9万家，很多都不满足银行的授信条件，难以获得贷款支持。2011年开始在浙江全省开展的小额贷款保证保险贷款试点，通过银保合作以及小额贷款公司与保险公司合作的方式，为这些企业提供了获得贷款的途径。

2012年9月，人保财险重庆市分公司与工商银行重庆分行签订合作协议，开始对小额贷款保证保险进行试点。在重庆的试点过程中，获得贷款保证保险贷款的小微型企业要满足具有履行合同能力、信用记录良好、产品市场销路通畅、拥有偿还债务能力等条件。小微型企业最高可以获得300万元的贷款，贷款成本有效地降低，其中计算贷款利息的利率不会超过贷款基准利率的上浮30%，保险费在试点期间不会超过贷款本金的2.3%，对于符合政府扶持政策的小微型企业，同时享有政策的优惠。

2011年10月，国务院出台了支持小微型企业发展的9条金融财税政策措施，包括加大对小型、微型企业的信贷支持，要求拓宽小型、微型企业融资渠道，积极发展小型、微型企业贷款保证保险和信用保险。保监会也于2011年12月要求保险公司发挥保险增信作用，提升信用风险管理水平。平安财产保险股份有限公司最先响应国家政策，2012年3月30日推出了小微型企业贷款保证保险业务。平安财险此次开展的小微型企业贷款保证保险市场化最为彻底，面向试点6个地区包括上海、青岛、昆明、福州、广州在内所有行业的小微型企业。开展一年以来，共承保了100多家小微型企业，承保总额超过一亿元，只有一个城市出现了较高的不良率。在风险控制方面，平安采用了人民银行的征信记录，包括个人和公司两类信用信息，此外，在试点城市设立了专门的小微保险核保专员，通过上门拜访了解企业的具体信息，有效提高承保的质量。

纵观整体保险市场，贷款保证保险的市场份额仍然极低，全国各地区发展速度严重不平衡，试点发展贷款保证保险只是杯水车薪。另外，试点方案中的保险均为短期保险，保险期限为一年，虽然短期保险可以有效控制保险公司费用，然而不利于保险公司的长期风险数据统计和风险控制管理，不利于长期小微型企业贷款保证保险险种的设计。

二、文献综述

我国小微型企业的融资渠道中，商业银行贷款融资占了很大的比重。但是由于信用评级过低，造成了小微型企业很难获得贷款的局面。融资难是小微型企业发展面临的重大问题。下面是一些具有代表性的观点的相关文献综述。

魏国雄（2010）指出缓解小微型企业融资困难这一问题需要银行、政府、社会三方面共同努力才能达到目的。政府方面要加大政策支持的力度，促使银行在优化的社会环境下更有针对性地加大对小微型企业融资渠道的创新和改革，为小微型企业提供更多的资金支持。

雄晋（2012）认为造成小微型企业发展困难的重要原因就是融资渠道少，融资数量不足以支持企业运营。企业生命周期短、信用状况差、抵押担保物不足、与金融机构之间的信息不对称、社会环境、法律政策等都造成了企业融资困难的局面。文章提到，只有将政府、市场体系、自身发展和法律氛围结合起来，才能切实解决小微型企业融资难的问题。

对于保证保险的研究，理论界认为引入贷款保证保险对于解决中小企业融资问题有重要的作用。

曾鸣提出中小企业贷款保证保险作为一个新办法可以有效解决企业的融资困难问题。可以通过政策性金融机构和商业保险机构二者联合来开办保证保险，先作为政策性保险开办，再引入商业保险的形式，共同解决融资难问题。

庄庆（2003）讨论了中小企业贷款保证保险制度设立的可行性和意义，文章指出引入保险机制可以解决银行放贷的后顾之忧，提高贷款的安全程度，为企业还款提供保障，保险机构应该开办中小企业贷款保证保险业务。

鲍静海、周稳海、李浩然（2007）认为国内应该设立中小企业信贷保证保险制度，他们从多个方面分析了建立这一制度的可行性及可能存在的困难，同时提出了建立这一制度的总体思路。

以上文献介绍了当前小微型企业面临着融资困难的局面，而引入贷款保证保险作为缓解融资难问题，帮助企业良性发展的方法值得推广。本文试图对贷款保证保险开展的必要性、运行模式、存在的风险和完善建议进行探讨。

三、发展小微型企业贷款保证保险的意义

首先，有助于缓解银行与企业之间的信息不对称。小微型企业运营状态不稳定，财务制度不健全，银行很难对其风险进行衡量，存在严重的信息不对称。一方面，银行发放贷款之前很难对企业的经营、财务条件进行评估，有些企业蓄意对银行隐瞒真实财务经营状况，伪造财务报表，存在一定的逆向选择风险；另一方面，银行在发放贷款后，对于贷款资金的实际用途缺乏控制能力，很多情况下贷款会被用于高风险的投资经营活动，

企业的道德风险使得银行贷款违约风险增加，放贷难收。引入贷款保证保险之后，保险公司通过专业的资信调查了解投保企业的资信状况，使得贷款交易双方的信息不对称得到改善，向符合条件的贷款申请企业提供贷款保证保险。保险公司专业的风险管理能力势必会帮助银行控制申请贷款企业的违约风险。

其次，有效降低了小微型企业的融资成本。保险与贷款相捆绑的运作模式有效地弥补了信用担保机制的不足，借助于贷款保证保险，降低了放贷风险，拓宽了金融服务范围，同时政府的政策支持对保险支出的补贴更降低了融资成本。

最后，有效弥补信用担保的不足，提高小微型企业的融资能力。小微型企业难以获得贷款的原因，很大程度是因为缺乏抵押担保，银行难以授信。我国的信用担保机构在发展过程中，普遍存在治理结构混乱，担保资金管理缺失，风险与收益不匹配，为了追求利润盲目展业，导致担保机构自身面临巨大信用风险等问题。通过引入贷款保证保险，保险公司承担了部分信用风险，企业仅需提供较少的担保抵押品，就能获得银行贷款；同时，使得担保机构风险减小，得以持续发展，担保能力得到放大，帮助更多企业进行融资。

四、小微型企业贷款保证保险的运作模式及风险控制方式

（一）小微型企业贷款保证保险的运作模式

1. 小微型企业向银行申请贷款。银行实行统一的审贷标准，对符合产业政策和标准的贷款申请企业按照贷前审查的程序进行严格的审核。明确贷款的金额、用途、期限和还款方式，在审核完成后签订贷款合同。

2. 企业投保贷款保证保险。为了防范企业违约，承担其非故意原因不能偿还贷款的风险，企业以贷款本息为标的向保险公司投保贷款保证保险，保险公司审核后与企业签订保险合同，承担违约风险。

3. 银行发放贷款。银行在与企业签订贷款合同后向企业发放贷款。银行对贷款运作的流程要全程监控，核实贷款资金的真实用途，避免企业将资金挪为他用而带来更高的风险。

4.保险公司向再保险公司投保。贷款保证保险将信用风险转嫁到承保的保险公司身上，该险种有很强的专业性，而现阶段国内的保险公司缺乏相关的技术和运营经验，保险公司面临巨大的风险。这里引入再保险业务，向再保险公司分出保险，将保险公司的风险进行转移，这样做能够把风险控制在一定范围内，扩大保险公司的承保能力，推进贷款保证保险的发展。

5.借款人使用贷款资金。按照与银行签订的贷款合同偿还贷款的本金和利息。

6.保险公司向银行支付保险赔付。如果获得贷款的小微型企业丧失了偿还能力，银行确定贷款人违约，银行可以向保险公司申请理赔，保险公司在核赔后，确定是在保险合同责任范围内，则按照自留额的范围向银行支付赔款，赔偿金额不超过保险金额。

7.再保险公司在保险公司确定理赔后按照保险分出比例向保险公司支付赔款。

8.保险公司支付赔款，继而取得对借款企业的贷款追偿权。保险公司在对银行支付赔款后，取得对违约企业的代位追偿权，之后按照保费的分出比例向再保险公司支付赔偿金额，保险公司既可以对赔款金额追偿，也有对企业财产或抵押物的处理权，以此保障保险公司和再保险公司的权益。

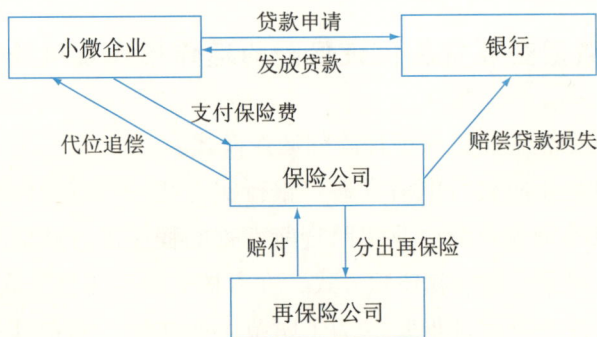

图 1　贷款保证保险流程图

(二)小微型企业贷款保证保险的风险控制方式

1.对于贷款申请者的银行和保险公司分开进行。银行和保险公司都对申请人的资信状况进行调查，二者相互补充。银行对申请人的财务状况、贷款资金运用方式、还款能力等方面进行审查。保险公司的审查主要针对资信记录，为了防范企业的道德风险。这样，银行和保险公司对于申请人的申请完成贷前审查，能够有效控制业务运行中的风险。

2. 引入再保险机制。保险公司开展贷款保证保险使得自身承担的风险不断增加，承保能力下降，企业运营的不稳定性和其他因素使得保险公司有必要将自身风险进行分散。这时保险公司可以向再保险公司投保再保险，使得保险公司更好地承担自身责任，承保能力增强，促进贷款保证保险业务继续发展。

3. 政府设立的贷款保证保险补偿专项资金。我国是社会主义市场经济，政府应该发挥调节作用。对于小微型企业贷款保证保险这项刚刚开展的业务，政府财政设立风险补偿基金，在保险机构无力承担赔偿责任时，补偿基金进行赔付。这样调动了各方的积极性，推进保证保险业务的进一步发展。

五、小微企业贷款保证保险放松融资约束的理论分析——一个博弈模型

表1　企业与银行的博弈分析

企业 / 银行	信用水平高 m	信用水平低 $(1-m)$
有贷款保证 p	$(U_1-f_1-m_1,\ q_1u_1-v_1)$	$(U_2-f_2-m_2,\ q_2u_2-v_2)$
无贷款保证 $(1-p)$	$(U_3-m_3,\ q_3u_3-v_3)$	$(U_4-m_4,\ q_4u_4-v_4)$

表1括号中左边代表小微企业的效用，右边代表银行的效用；其中此表中各符号代表的意思如下：U_1 代表信用水平高，并且有保证保险给企业带来的效用，U_2 代表信用水平低，并且有保证保险给企业带来的效用，U_3 代表信用水平高，没有保证保险给企业带来的效用，U_4 代表信用水平低，没有保证保险给企业带来的效用；f_1、f_2 分别代表支付给保险公司的保险费用；m_1、m_2、m_3、m_4 分别代表企业为达到高的信用水平所付出的代价；q_1、q_2、q_3、q_4 分别代表银行的收益率，v_1、v_2、v_3、v_4 分别代表企业带给银行的违约损失；p、$1-p$、m、$1-m$ 分别代表各自的概率。

企业的期望收益为 $U=pm(U_1-f_1-m_1)+p(1-m)(U_2-f_2-m_2)+$
$$m(1-p)(U_3-m_3)+(1-p)(1-m)(U_4-m_4)$$

期望收益 U 分别对 p、m 求偏导，得：

$\partial u/\partial p=m(U_1-f_1-m_1)+(1-m)(U_2-f_2-m_2)-$
$$m(U_3-m_3)-(1-m)(U_4-m_4)=0$$

$\partial u/\partial p=p(U_1-f_1-m_1)-p(U_2-f_2-m_2)-p(U_3-m_3)-(1-p)(U_4-m_4)=0$

由以上三式得：

$p=(U_4-m_4)/(U_1-f_1-m_1-U_2+f_2+m_2-U_3+m_3+U_4-m_4)$;

$m=(U_4-m_4+f_2+m_2-U_2)/(U_1-f_1-m_1-U_2+f_2+m_2-U_3+m_3+U_4-m_4)$

由此可得该博弈模型的混合策略 Nash 均衡，即如果企业以 p 的概率选择贷款保证，以 $1-p$ 的概率不选择贷款保证，银行以 m 的概率选择信用水平高的企业，以 $1-m$ 的概率选择信用水平低的企业，那么这个混合策略组合就构成了一个 Nash 均衡。

当企业以 p 的概率选择贷款保证，银行会以 $1-m$ 的概率选择信用水平低的企业，此时博弈的双方参与者都不会单方偏离其既定策略。在这种情况下，信用低的企业通过贷款保证可以获得银行的贷款，即减少了融资约束。

六、当前小微型企业贷款保证保险发展过程中存在的问题

1. 征信环境不够完善

一个良好的社会信用环境是保证保险得以发展的重要背景因素。对于小微型企业贷款保证保险而言，保险办理前的企业资信调查尤为重要。但是国内征信环境整体处于发展初期，不存在完善的征信担保体系，难以获得即时、真实、完整的企业信用信息。企业遵守信用缺乏激励制度，失信又没有有效的惩罚制度，保险公司与投保人之间信息不对称。由于保险业小微型企业征信系统记录不够健全，致使保险公司对企业信用审核能力存在不足，增加了核保风险。在企业经营不善时，很难约束投保人，同时，在利益的驱使下，企业放弃维护自身信用的立场，引发道德风险，给保险人造成巨大的损失。这在很大程度上制约了保险公司推广贷款保证保险的

积极性。

2.经营环节存在漏洞，缺乏专业化人才

保证保险的运营成本高，面临的风险相对于其他保险更大，对于保险公司专业人员的要求相对会高一些。现阶段保险公司和银行普遍缺少精通保险市场运作和熟悉银行金融机构信贷业务流程的综合性金融人才。在资信调查环节，需要具有风险判断经验的专业人才，但现阶段保险公司此类人员缺失，对企业信用评价存在技术层面的困难，很大程度上影响了对于企业风险判断的结果；在承保核保阶段，保险业多数开展保证保险的保险公司都是采用总部集中核保的方式，该方式严重依赖信息和资料的传递。一旦小微型企业传递的财务数据和信用资料存在篡改，势必会给保险公司带来风险；在发生赔付后，保险公司开始催收程序。过多的依靠催收电话和催债公司运作会使得保险公司的整体形象遭到破坏，对于展业有不利影响。

3.试点范围较少，不能满足多数小微型企业的融资需求

现阶段小微型企业贷款保证保险还处于幼年发展阶段，市场上开展保证保险业务的保险公司数量少，而且有明显的地域限制，业务设立试点初期，仅在个别城市进行，仅凭有限的试点区域的发展状况是不能全面地反映保证保险的真实市场环境的。而且很多保险公司进行的试点是针对特定行业类别的企业，很多保证保险贷款获得的资金只能用于生产性用途，借款人多如农业种养大户、初创期小企业、城乡创业者，不能把资金用于消费或其他的用途。很多申请贷款的小微型企业都处于起步阶段，资金压力大，贷款坏账损失风险较高，有些保险公司对于此类申请人采取了回避的态度。

4.缺乏政府支持

保证保险作为辅助融资类保险业务，具有准公共产品的性质，帮助政府承担了部分社会管理职能，这就需要政府的激励扶持政策对其发展给予支持。国家在促进信用担保机构的发展上，提供了很多政策上的支持，比如多重税收优惠，对用户符合条件的担保机构免征营业税，在税前扣除违约风险准备金。而对于保险公司开展的保证保险而言，保费收入不但计入

营业收入，而且违约风险准备金在计算所得税时并没有进行扣除。从税收角度来看，保险公司面临税负不公平的局面。现阶段政府在整个制度体系中，主要承担的是外部支持，但是缺乏直接的相关扶持，还没有形成支持保证保险之类保险发展的政策环境，也在很大程度上限制了保证保险业务的发展。

七、完善小微型企业贷款保证保险的建议

2012年5月，国务院出台了《国务院关于进一步支持小型微型企业健康发展的意见》(以下简称《意见》)，要求各地和有关部门进一步加大对小型微型企业的财税支持力度，努力缓解小型微型企业融资困难，推动小型微型企业创新发展和结构调整，创造有利于小型微型企业发展的良好环境。

在发挥保险业的支持作用方面，《意见》指出，要拓宽融资渠道，支持小型微型企业采取知识产权质押、仓单质押、商铺经营权质押、商业信用保险保单质押、商业保理、典当等多种方式融资。鼓励为小型微型企业提供设备融资租赁服务。积极发展小型微型企业贷款保证保险和信用保险。加快小型微型企业融资服务体系建设。

1. 保险公司加强内部控制制度

保证保险业务的开展，使得保险公司面临的风险越来越复杂，为此保险公司有必要提高自身的风险控制能力，优化业务流程，防控内部风险。要加强对风险的识别、分析和应对，合理的量化评估和持续跟踪，对风险进行有效控制。

与此同时，银行在承保和理赔的过程中要对还款期限、借款人的信用、企业的盈利能力等方面进行调查与评估，与保险公司携手合作，共同控制保证保险业务的风险。同时，在控制风险以外，保险公司要多与银行方面沟通，做到信息共享，这样如果发生理赔问题，就能较好地解决。

针对小微型企业的信用评级制度和法制都需要进一步完善与跟进。评级指标体系应设置符合小微型企业经营特点的定量、定性评级指标及调整规则，建立标准化、专业化的信用评价模型，重点关注其财务信息的真实

性、存在的法律风险，并对其未来的现金流量进行科学的预测。这样不仅可以节约保险公司此项保险展业成本，还有利于保险公司集中精力做好后续服务，提高风险管理水平。

2. 加大专业人才队伍建设

保险业发展离不开人才资源的帮助，当前小微型企业贷款保证保险正处于初始阶段，专业人才短缺。为此应该建立完善的专业人才选拔制度，树立科学的人才观，既要培养专业化的精算、核保、理赔、投资人才，也要培养复合型人才。同时应积极开拓思路，树立大教育、大培训观念，重点培养保险人才的学习能力、实践能力，着力提高创新能力。加大对保险人才的有效激励和保障。要积极探索各种要素参与分配的办法，将经营管理人才与各类专业人才的贡献、风险、责任和分配联系在一起，建立起能够调动员工积极性、反映公司经营效益和发展状况的分配制度，充分激发各类保险人才的积极性。同时，拓展视野，消除保险业吸纳社会各类人才的行业壁垒，积极吸引相关部门、地方直至境外的优秀人才聚集到保险业来，可以从银行、证券等行业引入熟悉法律、财务、金融等行业的综合人才，让一切有利于保险业快速发展的资本、知识、技术和管理等生产要素充分发挥作用，这不仅能够缓解人才供需紧张的局面，也有利于引进其他行业先进的技术和管理经验。

3. 加强产品创新，优化资源配置

从国外保证保险业务的发展经验来看，商业保险机制可以用来完善保证保险的模式。小微型企业运营的不稳定，保险公司与申请人之间的信息不对称，都造成承保保证保险的保险人面临巨大的风险。这里可以引入再保险业务，转嫁保险公司自身承担的、超过偿付能力的风险，以此保证保险公司业务经营的安全。此举既解决了小微型企业的贷款难题，也拓展了保险公司的业务范围和服务领域，提供更多的盈利项目。

通常情况下，开展保证保险的保险公司在进行赔付后，取得了企业的债权，但是此时的企业已经缺乏资金，无法偿还债务。此时，可以采用其他的方式，比如保险公司和银行按照自身承担损失的比例获得企业的股权，既可以以股东的身份对小微型企业进行管理，又可以将持有的股份出售获得资金来弥补对企业损失的赔偿。

4. 加大政府扶持力度

在立法方面，现阶段我国保险法、担保法等相关法律，对于保证保险的规定并不多而且定义模糊，当借款人发生恶意欺诈、逃废债务以及骗保骗贷的失信行为时，保险公司缺乏法律法规来进行制裁，无法对借款人进行制约。因而，我国应该在国外先进立法经验的基础上，依据国内小微型企业现实的发展情况，对已有法律法规进行完善，针对新问题出台更多相关法律文件，完善借款人失信惩罚措施，加大对恶意拖欠，逃脱金融债务行为的惩罚力度，为小微型企业融资担保体系的健康发展提供法律支撑，为合法有效融资提供保障。同时，在财政方面，对保证保险给予税收优惠，或对保险公司该险种的营业税与所得税进行减免，不仅降低了保险公司的运营成本，也减轻了小微型企业的融资成本。政策方面，给予贷款申请企业保费补贴，对于不同风险类别的企业实行差别费率，有利于保险公司和企业的稳定运行。

参考文献：

［1］崔静静. 小微型企业融资行为研究——基于甘肃省小微型企业的调查［D］. 兰州大学.2011:1.

［2］唐金成，刘昕昕，龚永兵. 信用保证保险与中小企业融资问题研究［J］. 中国保险学会学术年会入选文集，2011：474.

［3］魏国雄. 增加融资供给缓解小微企业融资难［J］. 中国金融，2010（3）:39-41.

［4］雄晋. 我国小微企业融资难问题的分析与建议［J］. 学习月刊，2012（2）:82-83.

［5］曾鸣. 关于开办中小企业贷款保证保险的探讨［J］. 上海金融，2006（5）:78-79.

［6］鲍静海、周稳海、李浩然. 我国中小企业信贷保证保险制度的构建［J］. 保险研究，2007（4）:33-35.

［7］庄庆. 关于建立中小企业贷款保险制度的思考［J］. 上海金融，

2003（11）:51-52.

　　［8］熊梦倩.浅析保证保险对中小企业贷款的支持［J］.上海保险，2010（5）:32.

　　［9］徐文刚，魏久锋.小微型企业贷款保证保险存在的问题及政策建议［N］.中国保险报，2012-05-17：第7版.

支付清算业

New Cycle and New Finance

- 当前中国网络支付业的推动力、风险评估及监管
- 中国第三方支付格局会因网联而如何改变
- 金融改革背景下的中国支付清算行业发展

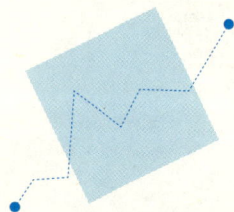

新 周 期 与 新 金 融
New Cycle and New Finance

当前中国网络支付业的推动力、
风险评估及监管 *

　　摘要：近十年来，便捷、高效的非金融机构网络支付获得了高速发展，丰富、影响和改变着以商业银行为主体的传统支付服务体系，也带来新的风险因素、分布形态和关联关系。本报告分别从整个支付行业，以及单个支付机构等不同层面，分析中国网络支付安全问题，并围绕网络支付的监管目标，就网络支付风险治理的基本思路提出了参考建议，即针对外部欺诈与网络环境对网络支付安全的影响，强化以政府监管部门为主要推动力的外部环境营造；针对基础关系违法以及配套环境缺失对网络支付安全的影响，强化以产业链合作为主的全行业的风险防控能力提升；针对网络支付机构内部管理失当对网络支付安全的影响，要强化以网络支付机构为主的风险管理机制完善。

　　关键词：网络支付，风险治理

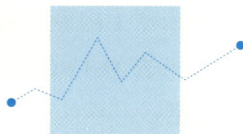

---

　　* 在本文起草过程中，杨彪、吴博、朱海明、武鑫、邱思骏、高扬、禹路等参与了讨论，并征求了部分网络支付机构安全事务负责人的意见，本文发表于《中国经济时报》2013年9月10日。

一、网络支付的四大推动力 [1]

展望中国网络支付的发展，它有四大主要推动力。

首先，我国经济进一步发展和转型是网络支付发展的物质推动力。

从总量来看，我国经济在未来十到二十年仍将保持平稳较快的发展速度。我国城市化水平距离全球平均水平还有不小的差距，我国经济还存在较大外延式发展空间；工业革命以来的第四次科技革命仍在快速发展，以互联网和现代物流业为核心的技术进步通过生产效率的提高为我国经济的发展拓宽了内涵式发展空间；改革开放2.0版本，包括政治体制改革和以资本走出去为主线的二次开放也将为我国经济的发展提供制度红利和国际环境机遇。

从结构来看，进入21世纪以来，我国经济结构正在循序渐进地调整，GDP 三驾马车中，消费的地位正在越发突出。虽然2008年以来，因为金融危机导致投资需求脉冲式猛增，但整体趋势并未改变。

总量的较快发展和结构的稳步调整使我国社会消费品零售总额一直保持较高的发展速度。这一物质基础确保以电商为主要依托的网络支付业务有强大的发展需求。

其次，消费文化和支付习惯的嬗变为网络支付发展提供了精神推动力。随着互联网和现代物流服务业的飞速发展，人们的消费文化正在悄然改变。在大城市，纯粹以购物为目的的逛街、逛商城正逐渐被网络和现代物流所代替，甚至传统的休闲式逛街也正在一点点被网上冲浪、逛网上商城所蚕食。实体店的体验式购物虽然仍有很多的受众，但随着一类类的商品被搬到网上商城，很多实体店甚至有被边缘化为"试衣间"的危险。

互联网和现代物流业在一点点改变消费文化的同时，包括支付习惯在内的整个行为模式都在悄悄演进。与电子商务紧密联系的网络支付正在逐渐走进人们的支付生活中，成为其支付习惯，并最终在精神层面成为一种习以为常的"常识"。

物质可以变精神，精神可以变物质。网络支付一旦成为生活中的"常识"，必将成为其进一步发展的强大动力。

1　第一部分发表于《国际金融报》2014年10月20日。

再次，以网络技术为核心的技术进步是网络支付发展的内在推动力。无论是经济发展所提供的物质动力，还是支付习惯改变所带来的精神动力，都需要以网络技术为核心的技术进步使其成为现实。巴塞罗那MWC移动世界大会，中国移动展台上，TD-LTE（4G）的终端产品和解决方案，占据了绝大部分的空间和目光。随着互联网时代的到来，"手机电子货币"将会越来越普及，它不仅可以使支付系统实现无纸化，而且还可以代替银行卡，迎来"无卡化"时代，不仅方便了用户，而且减少了交易系统的成本。据预测，到2013年年底，全世界将有5亿人使用手机支付功能，到2014年约有30亿成年人将通过移动通信和互联网进行电子货币交易，因此手机支付系统也将意味着巨大商机。而以4G为龙头的移动通信技术将成为新经济时代下网络支付发展的又一强大推动力。

最后，法律制度的健全、监管不断完善及行业自律组织的发展是网络支付发展的外部推动力。网络支付的快速发展一方面极大地促进了电子商务的发展，丰富了现代支付体系和信用体系；另一方面，作为一种新型的支付方式，它的诞生也为现代金融体系增加了新的经济风险和社会风险。如果没有健全的法律制度，成熟的政府监管体系和完善的行业自律体系，网络支付服务很难长期稳健发展下去。

二、当前网络支付安全的现状评估

1998年至2012年，是中国网络支付从无到有、从小到大的发展时期。网络支付的快速发展对支付体系、支付习惯乃至金融服务产生了深刻的影响和改变。伴随着网络支付带来的影响，网络支付安全日益受到关注。总体来看，当前对于网络支付安全的关注呈现明显的"两强两弱"特点：

一是主要聚焦于直接关系网络支付安全的市场准入、产品服务、安全技术、运营风控以及与之相关的监督管理等微观层面，对于间接相关的网络支付用户体验、安全与效率平衡、创新与监管良性互动、行业发展外部环境等则缺乏充分、系统的关注。

二是对影响网络支付安全的各类"单点风险"认知和防范相对充分，但对多种风险因素叠加的"复杂风险"认知相对较弱；对单个网络支付机构风险控制的重视程度较高，但对产业链各方合力防控网络支付风险的重视程度相对不足。

当前，从支付行业的整体角度观察，需要立足于整个支付产业的高度，避免过于局限于个别支付机构的形势误判或"头疼医头、脚疼医脚"所导致的事倍功半。从现实情况来看，网络支付机构数量多、个体差异大、产品服务多样化、内部经营管理水平参差不齐，战略发展方向差异明显，而且不同的网络支付机构在不同的利益诉求、市场地位、自身特点等条件下，通常会选择不同的经营策略。因此，研究探讨涉及整个行业的网络支付安全问题不能过于局限在网络支付机构的个体差异。现实中，很难有一项微观的、可操作的具体措施能够同时满足整个行业所有个体的需要。但从行业整体性角度，就比较容易寻找到同时满足整个行业健康发展的共同影响因素。

三、从行业整体角度看当前中国网络支付安全

从整个支付行业角度看，网络支付发展变迁带来的各类与安全相关的问题是十分广泛的。其中以前不太关注，未来需要特别关注的几个方面是：

（一）网络支付安全和效率的平衡

安全和效率的平衡是网络支付发展的核心目标之一。过度的安全控制措施会大幅度降低网络支付机构的经营效率，给消费者带来不便；但忽略了安全同样会给用户、网络支付机构带来损失。在平衡网络支付安全和效率方面需要注意的是，风险控制不能牺牲效率和用户体验。这是因为电子商务产业链很长，整个产业链必须高效配合、分工合作，才能扩大市场、分享利润。如果牺牲效率换来了安全，网络支付机构产业链上的收入无法覆盖成本，很快就会在竞争中被淘汰。

从网络支付风险控制的国际比较来看，亚洲地区人口稠密、信用体系不太健全，安全投入相应较多，风险控制技术创新也比较领先，在系统可以承受的范围内适当允许一定的风险水平，有助于激励企业向风险纵深处探索、创新，研发更加有效的新型安全技术，进一步提升网络支付效率。

（二）网络支付服务主要提供者的市场竞争与合作关系

在网络支付安全领域，各参与者之间的行为彼此影响、彼此渗透，共同决定着网络支付安全的整体水平。虽然网络支付机构交易规模尚不及传统支付交易规模的1%，但客观上促进了银行互联网金融服务的发展。银行与网络支付机构之间有合作，也有竞争。网络支付机构直接面向中小企业和个人用户提供服务，在金融服务的创新及用户服务的体验方面比商业银行有优势；银行在完整的银行服务牌照、品牌和人力资源以及风控能力等方面的优势则是其推动网络支付发展的重要潜在优势。与2012年一家大型商业银行叫停拉卡拉、切断其支付通道这类竞争行为相比，未来更需要理性的、建设性的竞合关系，而利用优势地位遏制潜在竞争对手的行为从微观上也许无可厚非，但从总体上看并不利于行业的整体效率提升。非理性竞争关系也会增强网络支付市场的不确定性，进而影响用户的网络支付安全感受。

（三）创新与监管良性互动的政策框架

创新是网络支付赖以生存和发展的原动力。过去十余年，通过不断地降低支付门槛、不断提升支付安全与效率，网络支付机构以其快速发展获得了监管部门对其市场主体地位的认可，并为进一步提升网络支付的安全与效率注入了新的动力。创新与监管的互动是动态观察网络支付安全与效率的重要课题之一，构建一个创新与监管良性互动的政策框架，也关系网络支付的安全与效率。

网络支付监管的政策框架大致可以划分为三个层次：首先是需确保网络支付体系的安全和高效，防范系统性风险，这也是各国监管机构对零售支付体系的监管目标。其次，重点关注和防范网络支付创新对反洗钱、反套现、货币政策等事关经济金融秩序稳定的政策目标的干扰和冲击。最后，针对网络支付机构和用户之间存在信息不对称，需要加强网络支付领域的消费者保护。

在上述政策框架下，建立监管部门与网络支付机构之间对创新行为的识别、评估、咨询、监测和报告机制将成为实现创新与监管良性互动的重要保障。对于未来网络支付机构围绕安全和效率的各类创新，只要不违反上述总体监管目标和具体政策框架，监管部门就应当减少管制和干预。近年来，快捷支付、无卡支付等网络支付创新在推出初期都曾引发安全与风险的争议，但从其日渐广泛使用的实践结果来看，业务创新带来的安全风险已逐渐淡化，并且具备了相应的风险覆盖能力。同时，还应当看到，网络支付机构也具备根据合规性要求调整网络支付业务范围的自觉性。如2012年网络支付机构为杜绝信用卡套现，相继关闭了信用卡向虚拟账户充值的功能。

四、从网络支付机构角度看当前网络支付安全

（一）当前中国网络支付安全风险可控，总体平稳，趋势向好。

首先，经过近十年的发展，国内网络支付机构在安全方面的投入规模非常大，网上支付的安全技术不断完善。包括Usbkey、动态口令、数字证书、钓鱼网站的实时拦截等具体措施也已经广泛应用，网络支付风险控制能力不断提升、风险防控措施不断深入。

其次，市场主体风险可控，行业整体风险可控。自2011年以来，80余家机构获得网络支付业务许可证，市场主体在享受"牌照红利"的同时，其业务规范程度大大提高；支付宝、财付通、银联在线、快钱、汇付天下等各领域市场份额领先的网络支付机构的风险防范意识及风险管理水平不断提高。

再次，政府行业监管力度不断加强，明显推动了网络支付行业的健康规范发展。中国人民银行以《非金融机构支付服务管理办法》为核心，明确了非金融支付行业的地位及业务属性，设立了行业的准入门槛，确立了备付金安全、实名制规范、反洗钱与反恐怖融资、支付风险管理、用户权益保护等方面的监管原则并不断细化；中国支付清算协会成立近两年来，在行业自律、机构合规性检查以及行业研究方面开展了大量工作。同时，各级地方政府从重视高新技术企业的视角，对网络支付机构的关注和支持力度也明显提升。

最后，网络支付安全的强化趋势仍在继续。随着网络的日益普及，网上银行以及电子商务的广泛应用，网络支付安全日益受到重视，在市场竞争的压力和社会的广泛关注下，网络支付参与各方强化安全的步伐不会停

滞。

（二）中国网络支付机构中的主要风险

在实际运行中，网络支付安全受类型多样、内容各异、关系复杂的多种因素的影响。综合来看，当前影响中国网络支付安全与效率的最突出的四种典型风险因素如下：

1.基础关系违法。即因网络支付服务被违法犯罪行为利用或者为违法犯罪行为提供了便利，而引起的安全问题。主要集中于与黄赌毒、危险品类"商品"违法交易配套的网络支付服务。

2.内部管理失当。指网络支付机构在流程、技术和信息安全、资金安全、规则和人员诚信等内部管理事项中存在过失与疏漏的情况。产品服务缺陷、用户资金挪用和用户信息泄露等风险事件都属于此类。

3.外部欺诈层出。指外部人员利用各种手段骗取、窃取与支付交易相关的信息和数据，继而操纵或介入支付交易，以盗窃、诈骗行为非法侵占支付交易当事人合法权益的情况。网络钓鱼、木马病毒以及类似庞氏骗局或金字塔传销类型的商户欺诈均属此列。

4.配套环境缺失，影响安全感受。具体包括：网络环境存在潜在风险、用户安全教育和安全意识不足以及网络支付风险缺少规范、高效的查处机制等等。

在上述几种典型风险因素中，违法违规交易、网络支付机构的内部管理以及网络环境中的外部欺诈等风险因素更可能直接带来用户和网络支付机构资金损失、业务终止等后果；而外部配套环境的改善则主要影响用户对于安全的心理感受，其潜在影响更广泛、更难以估计。

（三）中国网络支付安全的监管

网络支付机构和行业的健康发展需要结合实际，对不同的风险因素采取不同力度、不同频度的监管。根据上述现状和主要问题，未来网络支付安全的针对性治理应当重点从以下三方面推进：

一是针对外部欺诈与网络环境对网络支付安全的影响，强化以政府监管部门为主要推动力的外部环境营造。

外部欺诈以及网络环境潜在的风险仍将是未来较长时期内影响网络支付安全的最重要因素。如同欧洲央行在其《互联网支付安全建议》中所强调的，当前监管者、立法者、支付服务提供者以及社会公众的感觉是，通过互联网进行支付，遭受欺诈的概率要高于传统支付方式。因此，从用户对网络支付安全的"主观感受"角度来看，尽管目前国内网络支付欺诈的平均盗卡率为0.01%（主流的支付机构风险水平更低），已经优于国际网络支付欺诈平均1%~2%的盗卡率，也优于国际领先的支付企业PayPal的0.27%的网上支付商户拒付比例，但净化网络环境、强化与用户安全感受密切相关的退货、理赔、投诉、安全事件查处等配套机制，为网络支付的健康规范发展提供良好的生态环境仍然十分重要。

二是针对基础关系违法以及配套环境缺失对网络支付安全的影响，要强化以产业链合作为主的全行业的风险防控能力提升。

该领域的风险治理主要针对外部欺诈、市场风险、违法违规交易、消费者教育等方面，其主要目的是化解产业链共同面临的各类风险因素。目前，网络支付机构和商业银行作为网络支付服务的主要提供者应当避免"以邻为壑"，而应该努力强化在网络支付安全方面的合作。要共同开展网络商户和消费者安全教育，研究涵盖整个网络支付过程的安全合作机制，推动诸如安全技术、反欺诈、反洗钱、防钓鱼、"黑名单"共享等具体措施的落实。而在效率提高方面，网络支付机构和商业银行应当在电子商务融资、数据挖掘、交叉营销和移动金融等方面开展合作，促进彼此商业模式的创新和融合，取长补短，共同构筑高效、平衡、健康的电子商务和互联网金融生态圈。此外，网络支付和电子商务整体的行业基础设施、法制环境、用户权益保护等配套外部环境也需要整个产业链的共识与努力。

从调研中了解到，当前在网络支付产业链上，从银行端到网络支付机构再到用户，内部的风险管理、安全防范水平以及风险防范意识呈现出逐渐降低的趋势，产业链上的安全防范水平参差不齐。对此，监管部门未来应引导中小网络支付机构加大安全投入；关注网络支付机构的基础设施投入和业务连续性保障能力；防止中小网络支付机构发生的风险事件对整个行业产生消极和负面影响。

三是针对网络支付机构内部管理失当对网络支付安全的影响，要强化以网络支付机构为主的风险管理机制完善。

该领域风险治理主要是增强网络支付机构的风险防控能力，特别是在主要依靠支付机构自身能力来管理运营风险、技术风险、信息安全等方面，主要目的是在网络支付的产业链中，通过重点参与者带动，把握、控制和降低整个产业链在关键一环上所面临的各类现实和潜在风险。对网络支付机构而言，关键是要借鉴商业银行等机构的风险管理架构和经验，从内外部环境、内控机制、安全技术等方面，探索适合未来互联网金融服务特点和需求的风险管理架构。

五、中国网络支付风险管理发展的趋势

（一）需要关注网络支付范畴的动态发展

国际清算银行（BIS）定义互联网及移动支付以支付指令进入支付系统的路径渠道为主要依据。按照这个角度，网络支付的内容将主要随着信息技术进步而不断扩展。同时，从中国人民银行《电子支付指引（第一号）》中的电子支付到《非金融机构支付服务管理办法》中的网络支付，也可以看到网络支付定义的不断扩展。技术创新带来的不断丰富的支付指令和网络渠道是网络支付范畴不断扩大的主要原因。从支付指令和网络渠道的发展角度来看，生物识别技术带来的声波支付、指纹支付、虹膜（视网膜）支付，以及数字电视网、智能手机4G网络等等都会进一步扩展网络支付的范畴。

（二）需要关注用户体验对网络支付安全的重要影响

现实中，大量用户往往将网络购物中遇到的商户不诚信、商品质量差、物流时效差等不良体验也视作网络支付安全问题。这种情况对于准确判断网络支付安全问题将产生明显的不利影响，很容易导致对网络支付安全环境的低估甚至误判。网络支付安全的本质是要实现网络环境下货币资金转移的安全性。要准确衡量和有效提升网络支付安全水平，在行业内应当把握住货币资金安全转移的这条"主线"。

（三）网络支付风险管理体系建设的两个重要原则

未来的网络支付风险防范应当突出关注两个行之有效的基本原则。一个是安全效率的平衡，另一个是风险收益的平衡，即强调安全的同时不显著影响效率，承担风险获得的收益能覆盖成本。

（四）坚持创新驱动的发展理念

在网络支付安全方面，要坚持通过技术创新解决安全问题的理念。从未来支付安全的技术趋势来看，有两个方面需要特别关注。第一是智能实时防控系统，通过相应规则对交易实时筛查的监控系统，配合人工核查，最终锁定风险交易，控制风险账户，从事后响应转为事中响应，从而提高风险防控效率。第二是大数据在安全方面的应用，互联网技术提供了这个可能性，通过手机、电话等大量的行为状态记录，存储到云端服务器，将来可以通过对人的行为的连续性进行综合分析，而不仅仅是通过密码和密钥来分析。此外，从金融普惠的目标出发，应鼓励银行、网络支付机构通过安全技术创新降低金融服务门槛，帮助农民工、农村地区和边远地区的消费者也能够享受到便捷安全的支付服务。

中国第三方支付格局会因网联而如何改变 *

一、第三方支付市场：群雄并起，竞争加剧

根据央行2010年发布的《非金融机构支付服务管理办法》，第三方支付是指非金融机构作为收、付款人的支付中介所提供的网络支付（包括互联网支付、移动支付、固定电话支付和数字电视支付）、预付卡、银行卡收单以及中国人民银行确定的其他支付服务（如图1所示）。但是由于固定电话支付、数字电视支付和预付卡发行与受理市场空间相对较小，所以本文着重介绍银行卡收单、网络支付（移动支付和互联网支付）。

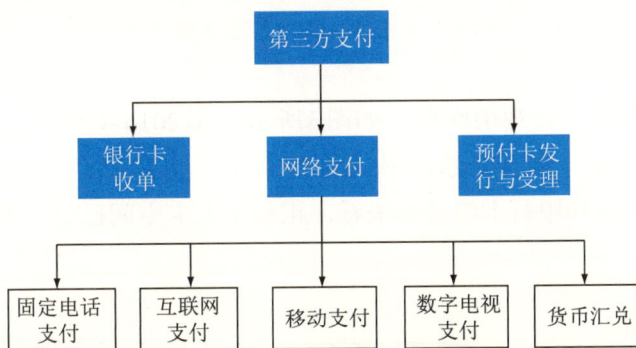

图1　第三方支付分类（按牌照）

资料来源：中国人民银行 2010 年《非金融机构支付服务管理办法》。

1. 银行卡收单市场：银行卡交易市场支撑底座稳固，增速放缓

根据《2016年支付体系运行总体情况》，从银行卡交易宏观层面看（如图2所示），2016年全国共发生银行卡交易31154.74亿笔，金额741.8万亿元，

---

*　文章来源:《今日头条》2017 年 9 月 14 日。

同比分别增长35.49%和10.75%。交易笔数增速快于交易金额增速，表明在移动互联网时代，银行卡绑定第三方支付平台的增加，使得银行卡从大额低频的消费场景向小额高频的场景延伸，但整体银行卡交易金额增速放缓迹象显著。

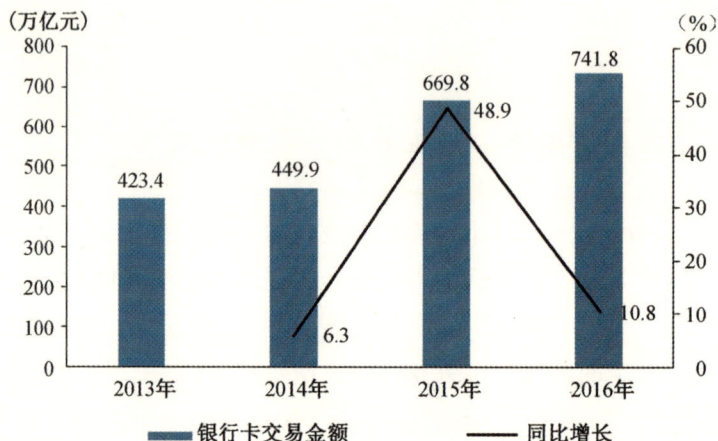

图 2　2013—2016 年中国银行卡交易金额

资料来源：2013—2016 年《支付体系运行总体情况》。

从银行卡交易微观层面看。如图3所示，至2016年年末，全国人均持有银行卡4.47张，银行卡渗透率达到48.47%，比上年上升0.47个百分点，从人均持有卡量和银行卡渗透率来看，银行卡发卡空间已经不大。如图4所

图 3　2012—2016 年中国银行卡渗透率

资料来源：2012—2016 年《支付体系运行总体情况》。

示，银行卡卡均消费金额为9593元，同比下降5.08%。卡均消费金额下滑也在一定程度上反映了移动支付对居民支付习惯的改变。

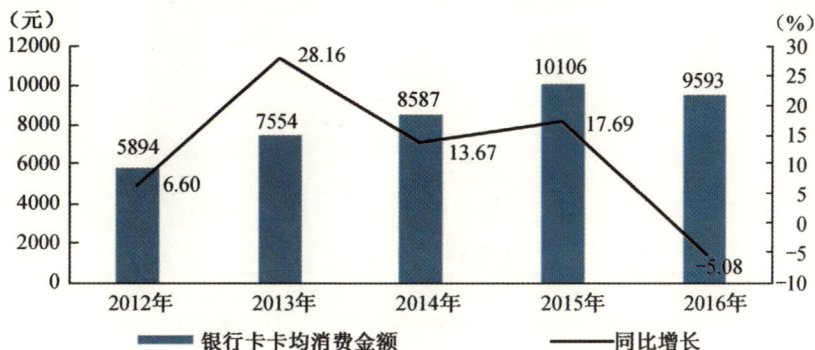

图 4　2012—2016 年中国银行卡卡均消费金额

资料来源：2012—2016 年《支付体系运行总体情况》。

第三方银行卡收单占据银行卡收单市场半壁江山，受移动支付影响，业务增速下滑。根据银联商务的统计数据，如图 5 所示，2016 年上半年第三方银行卡收单占银行卡收单市场 43% 的市场份额。如图 6 所示，虽然第三方收单业务增速下滑，但增速高于银行收单业务。预期第三方收单以其创新能力和便捷的服务在银行卡收单市场中将发挥越来越重要的作用。

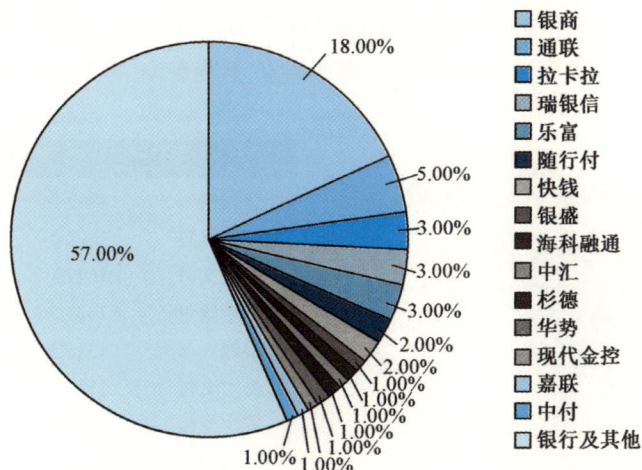

图 5　2016 年上半年银行卡收单市场格局

资料来源：银联商务。

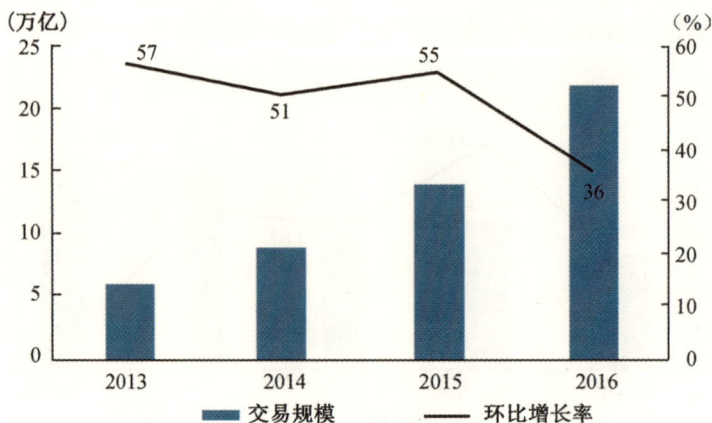

图 6　第三方收单市场交易规模

资料来源：艾瑞。

2. 网络支付：网络支付发展迅猛，移动支付发挥领头羊作用

网络支付发展迅猛。2016年网络支付用户规模为4.74亿人，同比增长14.01%，而移动用户规模已达4.69亿人，同比增长31.17%，近四年来移动支付使用率逐年提高，2016年已达到64.90%，与当年的网络支付使用率相当，可见移动支付成为人们越来越频繁使用的网络支付模式。

网络支付寡头格局明显，2016年Q4的第三方移动支付和互联网支付交易规模统计中，支付宝和财付通双寡头地位不变，如图7、图8所示，2016

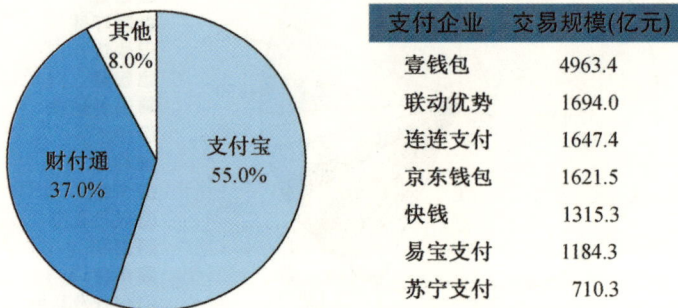

支付企业	交易规模(亿元)
壹钱包	4963.4
联动优势	1694.0
连连支付	1647.4
京东钱包	1621.5
快钱	1315.3
易宝支付	1184.3
苏宁支付	710.3

图 7　2016 年 Q4 移动支付市场格局

资料来源：艾瑞。

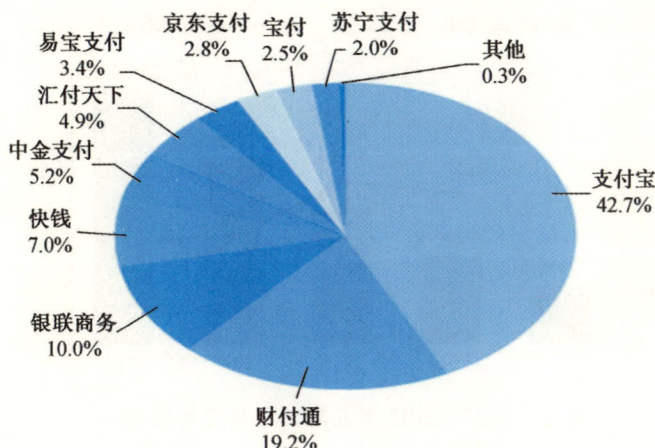

图 8　2016 年 Q4 互联网支付市场格局

资料来源：艾瑞。

年 Q4 支付宝和财富通市场份额之和分别上升至 92% 和 61.9%。

移动支付取代互联网支付成为网络支付领头羊。从第三方网络支付细分行业支付交易规模的占比看，互联网支付从 2011 年的 96.5% 一路被挤压，到 2016 年仅占 25.4%，移动支付压缩互联网支付市场份额的趋势短期内不会发生改变。

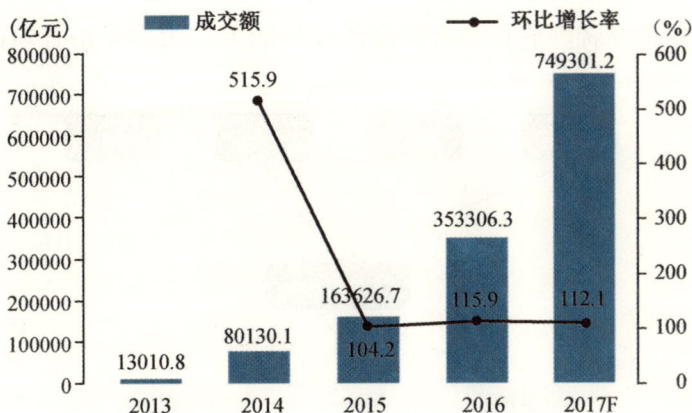

图 9　2013—2017 年移动支付交易规模

资料来源：易观。

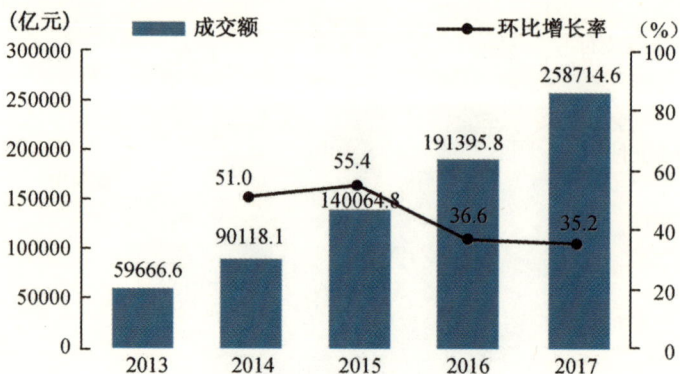

图 10　2013—2017 年互联网支付交易规模

资料来源：易观。

二、网联被寄予哪些期望：监管机构关注的支付行业隐忧何在

1. 直连模式下，第三方支付可能存在局部的监管漏洞

在网联平台出现之前，中国第三方支付机构主要采用直连银行模式。如图 11 所示，直连模式下第三方支付机构一边直接和银行系统连接，一边和用户连接，交易数据无法被监控。如前文所述，支付宝和财富通是网络支付领域的领导者。它们具有较强的议价能力，大力开拓直连银行范围，

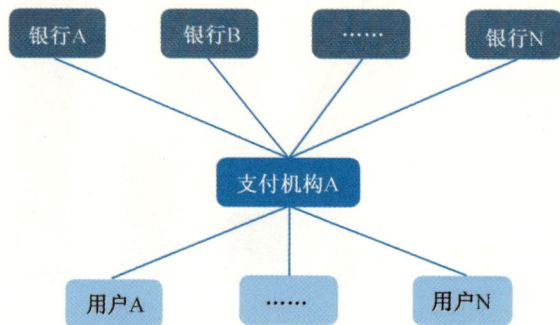

图 11　第三方支付机构直连模式

这使得它们具有其他第三方支付机构无法拥有的费率优势。非银行支付机构在实际操作中承担了清算职能，与商户、资金托管银行共同构成新的三方模式，完成整个支付过程。

从监管者的角度看，第三方支付机构直连银行的模式可能存在资金监管方面的漏洞。第三方支付机构采用直连模式与银行业金融机构直接对接。在直连模式下，支付机构可以在多家银行开立账户，这样资金在同一家支付机构内部流转，支付机构只需在内部轧差之后，调整不同银行账户的金额，就完成所有支付交易的流程。在这个过程中，支付交易的具体信息只会留存在支付机构内部，而监管机构只能够看到支付机构在各家银行账户上的资金变动，无法有效监管支付过程中可能存在的违法违规现象，这其中可能存在洗钱和税务上的风险，同时这些机构也存在一些违规的账户。另外，原来给第三方机构发的是支付牌照，但拿到牌照后，这些机构"银证保"的工作都在做，可以说还部分行使了央行的职责，加上第三方支付业务已达万亿级，风险隐忧自然引起监管者关注。

2. 网联成立试图填补监管漏洞，引导第三方支付回归互联网金融本质

从这个意义上说，网联（见图12）的诞生并不是横空出世，从近年来央行规范支付体系的一系列政策努力看，应该说是水到渠成的。从这一两年来央行推出账户分类、支付机构客户备付金集中存管，再加上最近的交易

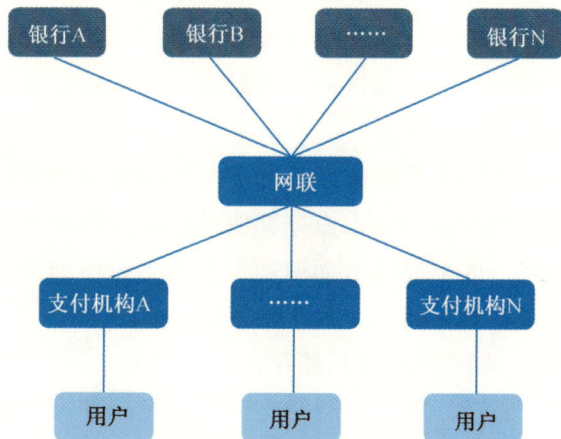

图12 网联加入后的四方模式

迁移至网联平台等一系列措施来看，不难看出央行的监管思路越来越清晰。央行关心的是防范金融风险，保护老百姓的资金安全。网联的创立，让央行对支付机构的监管有了技术手段，意味着央行开始从第三方支付入手，把互联网金融服务和网络消费金融监管当成金融监管创制重要内容。通过支付机构统一平台接入与清算，将有助于提高支付效率，避免重复建设，更加全面完整地对第三方支付业务进行监管，从而全面降低风险，保护老百姓的权益。将第三方支付逐步引导回"小额便捷、普惠大众"的互联网金融本质，引导第三方支付业务健康有序地发展。

此前第三方支付机构财务直连银行的三方支付模式，将银联排除在交易之外。央行、各家银行均无法站在宏观的角度实时掌握全部的交易信息以及资金流向，给反洗钱、金融监管、货币政策调节、金融数据分析等央行的各项金融工作带来较大困难。网联正式投入运营后，将一改监管上的此种被动局面，并有望打破"事后追查"这一现状，转向更为积极的"事中及时处置"乃至"事前预警"，线上支付领域金融监管的效率将得到质的提升。

三、网联成立对第三方支付格局有何影响

网联作为线上交易的清算平台，一边连接支付机构，一边连接银行系统，类似于线上"银联"。央行成立网联最主要的目的是使所有交易数据透明，将数据置于监管之下，为保护百姓财产提供保障。它的成立对第三方支付格局影响有以下几点：

1. 费率统一，长期来看原来市场上占据领导地位的机构的直连优势将消失。对于网络支付来说，原本占据寡头地位的支付宝和财付通将失去直连银行的费率优势，成本提高，而原本议价能力较弱的第三方网络支付机构将享受统一费率，成本降低。但接入网联并统一费率需要一定的时间，短期内支付宝和财付通费率优势仍然存在。

2. 备付金统一监管，第三方网络支付机构可能进入加速洗牌阶段。备付金统一监管后，第三方支付机构隐性收益下降，长期来看费率统一，机构将不必为开拓直连银行消耗精力，逐步回归支付本业。第三方网络支付

机构需要提高市场份额，提升服务质量，以应对实际收益下降的压力，第三方网络支付机构可能面临加速洗牌的局面。

3.对于基本采用"四方模式"的第三方银行卡收单机构来说，网联成立从目前情况评估，对它们不会产生直接影响。

4.从目前监管机构设定的定位看，网联只参与清算不参与支付，与第三方支付机构不构成直接竞争。

参考文献：

[1]巴曙松.支付账户分类监管：经验借鉴与政策框架[N].金融时报，2014-09-24（002）.

[2]巴曙松，杨彪.第三方支付国际监管研究及借鉴[J].财政研究，2012（04）:72-75.

金融改革背景下的中国支付清算行业发展 *

　　在当前经济转型及金融改革的大背景下，我国的支付清算市场的发展也在不断推进。2016年，我国支付清算行业迎来了双重重大变化。其一是银行卡支付清算市场对外开放政策落地，其二则是专门面向支付机构提供支付清算服务的网络支付清算平台进入建设实施阶段。两项举措将对中国支付清算格局产生重大影响，推进整个行业市场形态及格局的重塑。其中银行卡支付清算市场的对外开放有助于公平竞争的市场环境的培养，加快中国支付服务市场的进一步改革及创新转型，促进经济金融市场的健康发展，助推经济转型升级以及强化国际经济合作的多重积极作用。而网络支付平台的建立，也将实现节约社会资源、提升支付清算效率、优化市场竞争结构及推动监管透明化等多重目标。

　　从需求、供给等角度进行分析，在当前的经济转型、金融改革背景下，需要一个更加高效、市场化、富有弹性的支付清算行业来承担提供微观运行基础设施的责任，目前中国支付清算行业的发展方向也从而将与金融改革的总体趋势息息相关。

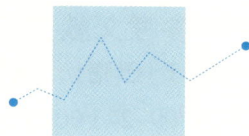

---

　　* 文章来源：《今日头条》2017年6月24日。

一、从需求角度来看，经济转型、金融改革需要高效、市场化、富有弹性的支付清算行业

从总体金融改革的趋势看，当前需要一个更加高效、市场化、富有弹性的金融体系来支持经济转型。新一轮经济改革以提升全要素增长率、促进经济转型为重要政策目标。未来一个时期中国经济增长的重心由依靠资源投入转向提高资源配置效率和创新驱动，也即全要素生产率的提升。金融改革作为经济改革的重要内容，需要以更加富有效率的金融市场和更加市场化的金融机构来化解当前经济金融体系中存在的各类风险，需要以更加富有弹性的金融体系来增强行业活力，并配合其他经济领域的重要改革，提高改革的协同效应。因此，在当前的经济转型、金融改革背景下，同样需要一个更加高效、市场化、富有弹性的支付清算行业来承担提供微观运行基础设施的责任。

从支付活动的发展规律来看，高效、市场化是国内外绝大多数国家支付体系发展的基本趋势。首先，非现金支付的出现源于对更高支付清算效率的追求，电子支付对支付效率的大大提高推动各国支付体系的变革，少数发达国家，如挪威、比利时、芬兰已经实现了无现金支付或者少量现金支付。其次，支付服务面临的需求日益多元化，推动了支付服务分工的发展和多元化的服务主体的出现，进而推动了支付服务行业的市场化。

二、从供给角度来看，中国支付体系的效率和市场化进展良好，但支付体系的均衡、协同发展仍有待加强

2002年以来，伴随着中国经济、金融的快速发展，中国支付体系也历经了发展的"黄金时期"，呈现出三个突出的阶段性特征：

一是现代化科技引领下的支付基础设施完善和支付服务创新，极大地提升了全社会支付清算安全与效率的整体水平。当前，互联网技术、通信技术、影像技术、电子签名技术、票据防伪技术已经广泛地应用于支付交易活动的各个环节，这使得各类支付清算活动的安全与效率得到了极大的提高。同时，在电子化、信息化的趋势下，围绕"支付便利"的直观特征和

"安全高效"的核心目标，支付交易、支付业务处理等支付服务方式的创新也层出不穷，大大促进了全社会支付方式的多样化，较好地满足了市场经济下日益多元化的支付需求。

二是支付体系发展与市场化、国际化的关系日趋紧密，市场化、国际化对支付体系发展的影响和作用力逐步加大。总体来看，中国支付体系十多年来高速发展的主要动力来源于体制变革和基础设施完善，例如统一组织开展的大规模跨行支付清算系统建设，实现了我国支付清算系统的更新换代，推动我国支付类金融基础设施达到了国际水平；我国还适应支付体系国际化发展的趋势，借鉴国际通行的监管标准制定支付系统核心原则等。

三是支付体系各组成部分之间的均衡和协调发展将越来越受到关注与重视。从均衡、协调发展支付体系各组成部分的考虑来看，未来中央银行推进支付体系发展和完善的工作重点可逐步从金融基础设施的大规模建设，向支付结算法规制度完善、非现金支付工具推广以及支付结算监管效率提高等方面倾斜。而对行业主体而言，在银行业金融机构承担社会资金流动"主动脉"功能的情况下，未来第三方或非金融支付服务机构的发展重点则是通过行业应用的专业化个性化的精耕细作、产品服务的创新升级、基础设施的适配发展，来不断丰富、完善支付体系的"毛细血管"。

三、非现金支付业务——推动行业发展的强大动力

近年来，中国的非现金支付业务总体规模快速增长、非现金支付工具广泛应用，形成以票据和银行卡为主体，互联网支付、移动支付等电子支付为补充的工具系列，支付清算结算基础设施也不断完善，支付清算法规制度建设稳步推进、支付清算基础设施和行业多维监管也不断完善。随着互联网覆盖程度的持续提高，非现金支付业务成为我国支付清算行业发展的强大推动力。

四、从趋势看，未来推动支付清算行业发展的重点

一是多元化。包括行业主体的多元化和支付方式的多元化。主体多元

化可以避免垄断带来的低效率，也可以减少单一市场主体无法保障业务连续性时对全社会的整体影响；支付方式多元化不仅可以满足多元化的需求，而且功能相同的支付方式可以互为备份，提高支付功能的弹性。

二是原则性与灵活性。举个简单的例子，银行年终决算，中央银行都会适当调整大、小额支付系统的运行时间，这体现的是原则性基础上的灵活性。而在零售支付系统中，高效、便捷的纠纷处理机制同样需要高度的灵活性。支付清算行业各类服务需要兼顾原则性与灵活性，才能提高整个支付清算行业的弹性；在一些阶段性的银行间流动性趋紧时期，央行大额支付系统也可以灵活延长日终处理的时间。

三是多样性与重要性。基于市场需求的多样性和差异性，健康、可持续发展的支付体系也需要分层次和多样性。大额支付系统、零售支付系统、特定支付系统的存在适应了不同处理要求的支付交易的需要；借记、贷记以及各类信用支付工具的多样化功能可以满足不同交易规则的经济活动的需要；预付卡、移动支付、互联网支付也各有发挥其功能的"主战场"。

即使随着未来发展，不同层次、不同类型、不同领域的支付清算系统、支付工具仍将发生各种演变，但根据其在整个体系中的重要性确定监管能级，仍将是确保支付清算行业富有弹性的一项基本原则。换而言之，对支付清算行业监管的弹性仍应依据重要性原则予以确定。

五、有助于继续提升支付体系弹性的重点发展领域

从支付行业的发展趋势看，当前既能满足增强支付体系弹性的需要，又能适配于经济金融转型重要时期的支付体系建设，重点主要包括零售支付、系统跨境支付和金融普惠等三个领域。

第一，以支付便利和安全为主要目标，推动零售支付系统创新，服务于消费便利和扩大内需。当前我国的经济转型的重点之一是由投资主导向消费主导转变，改革重在形成内需支撑中速增长的体制机制。而支付体系中，零售支付体系的创新与发展在促进消费方面的作用是十分明显的。

第二，推动跨境支付发展，服务于人民币国际化进程。从国际经验看，跨境支付是人民币国际化的起点和基础。而从支付体系的视角来看，跨境

支付业务的开展有助于建立一个更加富有深度和广度的金融市场，有助于增强国内支付清算行业逐步与国际接轨的弹性。

第三，继续深化非现金支付工具的推广，努力推动金融普惠，拓展基于账户的金融服务功能。非现金支付工具的推广带动了账户的开立和普及，目前我国支付账户数量规模已经十分巨大。但从支付体系更富弹性的角度出发，账户普及只是一个方面，还需要多元化的支付工具体系和多层次的支付清算系统为基于账户的金融服务功能扩展提供支撑。

过去十余年，中国的支付体系沿着高效、市场化的方向取得了巨大的进展，目前，从市场到监管，中国金融业正在迎来一个快速变革的时代。推动这个变革的动力，来自对金融危机的反思，来自实体经济的新需求，也来自互联网等新兴力量的融入。在经济、金融体系日益复杂的情况下，未来中国的支付清算行业必然也会呈现出新的发展趋势，值得我们继续跟踪关注。

参考文献：

[1] 巴曙松. 从金融改革趋势看中国支付清算行业发展 [N]. 金融时报，2013-07-25：002.

[2] 王瑛. 2016年中国支付清算市场迎来重大变局 [J]. 中国信用卡，2016（12）：14-16.

[3] 王淦银. 我国支付体系发展的现状及对策探讨 [J]. 中国信用卡，2016（03）：50-53.

普惠金融

New Cycle and New Finance

- 普惠金融的技术变革与新常态下的中国发展路径
- 经济调整期小微金融的发展路径与创新
- 人口老龄化对中国金融体系的影响
- 中国"养老金融"空间巨大
- 小贷公司可持续发展之道
- 绿色金融：有何挑战？机遇何在

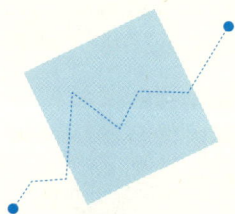

新周期与新金融
New Cycle and New Finance

普惠金融的技术变革与新常态下的中国发展路径 *

普惠金融作为一种覆盖面广、可获得性强、长尾特征突出的金融服务方式，需要通过批量化、高效率、低成本的手段加以实现。大数据技术具有数据挖掘、量化存储、快速处理等特点，能够匹配普惠金融的需求。

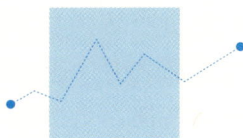

一、普惠金融的技术变革

第一，从技术变革和普惠金融的基础设施角度来看，技术革新提供了可供探索的普惠金融的解决方案。技术革新推动普惠金融服务范围更广泛，业务具有可持续性，普惠金融领域的基础设施建设主要是基础领域的发展和构建，依靠计算机、云计算这些技术来解决普惠金融进入的门槛问题。同时，基于 Docker 容器技术的基础设施平台也是国际上普惠金融领域多用的一个分布式架构。和传统的架构相比，Docker 架构面对大数据的成本更低。并且，普惠金融基础设施的共享能够大量节约 IT 成本，提升产出和效率，保障普惠金融的稳定运行。

第二，技术变革也有助于提升普惠金融的服务能力。泛普惠金融类公司的风控措施与传统金融机构的风控措施相比，并没有明显的优势，甚至可能有劣势，所以普惠金融可持续发展的核心是解决风险控制问题。在互联网金融机构工作的年轻人与从事银行风险管理的人士经常争论风险控制问题，从事互联网金融的强调自己的企业有突破能力、创新能力，从事传

* 本文发表于《21 世纪经济报道》2016 年 6 月 8 日。

统银行业务的人士觉得把钱能借出去算什么本事，金融机构要做好风险控制，钱借出去还能收回来才叫本事。现在看来，在这点上，他们找到了共识，普惠金融发展的核心确实是要解决风险控制问题。利用技术手段来控制风险，主要就是通过搜集和计算海量的数据来形成金融服务需求者的个性化知识图谱，由此判断其风险程度。

第三，在普惠金融利用技术变革来进行创新方面，有几点是值得努力的方向。一是利用数据处理技术，实现对贷款对象的信用评定，针对客户群进行更加精细的分层式的划分，进而推出符合各类群体需求和风险特征的信贷产品。二是要更多的创新流程管控和风险控制的方式，并将其定义在产品之中。通过流程或系统去控制风险，比依靠人更可靠。三是针对客户的特征，更多地使用纯信用贷款产品，并将劳动技能培训、科技推广、创业知识培训等服务和信贷产品设计结合起来。四是降低金融服务可获得的门槛，扩大金融服务的范围，特别是在生产性的资金需求方面提供一些优化的解决方案。

第四，在信用价值创造方面，信用的价值创造和经济中的交易密切相关。信用的价值创造离不开信用的维系和有效的管理，即征信管理、授信管理、账户控制管理、利用征信数据库开拓市场或者推销信用支付工具。借助大数据技术的数据挖掘、量化、存储、快速处理等特点，现代信用体系管理能够得到一定的提升，面对目前中国在信用方面的挑战，大数据用巨量的综合信息、先进的数据处理技术、全新的数据分析的思维方式，突破了传统的征信方式的局限，倒逼和促使社会征信体系的建立和完善。如果没有这方面的突破，金融机构还是要用传统的信用评估方式，比如银行会继续使用抵押担保方式，而普惠金融的客户群体可能恰恰没有资产可做抵押担保，那么就要用技术来在交易中发现客户的信用。

第五，在技术变革与信用管理发展方面，大数据技术能够扩展信用数据的边界，将一些非传统的信用数据作为非常重要的信用评估来源，覆盖一些没有被传统的征信系统记录的人群，同时，提供用户的即时信息，而不局限于历史信息。此外，大数据技术可以使信用管理更加的客观，因为大数据技术将数据的样本扩大到更大的范围，甚至是总体。大数据模式能够保证信用管理的客观性，数据挖掘技术确保了数据的真实和有效。大数据技术还能使信用管理的经济效率更高，一定程度上能解决传统的信贷信用问题，而且节约了人工成本，也扩展了信用来源，确保信息真实、快速、高效、实时。

第六，用信息技术来做风险管理流程的优化。普惠金融业务有逆向选择问题，越是承担高利率的客户群体，风险越高，并且道德风险还是当前风险识别的弱点。前期的信贷审查很难准确地把握风险情况，潜在风险难以识别。大数据技术能够对企业历年的生产经营数据做深度分析，来反映企业的经营成长、发展现状，能够对企业进行全天候的量化跟踪，实现风险的识别和量化。大数据还可以更好地进行风险匹配、转移和分散，运用大数据技术可以设计和客户风险匹配的产品，让高风险客户去匹配有承担能力的高风险资金。大数据还能够预测未来，能够帮助转移和分散风险，并基于大数据预测的风险和收益，匹配合适的产品。同时，大数据还可以在风险监测、预警和防控方面有更多的运用。大数据可以支持风险预警机制的建设，实时监测风险系统，进行可视化分析，展现整个风险防控的过程。信贷流程重构对银行来说是一个很大的挑战，但是普惠金融机构可以从一个更高的起点来推动实施。

第七，技术变革与风险管理方式。技术变革对风险管理的支持首先体现在获取海量数据上，风险管理需要有多样化的数据，比如电商网站数据、信用卡数据、社交网站数据、小贷类网站数据、生活服务类网站数据，这些数据综合起来才能基本看到客户的风险全貌。经过大数据特定的风控数据加工的过程，可以改善风险决策管理模式，更加全面、准确、及时地掌握借款人信息。因为客观地说，一个客户走进银行时，对银行来说，这个客户是一个黑箱。这些数据能便于我们做出清晰的判断，找到不同变量间的内在联系，更准确地做出决策。大数据的使用也加快了风险决策的效率，提高了风险决策的质量，促使理念、概念管理转变为数字化、更精确的管理。

第八，从技术变革和全面客户体验管理来看，在不同的经济增长方式、发展方式上，客户需求是不同的。使用这些新的技术，能够适应客户的新诉求，比如强调客户的感受，塑造客户的感官体验和思维认同，注重客户参与。缺乏技术支持是很难做到这一点的。

第九，在技术与营销模式上，传统营销中消费者购买行为属于传统的个体决策行为，而在大数据营销中消费者决策受群体意志影响很大，并向群体施加影响。所以如今，一段网上流传的视频就能够让一只股票涨跌停，从事视频和传媒工作的人士认为现在进入了短视频时代，新闻传播变成了短视频传播。

第十，技术变革也能够推动增值服务的优化。金融机构除了提供支付、清算、投资、理财、贷款融资等功能，还推出了多元化的增值服务。

二、在新常态下拓展普惠金融的中国发展新路径 [1]

无论是新兴的机构基于普惠金融的角度，还是商业银行基于市场竞争推动下的"客户下沉"角度，将金融服务以可持续的商业模式，拓展到未被传统金融服务覆盖的人群和企业，已经成为不少中国金融机构在走向新常态过程中的一个共识。不同机构在探索的过程中，不同程度地证明，对于这些传统金融体系没有覆盖到的客户群体，必须要用不同于传统商业银行客户的业务模式、产品形态以及风险控制体系等。例如，有的商业银行在自身的实践中意识到，要将金融服务拓展到原来较少涉及的小微企业群体，必须改变原来一笔一笔审批的传统业务模式，转而采取批发式、流程式的业务新模式。

在普惠金融领域，以宜信、阿里等新兴企业为代表的机构，在利用大数据来推动普惠金融发展方面，已经分别从不同的路径进行了有价值的探索，对这些探索实践进行总结，对下一阶段普惠金融的发展，无疑具有积极的价值。《普惠金融的中国实践：大数据与变革》的不少内容，就做出了有参考价值的总结。

关于大数据，有许多形象的比喻，我印象比较深的一个比喻是：没有用大数据整合起来的金融企业，即使规模再大，整合能力也很有限，因为这种缺乏大数据整合的规模扩张，有点类似曹操在赤壁之战中用铁链把战船连接起来，战斗力和应对能力十分有限；而经过良好的大数据整合的金

1　第二部分是巴曙松研究员对宜信公司的专题报告《普惠金融的中国实践：大数据与变革》的简评。

融机构，则是具有一体化智慧体系的航空母舰，规模大，战斗力也强。

通过大数据的积累，可以把原来在传统的金融体系下运用传统的风险评估方法成本很高、难以覆盖的客户，重新纳入金融服务的视野中来。在金融危机之后，全球无论是发达市场还是新兴市场，都开始关注这种普惠金融的探索路径。如果说在金融危机之后，以美国为代表的发达国家的重要矛盾之一，是 WALL STREET（华尔街）与 MAIN STREET（普罗大众）的矛盾的话，通过大数据来延伸金融服务，则实际上使得华尔街也可以更多地为普罗大众服务。其间的积极意义，自不待言。

对比中国与以美国为代表的发达市场，互联网金融在中国受到的关注程度远远高于发达市场，而对比中美主要的互联网金融企业，在强调运用大数据等共同的运行原理基础上，可以看到具体的发展路径、客户定位、盈利方式等都存在巨大的差异，这表明未来中国的普惠金融在运用大数据方面，需要更多积极的探索者来积累经验。这就需要经济金融体系相应做出许多的调整，例如，监管机构要设定清晰和富有弹性的监管框架，在积极扶持健康的市场主体发展的同时，强化对那些打着互联网金融旗号做着违法违规金融活动的机构的监管，避免因为缺乏明确的监管框架而导致泥沙俱下，少数害群之马容易损害整个行业的声誉和公众的信心；要打破信息孤岛等困局，为这些企业的发展提供更好的信息采集和分享渠道，降低信息成本，等等。同时，也要充分意识到大数据可能存在的内在不足，例如基于大数据建立的风险评估模型被客户了解之后容易被滥用和误导；大数据同样是人类设计的产物，因此，这些数据同样可能会体现设计者的扭曲、偏见和隔阂；大数据采集的范围同样可能是不全面的、覆盖面也可能是有空白地带和欠缺的，这些都需要全球范围内的探索者共同努力，给出更为高质量的解决方案。可以看到，关于这些方面的问题，报告中也有不少有价值的建议，值得关注，也值得我们继续探索。

经济调整期小微金融的发展路径与创新 [*]

近年来，随着利率市场化进程加快、金融脱媒加剧、互联网金融兴起，不同类型的金融机构都将小微金融作为业务拓展的重点领域，并形成了以城商行模式、股份制商业银行模式及互联网金融模式为代表的小微金融商业模式。在经济调整时期，这些模式从不同角度都面临调整的压力，进一步促使不同类型的小微金融实践者根据新的经济金融环境进行创新与突破。

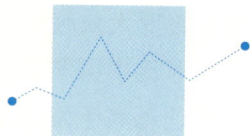

一、经济调整周期小微金融商业模式面临压力测试

（一）小微金融的三种模式

目前中国实践较为成功且受到市场关注的小微金融商业模式，大致可以分为三类：城商行模式、股份制商业银行模式、互联网金融模式。三种模式面对不同的客户在不同范围内各具优势，也各有需要改进的地方。

城商行模式，重点强调区域性的小微金融实践，以融资业务为导向。由于城商行业务相对局限在一个区域范围内，主要通过对特定区域内客户的综合信息的了解来进行决策，拓展具有区域特色的小微客户，这些综合信息中既包含财务信息，也包含非财务信息。针对城商行模式，监管部门对此类小微企业金融服务供应商主要以引导和鼓励为主，重点强调转变市场定位和经营理念，鼓励其建立专业机制体制，逐步提高服务专业化水平。

* 本文发表于《财经》2016 年第 7 期。

城商行模式的典型代表有包商银行、浙江泰隆商业银行等。

股份制商业银行模式，重点强调流程化与规模化的小微金融实践，以提供综合金融服务为导向。随着贷款需求满足度的不断提高，小微企业自身也取得了长足的发展，金融服务需求也越来越精细化、综合化。此时全国性的股份制商业银行依托其丰富的金融产品线与优势的人力资源，开发出更符合小微群体需求的"圈链模式"和信贷工厂模式。中国民生银行是股份制商业银行开展小微金融的典型代表。

互联网金融模式，重点强调技术创新在小微金融中的实践，以提供多元化、定制化的金融服务为导向。利率市场化的推进、金融管制的放松，使得小微金融进一步受到关注，许多互联网公司也参与集中，并通过信息科技、互联网、云计算、大数据等技术运用为小微金融提供了新的探索方向。由于互联网金融在资金配置效率、渠道、数据信息、交易成本、系统技术等方面的优势，因此本质上是一种更民主、更普惠的大众化金融形式，也十分符合小微金融的特征。互联网金融模式的典型代表包括蚂蚁金服、宜信普惠等机构从事的实践。

（二）经济调整周期小微金融商业模式受到考验

在每一轮的经济调整周期中，不同的商业模式都会面临来自经济周期的压力测试。如果某类信贷业务的行业集中度或区域集中度过高时，其顺周期性会更加明显，在经济调整过程中受到的冲击也相应增加。目前中国正处在由经济高速增长向中高速增长的转换时期，信贷不良率也逐步攀升（见图1）。小微金融作为2008年之后兴起的、新的模式尚未接受完整的经济周期考验，特别没有经历过信贷风险释放周期的压力与挑战，各种小微商业模式的可持续性有待检验。

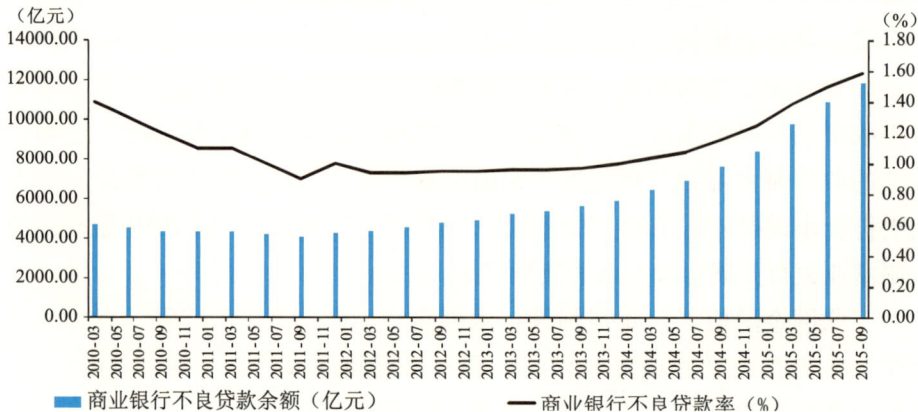

图1　中国商业银行不良率快速上升

　　城商行及股份制商业银行模式下，由于区域集中度或行业集中度高，在经济下行周期受到的冲击较为明显。以股份制商业银行的"圈链模式"为例，"圈"是指将目标商圈内聚集的小微客户群进行分层分类管理，按照经营年限、收入规模等维度切分后，有针对性地分别设计授信方案。"链"即产业链，由一个核心企业以及为核心企业服务的小商户和小业主组成。依托核心企业的交易信息，向其上下游小微企业提供综合金融服务。股份制商业银行通过对圈链中的中小企业采取批量营销、集群授信的模式，借助联保联贷等方式弱化个体的信用风险，实现信贷业务的工厂化和低成本运作。这种模式在前一阶段是非常有益的尝试，但是在经济调整周期，却催生了许多的不良，在江浙、山西等地联保联贷现象尤为严重，小微金融业务也受到冲击。互联网金融模式尽管可以通过技术手段降低成本，运用大数据和云计算来管理风险，但是，在金融行业中一种成熟的商业模式和信用风险控制模式，至少要经过1~2次经济周期的检验才能趋于成熟，互联网作为一种技术驱动手段，没有经历过全周期的样本和数据，依然不能称为成熟的商业模式。

　　总结看来，目前中国小微金融无论是采取哪一种商业模式，其风险模型都是基于经济上行周期中客户的行为和经济数据建立的，其信用风险数据库没有经历过周期检验，不同程度地存在着对信贷质量下滑预计不足的风险。在经济下行周期的压力测试中，不少机构的小微金融业务受到冲击，小微贷款余额增速开始回落（见图2）。

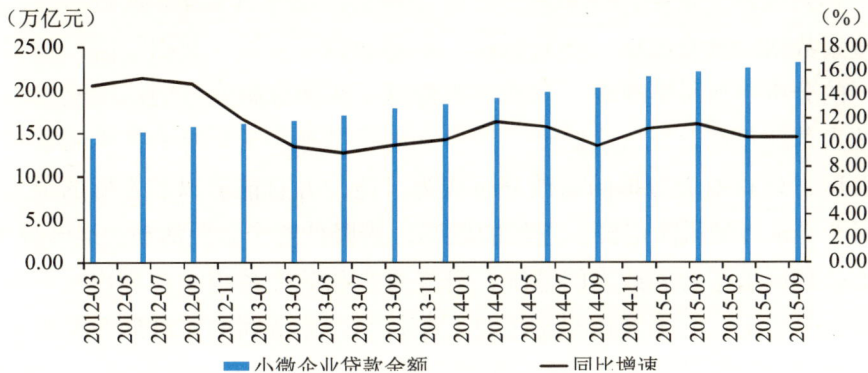

图2　中国小微企业贷款增速回落

二、新形势下小微金融的创新探索

面对经济调整周期的新环境，各类小微金融机构都对其业务模式进行了新的探索和改进。

传统金融机构面对经济调整周期，也在对其小微金融商业模式进行调整。一是对传统的"圈链模式"进行细化，开发精细化、专业化的产业集群和供应链金融模式。二是利用其金融服务多样化的特点，丰富小微金融的业务内涵，为小微企业主提供除了融资以外的结算、理财、咨询服务，从而增加客户黏性。无论是城商行模式、股份制商业银行模式还是互联网金融模式，真正决定其市场空间的因素是是否可以有效识别客户需求，并且在客户需求不断变化的时候，对所提供的产品、服务和商业模式进行相应的调整。三是在业务流程方面进行优化改造，提升业务处理效率、降低运营成本。目前许多城商行和股份制商业银行都在针对如何对小微金融业务流程进行集中优化，降低成本，建立一个高效率运作的一个信贷工厂进行探索和实践。四是在风险管理方面，引入创新的风险管理工具和信用评分技术，采取更加适合当前环境的风控措施。

新兴机构在通过技术驱动征信、风险监测等方面做了不同程度的探索。

一是新技术正在提升和改造传统的征信模式。在征信领域，过去银行判断客户资质，只能通过客户的财务状况、行为特征、信用记录、行业环境、违约概率、信用评分来进行评估，现在，通过引入互联网数据源，针对搜索数据、社交数据、出行数据、消费数据等开展大数据征信，使得对客户的分析更加科学准确，从而有效降低了小微金融业务的信用成本。二是技术革新正在升级风险监测、预警和防控措施。云计算和搜索引擎技术的发展，使得对大数据的高效分析成为可能，并且能够以非常低的成本计算资金需求者的风险定价、违约的概率，来降低整个金融活动的运营成本。例如依托网上平台和线上的系统，开发可视化防控系统，使客户在不同渠道的交易历史，在系统内得到汇总，打破各个系统间的信息孤岛问题。又比如通过大数据对关联关系进行可视化展现，从而提升内控合规、反欺诈、信用风险防范的有效性。

实际上，数据的运用蕴含着巨大的价值。基金销售在牛市熊市的不同阶段，销售增长的主力客户群是梯度式演进的。在牛市开始起步还没有被认可时，一线城市的高端客户是主力客群；等到牛市成熟的时候，二线城市的中产阶级是主要客群；到了三线城市成为基金主客户群的时候，就要注意市场的变化了。这些看似无关的数据原本是存在的，如何打破这些信息的孤岛现象，挖掘关联关系，进行可视化的展现、支撑、决策，是互联网金融努力探索的方向。网络贷款是另外一个基于大数据征信有效运用的典型案例。针对客户群体收集建立数据库，在一定技术方法下研究客户行为数据与客户信用之间的内在联系，给出客户违约的预期概率和违约预期损失，网络贷款在对大数据进行挖掘后，总结客户特征，记录客户信用等级，客户在提出贷款申请后，网络贷款公司可以及时通过计算机数据系统来评估客户的违约风险，灵活地调整其信用额度、贷款利率和贷款期限，充分体现技术带来效率改进的优势。

三、中国小微金融发展趋势观察

（一）小微金融仍是银行业发力的重要领域

虽然正在经历经济下行周期的洗礼，但银行业并未放弃将小微金融业务作为经营重点。《中国银行家调查报告》显示，通过对中国银行家进行持续的跟踪访谈发现，过去三年，中国银行家都将"小微企业客户"定位为银行战略发展中最重要的客户群，2015年银行家对小微客户群体的认可度达到了86.9%（见图3）。除了受到政策以及大型企业客户竞争激烈等外部因素的影响外，小微企业客户利润贡献度高也是银行持续开发小微客户的重要原因。

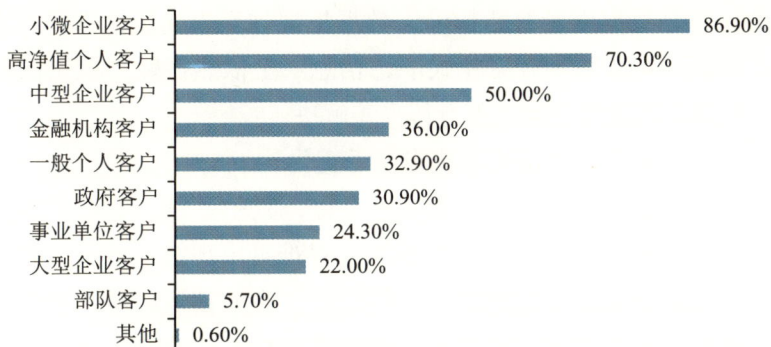

小微企业客户	86.90%
高净值个人客户	70.30%
中型企业客户	50.00%
金融机构客户	36.00%
一般个人客户	32.90%
政府客户	30.90%
事业单位客户	24.30%
大型企业客户	22.00%
部队客户	5.70%
其他	0.60%

图 3   2015 年中国银行业下一步重点发展的客户群

从美国富国银行的发展案例可以看出，在小微企业金融业务领域有所专长，是可以穿越经济周期，而且在商业模式上是可持续的（见图4）。通过为小微企业量身定制的信用打分系统，富国银行每年可以受理200万笔年销售额在200万美元以下的小微企业贷款，其中三分之二的贷款决策是由系统自己完成的。放贷之后，每个月系统会跟踪客户信用评估，由电脑自动评估其贷款行为，并进行相应贷款决策的调整。

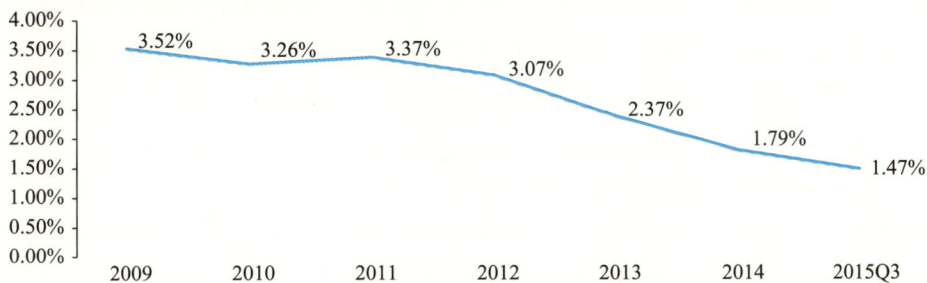

图 4   富国银行不良贷款率持续下降

（二）互联网金融模式下大数据征信和网络贷款仍需验证

基于大数据的征信和网络贷款，目前仍处于初步的发展阶段，无论从其商业模式、跨越经济周期的能力，还是业务规模上看，都远远低于传统的银行金融机构，因此互联网金融模式的小微贷款业务，其可持续性仍有待进一步验证。一是目前国内大数据挖掘平台能力薄弱，平台的构建缺乏核心技术；二是目前大数据与互联网金融宣扬居多，基础信息资源数据库建设不足；三是数据变量有待精确，数据挖掘过程中变量的选择和优化仍有很大空间；四是互联网金融模式下，信息安全依然存疑，网络故障、黑客攻击、内部隐私泄露等问题都有待妥善解决。

（三）未来小微金融解决方案将走向垂直化

未来小微金融解决将进一步走向垂直化，其中，细分行业的金融生态构建显得尤为关键。未来小微金融的模式很难再出现统一的一个解决方案或者单一的规则，而是更加依赖具体的行业、产业甚至区域，小微金融将在行业内部打通产业链上下游关系，建立基于特定产业链，适应具体场景的小微金融生态。在小微金融生态圈中，传统金融机构以及核心企业在供应链金融方面的介入和努力探索值得关注。供应链金融通过将供应链上的核心企业以及与其相关的上下游企业看作一个整体，以核心企业为依托，以真实贸易为前提，运用自偿性贸易融资的方式，通过应收账款质押、货权质押等手段封闭资金流或者控制物权，对供应链上下游企业提供综合性金融产品和服务。

基于这样的判断，细分领域内生态的构建对于相应领域小微金融的可持续发展就显得尤为关键，而不仅仅取决于整体宏观经济运行情况。例如，处于钢贸行业的上海钢联就进行了成功的探索，通过 B2B 钢银平台将钢贸商和银行之间进行整合，解决了双方的信任矛盾，从而实现了业务的飞速发展。

（四）金融工具的综合化运用将是小微金融深化发展的重要方向

信息技术革命将为小微金融的加速发展带来不可忽视的外生力量，而金融技术和金融产品依然是支撑小微金融发展的内在保障。金融技术与产品创新在小微金融领域的应用会更加的综合化和多元化。如何针对客户群进行更加精细的划分和匹配，综合运用信贷、租赁、保理、众筹等多种金融服务手段为客户提供综合化服务成为未来小微金融发展的主流方向。例如资产证券化这些风险分散手段，正在积极介入小微金融市场。此外，通过金融技术的创新，在业务流程、还款期限、还款方式、融资利率这方面根据客户需求提供定制化的服务与产品也已成为可行的小微商业模式。

人口老龄化对中国金融体系的影响 *

在全球背景下考察中国人口老龄化的节奏

全球不少国家，都正在步入老龄社会。IMF 在 2016 年《全球经济展望报告》中特别指出，这一老龄化特征不仅表现在人口整体数量的增速减缓，更体现在劳动力增长出现负增长以及老龄劳动力份额急剧上升的特征上。特别对于中国而言，在短期内，中国步入人口老龄化的节奏将呈现出速度更快、间隔更短、负担更重的趋势。

（一）步入老龄化速度更快

按照国际标准，如果将 65 岁以上人口占比从 7% 提高至 14% 作为衡量一国人口"老化"的标志，那么，通过对比可以发现，西方主要发达国家完成这一转变的时间跨度通常在 40~100 年，如英国、美国和法国分别经历 45 年、69 年和 115 年；而亚洲国家完成这一转变所经历的时间远远少于欧美国家，日本在 25 年的时间里就过渡到了"老龄化社会"，越南、马来西亚、泰国、印尼、韩国等国家的速度则更快，将在 15~20 年的时间里完成这一跨越。从中国的情况看，第六次人口普查数据显示，65 岁及以上人口占 8.87%，比 2000 年人口普查上升 1.91 个百分点，未来 10 年中国人口老龄化节奏将以更快的速度推进，根据联合国预测，中国最早将在 2025 年达到甚至超过 14%。换言之，中国和日本一样，将在 25 年时间里完成这一跨越（图1）。

此外，如图2和图3所示，在 2016 年至 2021 年的中短期展望中，中国的人口老龄化预计表现为三方面：一是总人口增速与发达经济体人口增速趋同，远低于其他新兴经济体；二是劳动力增速为负，且下降速度预计将超过传统发达经济体；三是老龄劳动力占比将持续上升。

---

* 朱虹参与本文的起草与讨论，本文发表于《21世纪经济报道》2016 年 12 月 9 日。

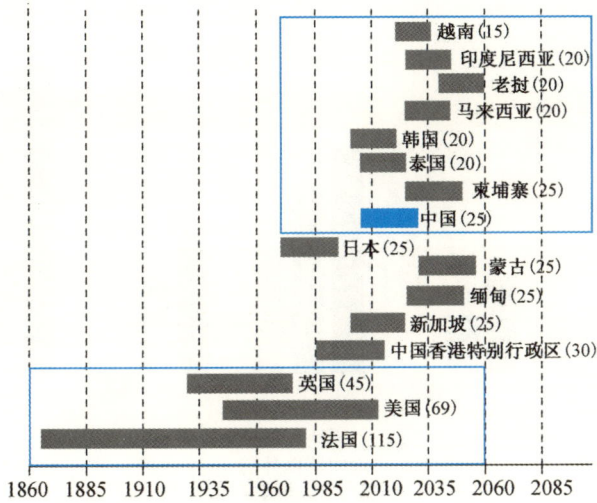

图 1   各国和地区人口老龄化速度

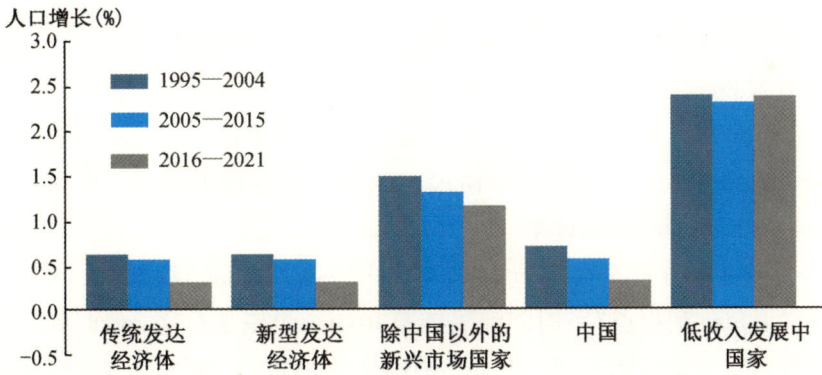

图 2   世界总人口增长趋势对比（1995—2021）

人口增长（%）

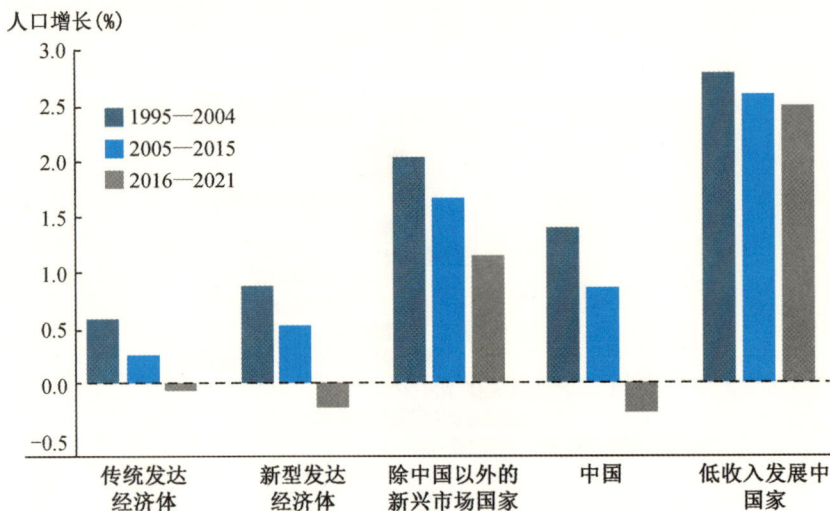

图 3　世界劳动人口增长趋势对比（1995—2021）

（二）拐点间隔更短

如果将生育率低于标准水平2.1、65岁以上人口占比大于14%、15~64岁劳动人口停止增长、人口总量开始下降作为人口结构变迁的四个拐点，对比可以发现，日本跨越这四个拐点的三段时间间隔分别为30年、10年、5年，而中国则为20年、0年、5年。这意味着中国将会比日本以更短的时间节奏分别跨越人口结构的四个阶段，这在一定程度上反映了中国实施严厉的计划生育政策的负面效果。

进一步对比，日本在20世纪50年代末跨过"刘易斯拐点"，90年代中期跨越"人口红利拐点"，时间间隔接近40年，也正是在这一段时间，日本成功实现向发达国家的转变。然而，中国从2003年前后迎来"刘易斯拐点"，到2015年前后关闭"人口红利窗口"，所经历的时间仅略多于10年。因此，中国所面临的人口结构转变压力远远大于日本。考虑到印度将在未来数十年持续享有"人口红利"，中国面临周边市场的竞争压力也将更大。

（三）老龄负担更重

整体上对比，日本、韩国、新加坡、中国香港的人口红利窗口关闭时，其发展水平已经很高，人均 GDP 均已达到2万~3万美元，而中国两地在迎来这一问题时，人均 GDP 尚不足 1 万美元。换言之，中国不得不在较低发展水平上过早地面对这一客观约束。

此外，老龄人口比例增加推动受抚养人口比例上升。根据联合国 2015 年《世界人口展望报告》的数据预测，尽管目前中国的老年人照料负担比仅为 31%，低于世界平均水平约 7 个百分点，但该比例正在呈现出快速上升的趋势，预计在 2020 年将提高至 33%，2031 年预计该比例将超过 50%，之后将加速进入高负担时代。从国际比较来看，中国的老年人照料负担比预计将于 2032 年超过世界平均水平。这意味着，中国的老年人照料负担将在 2030 年代开始进入重负阶段，且程度将不断加重。

养老金融关系到金融业未来的发展方向

人口老龄化对经济金融造成了深刻影响。

第一，人口老龄化会降低居民储蓄。人口年龄结构是影响储蓄率的重要因素之一，因为居民储蓄主要来自 16~60 岁人群，老年人不仅不继续提供储蓄，反而会取出以往储蓄用于生活支出，所以老年人口比例的上升必然引起储蓄率的下降。

第二，从生命周期角度看，人口老龄化会逐渐改变需求端的经济结构。老龄人口的消费结构表现为更多医疗开支、公共品开支以及其他消费品开支，更少房地产、交通通信等方面的消费需求。

第三，人口老龄化将影响金融机构的格局。目前金融体系以银行为主导，未来可能出现银行和机构投资者为主导的金融体系。随着人口老龄化，人们的风险意识趋于保守，契约式储蓄机构能够提供长期稳定收入流，满足老龄化人口的投资需求。因此，形成了银行传统业务的地位下降和契约式储蓄机构为代表的机构投资者稳步上升的局面。从 2006 年年末至 2016 年 10 月，中国保险投资结构中，银行存款由 30.32% 降至 18.00%，债券投资由 18.46% 上升至 33.66%；股票和基金投资由 9.26% 上升至 14.42%；其他投资当前占比 33.93%。

在现有养老金制度下，养老金缺口持续扩大。根据世界银行统计，目前中国养老医疗保险覆盖率已大幅上升。然而，在过分依靠第一支柱的格局之下，中国的养老保障基金存在很大的缺口，养老金的长期可持续能力仍较弱。世界银行测算显示，2015年中国社保投入资金规模仅为社保基金需求规模的87%，填补资金缺口仍是重大挑战。随着老龄人口比例逐渐增加，这一缺口会持续增大，将2015年至2050年间养老金投入与支出的净现值与2014年GDP做比较，城镇职工养老保险缺口累计值相当于2014年GDP的64%，城乡居民养老保险缺口累计值为2014年GDP的12%，二者相加高达GDP的3/4以上。长期视角下巨大的养老金缺口也意味着，未来养老金制度改革具有必要性，而金融机构业务的潜在空间巨大。

包括社会保障计划、雇主养老金计划以及个人储蓄养老金计划为主体的三支柱养老保障体系是发达国家的普遍做法，也是未来中国养老金改革的方向。

2011年，全美养老金总资产、私人养老金总资产均已超过美国国内股票总市值。美国ICI发布的《2016年美国基金业年鉴》显示，2015年美国养老金总资产达24万亿美元。美国养老金最大的组成部分是IRA（个人退休账户）和雇主发起式DC（养老固定缴款）计划，两者的资产规模分别为7.3万亿美元和6.7万亿美元，合计占美国全部养老金资产近60%。IRA账户中持有共同基金的比例达到48%，DC计划持有共同基金的比例超过54%，可以说，共同基金占据美国养老金半壁江山。养老金融的发展成为打通美国实体经济和金融市场的重要通道之一。

英国颁布的《2008年养老金法案》确立了职业养老金体系的新改革，同时将养老金与银行、证券、保险提到了同等重要的位置。2012年10月起，职业养老金成为更具强制性的职业年金，在职者将自动加入职业养老金计划，员工缴纳工资的4%、企业缴纳员工工资的3%，政府以税收让利的形式缴纳1%，合计8%的员工工资注入员工的个人账户，组成半强制性的养老金。

未来中国养老金制度改革的重点是大力发展第二、第三支柱养老金，建立养老金投资运营体系等。而第二、三支柱的兴起将为中国金融资产管理行业带来发展空间。在养老金资产管理上，主要集中在个人银行储蓄，银行代发养老金，企业年金的运营管理以及商业养老保险等。

养老金与金融市场有效对接有助于同时带动养老产业及金融行业。从金融业的角度看，养老问题本质上也是带有典型的金融特征的问题，存在着跨期、跨地域资产配置的基本需求。养老金融不仅涵盖养老金金融，还包括养老服务金融和养老产业金融，分别针对养老金资产保值增值需求、老年金融消费需求以及养老产业投融资需求而出现。经营养老金金融商品、涉及养老产业和提供养老金融服务的行业都可归为养老金融业。其中，养老金金融是养老金融的重中之重，主要包括养老金制度安排和养老金资产管理。

养老金融的主体是与养老有关的储蓄投资机制，主要包括社会基本养老保险基金、企业年金、商业养老保险、养老储蓄、住房反向抵押贷款、养老信托、养老基金等方式。中国目前的养老金融产品主要还集中在银行储蓄类产品上，保险类产品有了一定开发，但证券类产品相对稀少，基金类和信托类产品几乎还是空白，房地产类产品（如以房养老）正在积极酝酿试点。

2015年国务院印发《基本养老保险基金投资管理办法》，养老基金各类资产投资中投资股票、股票基金、混合基金、股票型养老金产品的比例，合计不得高于养老基金资产净值的30%。主要还是用于银行存款和国债等领域，虽然该投资方向能有效地规避投资风险，但是利率难以持续覆盖当期通货膨胀水平，使养老金资产保值增值能力有限，贬值压力逐渐凸显。

投资于资本市场的养老金是发展养老金融的核心，企业年金、职业年金的作用越来越显著。2015年年底美国市场化运营的养老金规模达到24万亿美元，是当年 GDP 的145%，广泛托管于商业银行、基金、保险等各类金融机构。养老金通过资本市场实现保值增值，也是资本市场重要机构投资者，其中投资于股票、VC、PE 等股权类产品的比例高达60%，支持了实体经济发展，也推动了新兴产业涌现和产业创新升级。

从整个养老产业的角度看，养老金融业既可以看作是整个产业链条中独立的一部分，无论其涉及的人口规模还是相应的资金总量，都远远超过养老用品业、养老服务业和养老地产等业态。养老金融业也可以看作是养老产业的金融部分，横跨银行、保险、证券、基金、信托和养老地产和养老服务等领域，同时关联到广泛的金融产业链。可以看出，养老金融既是金融体系的重要组成部分，又是养老产业的关键，关系未来整个金融业的发展方向。

小贷公司可持续发展之道 *

  自 2008 年地方政府开展小额贷款公司试点以来，小额贷款业务一度发展迅速，在支持小企业发展、化解小企业融资压力方面发挥了积极作用；但是，近年来，小贷公司的发展却面临明显的挑战。

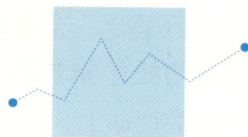

一、小额贷款公司近年来遭遇行业发展瓶颈

  自 2008 年 5 月中国银监会和中国人民银行联合下发《关于小额贷款公司试点的指导意见》以来，小额贷款以其灵活性和便捷性，弥补了小城市、农村及偏远地区的金融服务不足，行业经历了快速发展。然而近年来，部分小额贷款公司的发展遭遇瓶颈，行业规模持续缩减，经营状况不容乐观。

  （一）机构数量及从业人员数量稳中趋降

  自 2015 年开始，小额贷款公司的机构数量和从业人员规模呈现双降趋势。截至 2017 年 6 月底，中国共有 8643 家小额贷款公司，从业人员达 10.81 万人。较 2015 年分别减少 3.00% 和 7.85%（见图 1 和图 2）。

---

  * 文章来源:《今日头条》2017 年 10 月 18 日。

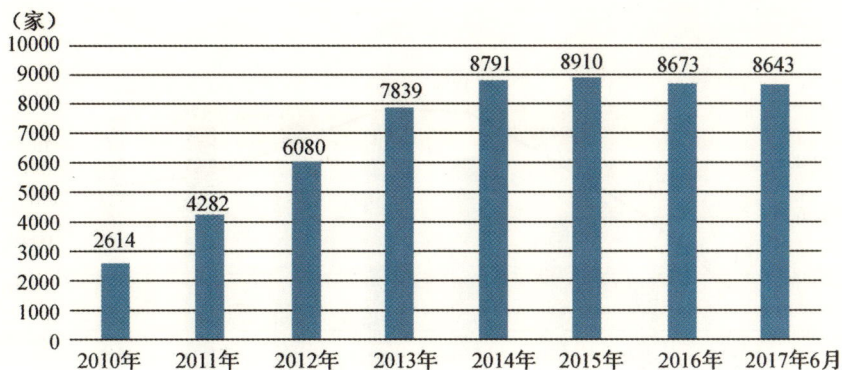

图 1　中国小额贷款公司数量

数据来源：Wind 资讯。

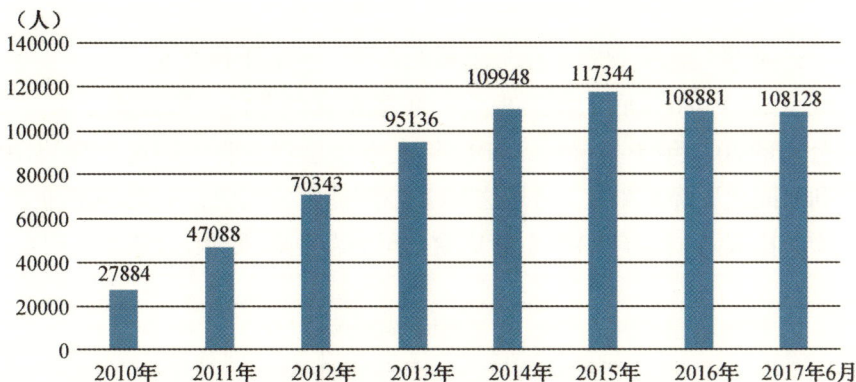

图 2　中国小额贷款公司从业人员数量

数据来源：Wind 资讯。

（二）小贷公司的贷款余额占金融机构贷款余额的比例呈现持续下降趋势

自2014年起，小额贷款公司贷款余额基本稳定，但是占金融机构总贷款余额的比例持续下降。截至2017年6月底，中国小额贷款公司贷款余额为9608.2亿元，占金融机构总贷款余额的0.84%（见图3）。

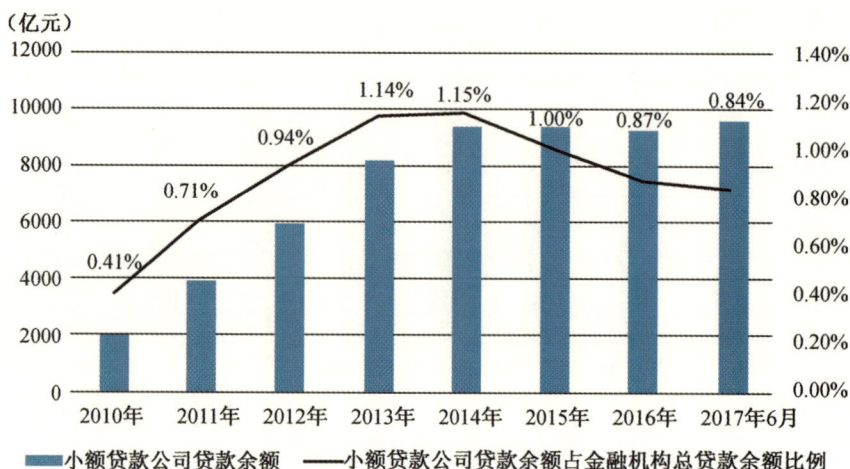

图 3　中国小额贷款公司贷款余额及占比

数据来源：Wind 资讯。

（三）从平均水平观察，小贷公司的营收、利润下滑严重

截至2017年6月底，新三板共有40家正常经营的小额贷款公司，根据各家公司的2017年中报显示，2017年上半年总营业收入同比下降15.30%，总净利润同比下降8.70%。另外这40家小额贷款公司中，有20家营业收入、净利润同比双降，仅有10家小额贷款公司的营业收入同比上升（见图4）。

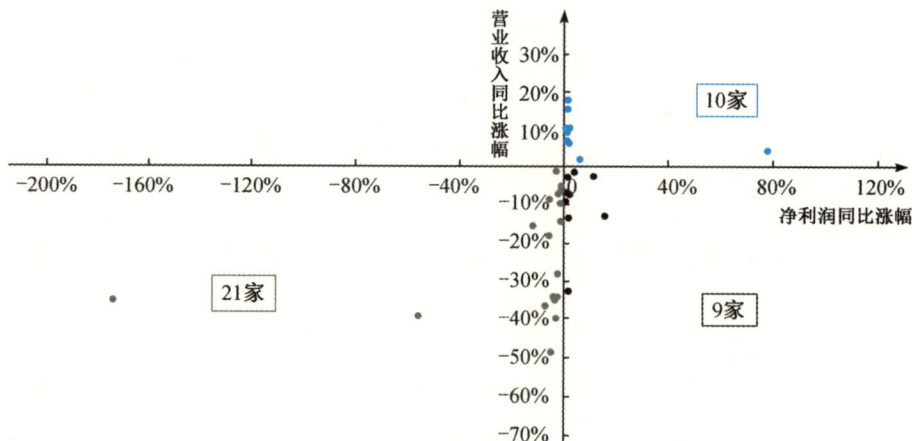

图 4　新三板小额贷款公司营业收入及利润同比涨幅分布图

数据来源：Wind 资讯。

二、部分小额贷款公司的发展面临多种因素的掣肘

(一)融资渠道受限

根据《关于小额贷款公司试点的指导意见》规定,小额贷款公司不得吸收公众存款,资金来源为股东缴纳的资本金、捐赠资金,以及来自不超过两个银行业金融机构的融入资金。但是可行的两种融资渠道"股东缴纳资本金"和"银行融资"却又受到《关于小额贷款公司试点的指导意见》中的限制。

一方面,指导意见中"规定单一自然人、企业法人、其他社会组织及其关联方持有的股份,不得超过小额贷款公司注册资本总额的10%"。虽然各地区在此限制基础上有所放宽,但是目前看来,除了广东省取消股份限制以外,其余地区依旧有所限制,例如泉州市规定在一定情况下,该比例可放宽至49%。但是股权的分散依旧使得小额贷款公司难以从单一大股东处获得充足资金支持。

另一方面,指导意见规定"小额贷款公司从银行业金融机构获得融入资金的余额,不得超过资本净额的50%"。而伴随着商业银行不良贷款率的攀升(见图5),对于小额贷款公司这类没有获得正式"金融机构"身份的对象,贷款的审核更加严格,这进一步压缩了小额贷款公司的融资空间。

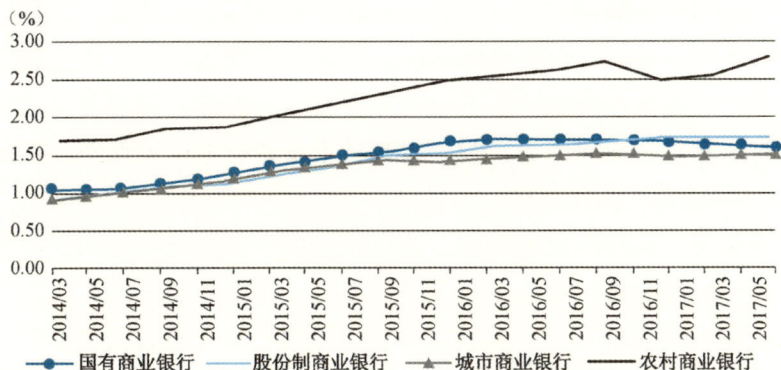

图 5　中国商业银行不良贷款率走势图

数据来源:Wind 资讯。

（二）小贷公司如何才能替代民间高利贷

从特定角度说，小贷公司业务的发展客观上具有替代民间融资，特别是民间高利贷的功能。社会资金要通过小贷公司进入小微企业，需要承担较高的申请小贷公司牌照的成本，以及相关的税费如日常经营中要缴纳5.5%的营业税和附加，以及25%的所得税。与此形成鲜明对照的是，民间借贷活动实际上并不需要申请牌照，也在事实上不需要缴纳税款，不受严格的监管。因此，较高的小贷经营成本使得其与民间借贷在竞争中并不具有优势，反而促使一些社会资金不是通过规范的小贷公司进入市场，而是直接走向民间借贷。

目前，在小贷公司的监管制度中要求单一股东持股比例的限制，使得小贷公司的发起人股东没有足够的积极性将小贷公司做大做强，也难以持长远的经营打算。

很多实例显示，小额贷款公司的发起人在承担申请牌照、控制风险、做好运营管理等成本之后，综合测算下来往往也只能获得经营利润较低比例以内的分配，这可能倒逼本来有志于进入小贷公司的资金转入高利贷市场。

（三）部分小贷公司的风控体系相对薄弱

2017年上半年新三板上挂牌的小额贷款公司不良贷款余额2166.18万元，不良贷款率7.18%，部分公司超过30%。不良贷款率的高企有着两方面客观原因，一是部分小额贷款公司放贷对象多为银行筛选后的客户，往往没有银行贷款记录，存在一定的信用风险；二是现行政策限制小额贷款公司跨区域经营，这使得在当地发生不可抗力的自然灾害时，很容易造成贷款的集体违约。除去客观原因的影响，过高的不良贷款率主要反映出部分小额贷款公司风险管理能力的缺失。

具体来说，风控体系的薄弱，一方面是由于在部分小额贷款公司发展初期，为了抢占市场份额，采取了多种灵活、便捷的放贷方式，例如无抵押、免担保、快速放贷等。虽然这推动了小额贷款公司的规模发展，但是也加大了公司面临的信用风险。当客户出现无法履行合约条件的情况时，由于抵押物、担保人的缺失，小额贷款公司将很难实现贷款的本息回收。另一方面是由于随着互联网技术的发展，风险管理也逐渐向大数据分析等新兴手段和工具靠拢。但是根据2017年6月的数据显示，中国小额贷款公司平均从业人员12.5人，大部分小额贷款公司由于规模和能力的限制，很难自主建立独立的内部风控体系。

（四）行业竞争加剧

随着小额信贷需求的增加，小额贷款公司面临的竞争压力越来越大。小额贷款公司的主要竞争对手包括银行、P2P网贷平台和消费金融公司等。银行由于其资金来源充足，资金成本较低，并且基于其广泛分布的网点，在开展小额贷款业务上存在一定优势。P2P网贷平台和消费金融则充分利用互联网优势，突破了经营地域限制，丰富了资金来源，对小额贷款公司的业务影响也在逐渐加大。

三、小额贷款公司如何突破约束来实现可持续发展

（一）聚焦于普惠金融是前提条件

《推进普惠金融发展规划（2016—2020年）》中明确指出推广创新针对小微企业、高校毕业生、农户、特殊群体以及精准扶贫对象的小额贷款。2017年6月9日，财政部和国家税务总局联合发布《关于小额贷款公司有关税收政策的通知》，指出在一定条件下，对农户小额信贷利息收入免征增值税。这表明国家鼓励并引导小额贷款公司在"三农"、小微企业等方面发挥积极作用，更好地服务实体经济发展。所以在此背景下，小额贷款公司应聚焦普惠金融，继续将客户群体锁定为小微企业和"三农"，借助政策红利，打破发展瓶颈，实现可持续发展。

（二）多元的融资渠道是核心动力

目前小额贷款公司的融资渠道过于狭窄，过高的融资成本也倒逼小贷公司转向可以承担高利率的高风险客户。虽然2014年5月，中国人民银行、银监会等下发的《小额贷款公司管理办法（征求意见稿）》中对融资渠道大幅拓宽，取消了相关限制比例，但是至今该文件仍未正式下发，较大的运营资本压力使得小额贷款公司难以拓展自身业务。政府层面应考虑进一步放开小额贷款公司的融资限制，明确小额贷款公司的"金融机构"身份，允许小额贷款公司为小微企业提供投资、担保、咨询等增值服务，同时对部

分经营业绩良好的小额贷款公司在依法合规的情况下，鼓励其上市（挂牌），利用资本市场进行融资。对于小额贷款公司本身，应充分运用信贷资产转让、发行公司私募债券等多元化的融资方式来扩大经营，为公司的持续发展提供动力。

（三）有特色的商业模式和风控体系是重要保障

探索有特色的商业模式，是小贷公司发展的关键，例如，有的地区试点将小贷公司作为拓展供应链金融的平台，通过服务供应链金融来探索新的商业模式，提升风险管理能力。从实际案例看，小额贷款公司首先应坚持"小额""分散"的放贷原则，降低风险集中度，避免集体违约情况的发生。其次，应该从贷前尽调和贷后管控两方面建设全方位的风险管控体系。贷前尽调方面，小额贷款公司除了应加强客户经理的素质培训，提高其风险审查能力和担保（抵押）物的质量评估能力以外，还可以利用"熟人圈"介绍客户或者借鉴孟加拉乡村银行的"小组联保"模式，让小组成员互相监督，以此降低客户群体的信用风险。贷后管控方面，应加强对客户的日常监测及风险预警。例如对小微企业客户，应对其经营状况进行实时跟踪，并根据所在行业的政策变化、发展趋势，对其还款能力进行评估判断，避免违约情况的发生。在自建能力不足的情况下，小额贷款公司可以引进专业的大数据金融信息服务机构，为公司建立严格的风控体系。

参考文献：

［1］巴曙松.改良小贷公司［J］.中国投资，2012（8）.

［2］巴曙松.小额贷款公司发展中的挑战与改进［J］.博鳌观察，2013（2）.

［3］巴曙松.小贷公司的美丽与哀愁［J］.金融经济，2015（2）.

绿色金融：有何挑战？机遇何在 *

一、背景、机遇和挑战

在全球气候变暖的背景下，"低碳经济""低碳技术"日益受到各国关注。在国际金融危机的复苏过程中，以低碳经济为主的发展方式成为主流，极大地推动了全球经济的回暖。

低碳经济的实质是能源高效利用、清洁能源开发、追求绿色 GDP，是人类社会继农业文明、工业文明之后的又一次重大进步。

作为最大的发展中国家，中国发展低碳经济的机遇和挑战并存。从长远看，探索低碳发展之路不仅符合世界能源"低碳化"的发展趋势，而且也与我国转变增长方式、调整产业结构、落实节能减排目标和实现可持续发展具有一致性。从近中期看，中国受到发展阶段的制约，实现低碳转型面临经济快速增长、国际贸易分工的低端定位、巨大的就业压力、以煤为主的能源结构、技术水平相对落后，以及体制机制等方面的障碍。因此，中国正处于经济增长机遇和低碳转型的两难选择之中，我们必须既遵循经济社会发展与气候保护的一般规律，顺应发展低碳经济的潮流和趋势。同时根据我国的基本国情和国家利益，寻找一条协调长期与短期利益、权衡各类政策目标的低碳发展路径。

二、发展绿色金融的必要性

绿色金融是指金融业在投资行为上注重对生态环境的保护，对环境污染的治理，增强对环保产业发展和技术创新的支持，通过对自然生态资源

---

* 文章来源：《今日头条》2017 年 6 月 21 日。

的引导，促进经济的可持续发展和生态的协调发展。据《中国银行家调查报告（2016）》数据显示，有88.9%的受访银行家认为当前开展绿色金融将对银行经营产生正面影响，有97%的受访银行家认为绿色金融在未来五年将成为银行业务的重要组成部分。除了银行家对发展绿色金融有着普遍认同，就目前我国低碳产业发展现状来看，绿色金融同样亟待发展。

首先，绿色金融可以为有大量资金需要的低碳经济发展模式提供支持，与此同时，低碳产业巨大的经济效益可以产生充足的资金回流，实现企业和金融机构的双赢；其次，在全球经济走低碳经济道路的背景下，绿色金融是发展的必然趋势，银行作为特殊的企业，要考虑经营风险和收益，环境风险已经越来越被金融企业所重视，不良的环境表现，会引起金融投资客户的盈利能力下降，最终危及债务安全，增加客户偿还债务的风险；最后，金融业是现代经济的核心，通过为环保产业提供融资服务，引导资金流向绿色产业，支持新技术、新发明研发，成果用于被污染环境的治理，改善生态环境，以促进经济的可持续发展。

三、现状以及存在的问题

2016年为中国绿色金融的元年，3月17日发布的《"十三五"规划纲要》明确提出"建立绿色金融体系，发展绿色信贷、绿色债券，设立绿色发展基金"，中国绿色金融体系的建设上升为国家战略。8月31日，中国人民银行、财政部、国家发展改革委、环境保护部、银监会、证监会、保监会联合印发《关于构建绿色金融体系的指导意见》，对"发展绿色金融"这一顶层设计做出了指导。9月4日在杭州召开的G20峰会上，中国首次把绿色金融议题引入议程，同时倡议设立绿色金融研究小组并提交了《G20绿色金融综合报告》，为推动全球经济向绿色低碳转型提供了翔实的理论依据和数据支持。

进入2017年后，关于绿色金融的各项标准体系开始逐步建立，涉及绿色贷款、绿色债券等多个方面。如3月2日证监会发布的《中国证监会关于支持绿色债券发展的指导意见》，3月22日中国银行间市场交易商协会发布的《绿色债务融资工具业务指引》等。6月8日，中国人民银行、银监会、证监会、保监会、国家标准委联合发布了《金融业标准化体系建设发展规划（2016—2020年）》，其中"绿色金融标准化工程"被列为重点工程。

目前我国绿色金融业务主要包含绿色证券、绿色信贷和绿色保险三方面。从发展现状看，主要存在以下几方面的问题：

第一，绿色证券政策的资本市场环境尚未成熟，环保核查和环境信息披露制度很不健全。首先，由于我国资本市场本身所具有的"新兴加转轨"的双重特征，本身存在结构问题，使得市场功能的有效性发挥受到限制，导致资本市场弱有效，使得资本市场环境准入机制尚未成熟，对于绿色证券实施的有效性产生重大影响。其次，我们缺乏对公司上市前的环保检查和上市后过程控制的环保监管体系，导致一些企业在成功融资后不兑现环保承诺。最后，资本市场的信息不对称及其导致的道德风险和逆向选择问题，导致环境信息披露的质和量都不能够得到有效的保证。

第二，绿色信贷的标准不完善，机制体制不健全。一是绿色金融的行政管理体制没有理顺。二是企业内在激励约束机制不足。三是信息沟通机制亟待完善。四是目前"绿色信贷"的标准不够细致，缺少具体的绿色信贷指导目录、环境风险评级标准等。商业银行难以制定相关的监管措施及内部实施细则，降低了"绿色信贷"措施的可操作性。五是银行缺少专门的绿色信贷人员、机制和制度。

第三，绿色保险的法律法规相对缺乏，对道德风险行为的规避存在困难。首先，法律法规严重滞后，难以推出强制性环境污染责任保险。其次，在绿色保险实施后容易出现道德风险，缺少相关的监督机制。

四、 政策建议

第一，健全推进绿色金融的法律法规保障体系，为利用金融手段促进低碳经济的发展提供保障。当前，我国在绿色金融方面的法律法规的制定和实施，相对于市场需求滞后，应根据经济形势的变化，适时调整、完善、修订相关的法律法规，为推进绿色金融的实施提供强有力的制度保障和法律支撑。

第二，完善环保和金融部门的信息沟通和共享机制。金融部门获得及时和有效的企业环保信息，是绿色金融开展的前提。环保和金融部门应该明确分工，加强彼此间的合作和交流，加大相关人员的环保知识的培训，通过信息平台和企业征信系统等方式，规范信息共享程序，建立信息共享机制。政府要加强推进金融行政管理体制的创新，建立中央垂直管理为主的双重领导模式，可以由环保总局牵头成立高层次的协调机制，解决整合各方力量，实现绿色金融行政管理体制的创新。

第三，在绿色金融融资体系中引入环保因素，推进绿色金融实施有效的标准体系。具体来说，一是金融企业在开展其业务时，必须把环境风险作为投资考察的重要目标，并进行项目的环境风险管理，利用国际上比较成熟的环保信贷准则，研究制定中国的绿色信贷指南。二是在金融机构信用考核评级中加入环保因素，建立科学的金融机构环境信用评级标准。三是研发上市公司的环境绩效评估体系，并且定期发布中国上市公司环境绩效指数及排名细则。四是制定绿色保险的相关制度，包括保险费用、赔付的程序等工作细则。

第四，设计并创立企业的环境会计制度。利用环境会计制度向政府环保监督部门和金融部门提供企业的环境会计信息，金融机构据此对企业的未来财务状况的影响，对自己的绿色信贷策略做出判断。

第五，加强国际交流和合作，借鉴国际先进经验。一是加强和世界银行、国际金融公司、亚洲开发银行等国际金融组织合作，和这些国际金融组织在开展能效项目合作的同时，加大在碳市场、碳基金、气候保险等方面的交流。二是加大和跨国银行的合作，吸收跨国银行在绿色金融产品和服务方面的先进经验，发展中国自己的绿色金融。三是加强国际温室气体排放和交易领域的合作，参与清洁发展机制（CDM），积极吸取国际温室气体排放交易所取得的经验，加快发展国内的温室气体排放交易市场。

第六，激励加快绿色金融服务产品的创新和推出。创新绿色信贷、绿色债券、绿色基金等。支持绿色产业的发展，促进金融业业务结构的调整。

参考文献：

［1］巴曙松，严敏，吴大义.后金融危机时代中国绿色金融体系的发展趋势［J］.金融管理与研究：杭州金融研修学院学报，2010（2）.

［2］中国银行业协会，普华永道会计师事务所.中国银行家调查报告（2016）［M］.北京：中国金融出版社，2017.

［3］鲁政委，汤维祺.绿色金融半年报（2016H1）：中国开始引领全球绿色发展［R］.兴业证券，2016.

城镇化

New Cycle and New Finance

- 中国城镇化呈现 "3+6" 格局
- 城镇化融资改革需要重点关注哪些问题
- 探索 PPP 发展的中国路径
- 如何为 PPP 项目插上资产证券化的 "翅膀"
- 创新融资模式的四个新趋势
- 中小企业融资创新趋势

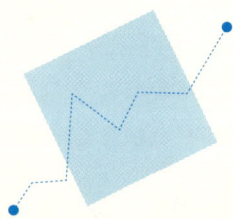

新 周 期 与 新 金 融
New Cycle and New Finance

中国农地改革的路在何方？ *

　　土地改革是中国启动经济转型、推动新型城镇化，开启新一轮制度红利的中心环节和关键挑战。建设统一开放、竞争有序的市场体系，使市场在资源配置中起决定性作用的基石之一，即是建立城乡统一的建设用地市场，最终实现农村集体经营性用地与国有土地同等入市，同权同价。

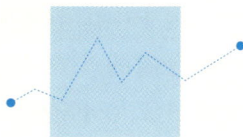

一、背景条件：土地改革为何势在必行

　　中国的现行土地制度在世界上是最为独特、最为复杂的制度。这套体系的核心内容可以概括为三点：二元分割、政府垄断和非市场化配置。

　　第一，所谓二元分割是指城市和农村是完全分离的，采取了完全不同的两种所有制。城市土地属于国有，地方政府享有建设用地的处置权、出让权和收益权。农村土地则是农民集体拥有农地农用时的土地使用权、收益权和转让权，但是在农地转为非农用时，农民的土地权利在获得原用途的若干倍数补偿后即告丧失。

　　第二，所谓政府垄断是指城市土地市场的供给是由地方政府通过征收农地而独家垄断。依据不同的土地使用用途，采取不同的土地出让方式，主要形式有三种：经营性用地是实行"招拍挂"的形式入市；政府以公共目的使用的土地通过"划拨"的形式入市；工业用地在2004年之前是以"协议"的形式出让，2004年之后名义上采取"招拍挂"的形式出让，但事实

---

　　* 本文发表于《中国乡村发现》2016年第5期。

上还是基本根据成本价格出让。

第三，所谓非市场化配置是指耕地占用实行审批制度。为确保粮食安全，中国实施了最严格的耕地保护制度，通过计划手段保护18亿亩耕地红线。建设用地的供给则实施严格的指标控制，即按照土地利用总规划（规划期为15年）、城市总体规划（规划期为10年）、城市新增建设用地规划（规划期为1年），确定土地供应和利用计划，并严格按照计划征收、储备土地，最终通过不同方式实现土地的供应出让。

由于中国土地所有权和产权制度的二元分离，这使得中国的土地市场也是分离的。农用地市场和城市建设用地市场是完全不同的两个概念。这种城乡二元分割格局是中国土地制度的核心症结，也是一系列问题的根源。这些问题日益成为制约中国经济转型和实现人口城镇化的突出矛盾，集中表现在三个方面：

一是城中村的法外不集约利用。中国城乡接合部地区的土地是当前土地使用效率最为低下，但又面临法律冲突最为剧烈的地段。按目前的制度安排，城市土地是国有的，农村土地属于集体所有，但是城乡接合部地区的广大土地，是在城市范围内，而又属于集体所有。这些土地按照宪法规定，应该收回国有，但政府又拿不出那么多钱来征地。

二是工业用地的利用效率低下。目前，中国城市中工业用地占比过高，既未实现集约利用，又挤占城市宜居空间。

三是过度依赖土地财政所带来的金融风险。中国地方政府进行城市建设的融资是依靠土地抵押和政府信用。2013—2015年，是政府土地抵押贷款的还款高峰期，土地出让金收入甚至成了地方政府偿债的资金来源，宏观经济波动所造成地低价下降和购地减少会造成政府偿债能力的迅速降低。

因此，考虑到这些突出的问题，某种程度上，中国现行的土地制度的可持续性已经变弱，到了不改不行的地步，需要在改革上给予优先考虑和安排。

二、改革思路：市场化是土地改革的主线索

仔细梳理十八届三中全会关于土地改革的总体部署，可以发现，使市场在土地要素的配置中发挥决定性作用是一条贯穿土地改革的主线索，围

绕这个线索，也可将土地改革的内容用三个关键词加以概括：市场化、收益分配、分类处置。

（一）市场化

这表现在几个层面：（1）在符合规划和用途管制前提下，允许农村集体经营性建设用地出让、租赁、入股，实行与国有土地同等入市、同权同价。（2）缩小征地范围，规范征地程序，完善对被征地农民合理、规范、多元保障机制。扩大国有土地有偿使用范围，减少非公益性用地划拨。（3）稳定农村土地承包关系并保持长久不变，在坚持和完善最严格的耕地保护制度前提下，赋予农民对承包地占有、使用、收益、流转，以及承包经营权抵押、担保权能，允许农民以承包经营权入股发展农业产业化经营。鼓励承包经营权在公开市场上向专业大户、家庭农场、农民合作社、农业企业流转，发展多种形式规模经营。突破性提出赋予承包经营权的抵押和担保功能，这意味着农村耕地的资产和融资功能首次被决策层认可。

（二）收益分配

这表现在几个层面：（1）建立兼顾国家、集体、个人的土地增值收益分配机制，合理提高个人收益。如果在执行环节中土地增值收益的分配能够改变过去的补偿方式，转向参考土地市场市价补偿，将会显著提高农民的收益。（2）赋予农民更多财产权利。保障农户宅基地用益物权，改革完善农村宅基地制度，选择若干试点，慎重稳妥推进农民住房财产权抵押、担保、转让，探索农民增加财产性收入渠道。建立农村产权流转交易市场，推动农村产权流转交易公开、公正、规范运行。（3）允许财政项目资金直接投向符合条件的合作社，允许财政补助形成的资产转交合作社持有和管护，允许合作社开展信用合作。鼓励和引导工商资本到农村发展适合企业化经营的现代种养业，向农业输入现代生产要素和经营模式。

（三）分类处置

这里的含义是十八届三中全会所确定的土地改革方案事实上是一个分类改革的方案，具体而言：（1）对于耕地，既坚持了传统上的集体所有权这一基本前提未变，同时也坚持"农地农用"的基本原则未变，改变的重点是集中式耕地经营的方式，方向是实现农业的规模种植和现代农业。（2）对于农村集体所有"经营性用地"，则提出"在符合规划和用途管制前提下"流转，这个前置条件从根本上决定了农村经营性用地距离真正意义上的市场化还有一段很长的路要走。经营性用地流转的范围实质上是受限的。（3）在农地向非农建设用地转换环节，目前实行的征地和"土地招拍挂"机制没有改变，只是减少了征地的范围，提高对农民的补偿，这意味着交易环节，地方政府对土地市场的干预仍然较强。

三、改革影响：寻找新的土地红利

尽管中国的土地市场距离真正的市场化仍然道路漫长，但十八届三中全会已经沿着这个方向开启了新的征程，也必将会产生一系列影响，在某种程度上缓解当前中国土地制度的矛盾，并有望产生新一轮的改革红利。

第一，农村集体经营性建设用地流转将缓解城市土地指标的约束，也有助于提升土地使用的经济效率。从增量角度评估，中国的建设用地占比仍偏低，而集体建设用地的流转则为未来的增量土地开发提供空间。从存量角度评估，目前处于城市拓展区范围之内，但在产权属性上仍是集体所有的存量建设用地，虽然是工商业或住宅（小产权）用途，但是使用效率普遍较低，如果能够在新的改革方向下重新配置这部分土地，不仅可以提升土地的使用效率，也可以释放出更多的城市用地，而且这部分土地已经处于城市之中，其经济价值更大。总体看，集体建设用地流转空间极为广阔，可缓解城市土地指标的约束。

第二，集体建设用地流转将改变城市存量土地的使用结构，表现为工业用地占比的下降和商业用地占比的上升，这会带来城市的转型甚至城镇化的转型。通常，不同发展阶段、不同的城市功能定位以及不同的城市发展规划都会导致城市建设用地的配置结构呈现规律性变化。更为重要的是，城市建设用地结构的变化事实上反映的是城市的转型，在工业化和城市化的中后期阶段，大城市或中心城市通常会成为工业的总部经济中心和生产性服务业中心，占地面积较大的工厂则逐步外迁，导致城市中心工业用地比重逐步下降。具体到中国的情况，目前来看，北京、上海、深圳、天津等一线发达城市正逐步过渡到这个阶段，城市建设用地中工业用地的比例会日益减小，住宅、商业和基础设施的用地比例将增加，而且在农村集体建设用地流转和工业外迁两个力量的叠加驱动下，新增的工业用地将主要集中在大城市的周边或郊区集体建设用地上。

第三，尽管集体建设用地流转部分缓解了城市土地指标紧张的约束，但未来中国土地城镇化的总体趋势仍然是从数量扩张过渡到效率扩张。普遍的看法是中国的城镇化进程主要是土地面积的扩张，人口扩张速度相对较慢，这导致土地使用效率的偏低。因此，在这种情况下，在未来一段很长的时间内，中国土地城镇化的核心问题将从数量扩张过渡到效率扩张。

第四，围绕土地增值收益分配的改革则可能为农民工带来一定的财产性收入，从而成为推动转移人口市民化的潜在突破口。转移人口与城市居民的最大差距在于财产差距，财产差距难以破除的关键原因并非农民没有财产，而是财产无法通过市场途径变现。农民的财产可分为三类，即耕地使用权、宅基地使用权、房屋所有权，这三类财产若能市场化变现，人均资产性收入将会明显增加，可以在很大程度上覆盖转移成本。此外，若能按照十八届三中全会所指引的方向，在土地增值收益分配环节，适度提高耕地占用、宅基地流转的增值收益分配比例，那么农村转移人口市民化问题的成本压力就没有想象的那么大。

第五，耕地流转是实现农业规模经营和农业现代化的前提条件，下一阶段，中国农业生产经营方式的转变将成为新的亮点。截至 2011 年年底，全国实行家庭承包经营的耕地面积为 12.77 亿亩，其中已经流转的总面积为 2.28 亿亩，流转面积同比增速达 22.1%；在改革政策的推动中，按照 2011 年的流转面积和流转增速简单匡算，中国将于 2020 年前实现耕地"全流转"。耕地流转和规模经营的目标是农业劳动生产率的扩张、生产成本的下降和农作物质量的提升。从国际对比来看，中国的农作物单产仅仅低于作为发达国家的美国、英国和日本，远远高于印度和巴西，是世界平均水平的 1.6 倍，规模种植本身不仅难以增加，甚至有可能减小单产。而且中国的化肥使用密度是世界平均水平的 2.5 倍，远远高于美国和英国，规模经营并不会带来农资使用总量的增加，但是会带来使用结构的变化。因此，规模经营的关键是通过生产和管理方式的机械化来实现劳动生产率的提升，目前中国的农业劳动生产率是日本的 1%、美国的 20%、世界平均水平的 50%，提升空间较大，尤其是收割领域。

中国城镇化呈现 "3+6" 格局 *

深圳是中国二手房流通率最高的城市

巴曙松指出，未来中国城市的主力格局就是 "3+6"，包括三大城市群，加上 6 个主力城市，这个格局将成为未来一段时间城市群的一个主要动力。2016 年，从宏观层面看，"3+6" 城市格局占全国人口 19.5%，创造的 GDP 占比达 36.8%，新房交易额占比达 46.2%，二手房交易额占比达 73.5%。城市圈的大城市人口、资金吸引力持续增强；房地产交易占比高；转型的开发商由开发投资走向多元化运营，同时集中度不断提高。

房地产行业 "增量时代" 正在远去，新房供需趋于平衡。他展示的一张中国、美国、日本房地产投资增速图显示，"增量时代" 正在远去，开发投资对宏观经济的拉动正在减弱。自 2012 年之后，中国、美国、日本房地产投资增速基本上与成熟市场的投资增速慢慢接近，已回到常态。

二手房流通性的提升标志着 "存量时代" 已经来临。在各国及典型城市二手房流通率中，深圳仅次于澳大利亚，成为中国二手房流通率最高的城市。他表示：2016 年，中国二手房交易额超过 6 万亿元，占住房交易总额比例达 41%。一个以增量为主导的房地产市场，和一个以存量为主导的房地产市场，价格趋势会呈现许多新特点。2016 年，北京、上海的二手房交易额占比已高达 74% 和 72%，已达到成熟国家的市场水平。北京和上海的二手房交易量已平均达到新房的 3 倍。种种迹象表明，"存量时代" 已经来临，越来越多的城市进入二手房时代。

巴曙松分析道，房地产已经出现了结构性的转变，从 "增量时代" 转

---

*　本文发表于《深圳商报》2017 年 9 月 11 日，2017 年 9 月 12 日刊载于公众平台 "金融读书会"。

向"存量时代",重心也将从开发转向服务。这意味着二手房的流通、租赁等交易服务和装修、维护、搬家、保洁等维护服务,以及租金、货币化等金融服务将取代房地产开发投资,成为未来新的经济增长点。

与此同时,购房需求进一步向城市圈集聚,进入大城市圈时代,城市圈内房价联动性增强。特大城市的公共资源、更多的发展机会、产业的集聚等使人口不断集聚。如北京集中了9所985高校和80所三甲医院,占比全国分别达到23%和5%,对其他城市人口的汲取效应显著,人口的增多则带来了更多的住房需求。部分需求在价格、产业转移等影响下向大城市周边城市转移。

未来十年租赁市场增长最快

巴曙松表示,目前市场状况最典型的特点是分化持续。一线城市成交量低位企稳,成交价趋稳,二线城市分化严重。从全国房地产开发投资额累计值同比增速表上看,开发投资增速有所回落。他预测,政策基调预计保持平稳,下半年的二手房市场成交量价将在低位保持稳定。量价上行的三四线城市缺乏基本面支撑,中长期市场面临回调。

对于未来展望,巴曙松认为,政策基调会保持平稳,推动租购并举。本轮调控全面且持久,政策方向开始转向增加供给及发展租赁。租赁在发达国家的居住结构里面占有非常重要的地位,美国、日本、英国三国的租赁家庭占比普遍在35%以上,而中国的租赁人群占比只有大概21%。

不管是"租售同权"还是"共有产权"目的都是落实房子是用来住的,只有解决了"住"的问题才能解决"炒"的问题,发展租赁市场是其中的一个重要方面。他表示,未来租赁人群的占比会继续提高,那样就使得房地产在以新的方式转变,租赁产业链将拉动GDP的增长,增加就业。

他认为,未来十年租赁将成为中国房地产市场增长空间最大的一个市场。租赁市场针对不同层面的需求提供不同产品和服务,这样的格局有助于房地产市场更加平稳地发展。

城镇化融资改革需要重点关注哪些问题 *

当前中国城镇化融资存在过度依赖土地融资、对地方政府债务缺乏监管、地方政府支出缺乏约束等问题，为消除城镇户籍人口和现有流动人口之间公共服务水平的不均等，并为未来20年3亿左右新增城市人口提供基础设施和公共服务，中国需要对城镇化融资实施一揽子改革，建立各级政府事权与支出责任相适应的制度，理顺中央和地方收入划分，增加地方税收，改革土地财政，推动私营部门的参与，发展稳定、可持续的债务融资。

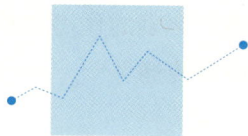

一、改革的关键领域和协调性问题

围绕城市基础设施和公共服务所产生的融资新需求，中国的财政和金融系统如何来满足始终是一个极富挑战的问题。在中国的特殊条件下，首先，财政和金融是一对相互联系又有不同的两个系统，一方面，财政和金融类似于一个跷跷板，彼消此长；另一方面，金融与财政又有很强的关联性，如银行的风险最终很可能会转移到财政上来。那么到底在未来的城镇化融资中，财政和金融应该如何定位，如何分工，又如何协调显然是一个问题。其次，在预算软约束的情况下，如何让地方政府发挥基础设施投融

---

    * 本文选自《新型城镇化融资与金融改革》一书，该书作者为巴曙松教授、杨现领博士，于2014年12月由中国工人出版社出版发行。

资作用的同时，又可以避免债务的无序扩张，避免风险的过度累积？为了克服这些问题，如何建立一个透明的地方政府资产负债表和风险预警跟踪机制可能是比较迫切的。再次，是否存在一套合适的运作机制，让土地融资继续发挥作用的前提下，又保证土地城镇化和人口城镇化的目标相互促进？为此，土地指标是否可以和人口指标挂钩？此外，保障房融资的难题到底是一个什么样的问题，是钱的问题，还是机制的问题？通常，在地方政府层面，将土地用于建设保障房往往有很大的机会成本，因为这些土地本可以通过市场的公共出让而获得不少土地出让金；同时保障性住房通常很难自我循环，资金投入较大，后期的维修费用更大。那么是否存在可行的商业模式，把这些问题可以一并解决？在某种程度上，中国的决策者已经意识到这些问题，并把这些问题视为未来城镇化过程中一个瓶颈，为了解决这个瓶颈，围绕财政和金融系统的一系列改革政策必须相应跟进，并按照一定的优先次序启动一系列关键领域的改革。

第一，为了克服财权—事权不对称以及公共服务供给不足的问题，未来财政的关键在于处理政府间的关系，改革的路径则存在三个可能：财权改革、事权改革和转移支付体系改革。财权改革的目标是重新定义各层政府间的税收关系，扩大较低层级政府征收税收的权力。事权改革的关键则是重新分配承担基本公共服务支出的责任，将责任从较低层级政府向较高层级政府转移。转移支付体系的改革则要求由较高层级政府向较低层级政府转移，以确保每一级政府拥有足够的收入以提供适当质量的基本服务。

第二，未来中央政府需要在公共服务领域承担更多的责任。从成熟经济国家的实践看，国防、外交、国际贸易、货币、全国性立法和司法等事务均由中央政府承担；而交通、治安、消防等主要为地方政府支出责任范围。与成熟国家的经验相比，中央政府在教育、医疗等基本公共服务领域的支出相对较小。初级、高等教育一起，中央支出不到10%，远低于澳大利亚、法国、比利时等国；卫生支出，中国中央政府更是支出不到2%，而在加拿大和瑞士，97%以上的卫生支出责任在联邦或者中央政府；社会保障方面的支出在中央支出中也是极小比例，这样的支出结构容易造成基本公共品的供给不足以及地区不均衡现象。

第三，改革土地财政。土地财政在地方政府的融资活动中始终发挥着关键作用。土地作为商业用地，它可以在二级市场上"招拍挂"，成为地方政府获取土地出让金和预算外收入的主渠道，是地方政府表外活动的资金来源。作为工业用地，地方政府可以通过低地价、零地价吸引投资，以获取未来的财政收入流。作为基础设施用地，它可以通过"行政划拨"和"协议出让"的形式，以零地价或者极低的价格补贴基础设施投资，改善城市公共服务功能，从而提升土地价值，也间接提升了用于"招拍挂"土地的出让价格。作为资产抵押物，地方政府债务多以政府的土地储备中心、政策性公司和开发区管委会的土地作抵押，房地产开发贷款、居民按揭贷款和多数产业园区甚至大学城和新校区的贷款也或多或少地与土地挂钩，土地作为融资手段，本质上是土地资本化和货币化，通过金融工具将未来收入流贴现到今天用于地方的各种投资支出。

从这个角度看，土地财政事实上是中国在特定发展阶段、既定财权-事权结构下的一种融资创新，在可预期的未来，如果能够对当前的土地财政机制加以适当创新，则可以继续在城镇化融资中发挥一定的作用。从目前的趋势看，最为可取的土地财政改革方面是集体建设用地流动和土地增值收益分配改革，前者有助于减轻地方政府的支出负担，将城镇化建设的主体让位于集体；后者则有助于实现人口城镇化，让农民更多地分享土地市场化升值的潜在好处。

第四，让房产税成为一种更重要的地方收入来源。房产税作为一种财产税，本质上也是一种形式的土地财政，区别只是在于对于存量的土地征收。在发达国家，房产税是地方政府最重要的税收来源，也是主体税种。从跨国对比来看，房产税占地方税收的比重在发达国家较高，在发展中国家和转型国家较低。换言之，通常伴随着一个国家的经济水平的不断提高，房产税对地方政府的税收收入也愈来愈重要。

对于中国而言，房产税可以改变土地收入的时间流，是改变中国目前过度"土地财政"进行城镇化建设融资的可选方案。现有的土地出让方式其实是将土地以及土地可能带来的收益一次性全部获得，是一种短期的行为，而房产税则是在房产建成以后无限期获得收入流，如果房产税收入用于城镇化建设，那么就匹配了两者的资金与收益的期限问题。此外，城市未来房产税收入的多少与城市化建设水平相关联，城镇化投入加大，市政建设水平提高，未来城市的土地和房屋价值将不断提升，与之相关的房产税就提高，城市建设未来的偿还能力也会不断增强。

因此，从各成熟市场的发展规律来看，房产税是未来的必由之路。从目前的推进节奏看，下一阶段，可以在重庆、上海试点经验的基础上，进一步扩大试点范围，使之逐步成为一个潜在的、可持续的地方收入来源。

第五，在理顺财政和土地改革的基础上，中国需要改革金融业从而使之可以更可持续地为未来的城镇化提供资金。从目前的背景来看，中国未来的 M2 增速预计难以有持续显著的增长，在这个约束条件下，为了使金融部门继续支撑中国的基础设施建设，可以考虑的选择方案是扩大社会融资总量，要实现这一点，则需要提高直接融资的占比，使企业债券、市政债券、中票等融资工具发挥更大的作用。

短期内，最重要的事情是客观评估融资平台和影子银行在当前基础设施融资中的作用，在可替代的长期直接融资途径可以发挥显著的作用之前，它们依然是未来中国城镇化融资的重要支撑。目前来看，地方投资平台虽然存在金融风险转为财政风险的可能，但经过清理和规范后其整体风险在某种程度上也是可控的。各个监管部门也对相关情况进行过评估，例如银监会对于涉及大银行的地方平台贷款进行过评估，财政部对于财政担保情况进行过评估，建议在此基础上建立一系列制度和规范。在未来的城镇化融资中，一个正确的态度应该就是在规范的基础上，继续在风险可控的条件下让它发挥作用，影子银行的情况也类似。

二、改革的框架、优先次序和突破口

城镇化融资的关键点和落脚点在于改革，成功的改革需要一个既定的基本框架，并安排好可行的优先次序，选择合适的突破口有序推进。确定改革的次序和突破口，需要考虑以下重点因素：一是考虑这些改革措施是否有助于真正推进以人为核心的、有质量的城镇化，使之成为高效、包容、可持续的进程。二是考虑问题的迫切和重要程度，保障房建设在未来人口城镇化过程中扮演着极为重要的角色，应该在未来的融资体制改革中给予优先考虑的位置。三是共识程度，改革需要凝聚共识。在城镇化融资中，财政和金融应该各自发挥什么样的角色，未来的定位如何，在短期内若不能难成共识，则需要在其他共识度更高的领域，选择突破口，抓紧启动。

城镇化融资的改革是一个系统工程，也是一个整体，需要考虑彼此之间的关联性和协调性，土地改革是一个关键的突破口。土地改革几乎是一切改革的前置条件。流动人口市民化所涉及的住房建设资金、医疗、教育等都在一定程度上与如何处理这部分人口的耕地和宅基地有关，如果未来的土地改革能够更大限度上给予他们以市场化的土地增值收益，那么人口城镇化的成本就会显著降低。如果现行土地制度不改变，那么就很难减少地方政府对土地财政的依赖，地方政府倾向于强化基础设施投资，而弱化公共服务投资的冲动也难以改变。反过来，土地改革也不是单一线性相关的因素，财政和金融改革也会一起发挥作用。

为实现财政、金融和私人部门在未来城镇化融资中的作用，需要对整个体系进行系统性的一揽子改革，而不是简单聚焦于细枝末节。因为在当前的城镇化融资体系下，税收体系、财权和事权划分、土地财政、城市基础设施融资和地方债务管理等方面的改革往往是互相联系、彼此制约的，因此需要考虑一揽子改革方案中不同内容的协调配合以及对经济的总体影响。有些改革内容比较容易达成共识，也容易推进，例如拓展地方政府的直接融资渠道和推进资产证券化等，可以先行一步，有些改革的影响比较深远，例如中央和地方的税收关系调整、房产税的推出等，则需要事前的充分试验，方可全面推广。

因此，在优先次序和时间安排上，可考虑分阶段、分重点逐步推进改革。

第一阶段为短期改革（2013—2015年），这一阶段改革的重点是：（1）把现有的、存量融资模式加以清理和规范，使之继续发挥作用，如规范融资平台和影子银行，规范现有保障房融资方式等。（2）引入社会资金参与，建设资金参与的准入、退出机制和风险收益的制度安排。（3）户籍和土改联动放开，将户口指标和土地指标挂钩对应，有序推进人口城镇化。

第二阶段为中期改革（2015—2020年），这一阶段改革的重点是：（1）在前期试点的基础上，考虑全面推行房产税，为地方政府开拓潜在税源；（2）分税制改革，重新界定中央与地方的事权和财权；（3）考虑以市场化为方向的更为根本的土地制度改革。

在推进两阶段改革的基础上，可以设想，在未来更可持续的融资体系中，财政、金融和私人部门将会扮演不同的角色、发挥不同的功能。财政改革要使劳动力和企业的流动更加高效，使之流向生产率最高的地方和行业，公共服务支出则需要促进转移人口及其家属的市民化，使其真正融入城镇生活。金融改革既要有效满足地方政府基础设施建设的融资需求，在信贷总量难以继续攀升的条件下，让地方政府按照更加市场化、透明化的方式更大范围地利用债券市场融资，同时也要对地方政府施加必要的金融纪律，以避免对金融部门带来不可控的潜在风险。私营部门在市场化程度高、准入和退出机制完善的领域也应该发挥更大的作用。

探索 PPP 发展的中国路径 *

近年来，PPP 在中国备受关注，这主要是因为地方政府的债务约束日趋硬化，而基础设施建设任务依然繁重。PPP 可以通过政府和民间资金等的合作，借助一系列合约的安排，来实现项目本身和政府债务之间的隔离，同时也能够吸引民间资金的参与，因此能够同时满足政府和社会资金的需要。

一般来说，PPP 项目是指在基础设施及公共服务领域建立的一种长期合作关系。通常模式是由社会资本承担设计、建设、运营、维护基础设施的大部分工作，并通过"使用者付费"及必要的"政府付费"获得合理投资回报；政府部门负责基础设施及公共服务价格和质量监管，以保证公共利益最大化。

在界定 PPP 的含义时，通常将 PPP 分为广义和狭义两个概念。广义的 PPP 指公共部门与社会投资者为提供公共产品或服务而建立的各种合作关系。而狭义的 PPP 是一系列项目融资模式的总称，指政府部门与社会投资者共同将资金或资源投入项目，并由社会投资者建设并运营该项目的方式。

从狭义含义上来解读，PPP 与传统项目融资模式具有一定的区别。从特征上来看，PPP 与传统的承包模式和私有化既有相似处也有不同点：从激励机制上来看，PPP 更趋近于私有化；从预算会计制度上看，更趋近于传统承包。PPP 对长期项目的运行绩效负责，传统承包在建筑保修到期后对项目的运行绩效不负责任。总体来看，传统承包、PPP 和私有化的主要区别在于资产的所有权和控制权、企业是否建立并运营项目、策划管理的主体三个方面。传统的承包模式只负责构建，不负责维护和运营；PPP 对资

---

* 本文为巴曙松教授为《金融变革下的 PPP 新模式——基础设施资产价值重塑的"城发模式"》一书所做的序。

产的所有权是暂时的，私人企业对资产所有权是无限期的，只受一般立法限制；PPP 和传统承包的优点在于保留了政府决策权和协调权利。

PPP 项目适用的领域比较广泛，包括城市供水、供暖、供气、供电、污水和垃圾处理、保障性安居工程、新型城镇化、市政工程、水利、资源环境和生态保护、公路、铁路、机场、地下综合管廊、轨道交通、医疗、旅游、教育培训、健康养老服务设施等。对于 PPP 项目的适用范围，在财政部与发改委的描述中存在细微差异，前者认为包括基础设施和公共服务领域，后者则将适合范围界定为公共产品和服务。

根据收费机制不同，PPP 项目分为经营性项目、准经营性项目和非经营性项目三类项目。对项目收入不能覆盖成本和收益，但社会效益较好的政府和社会资本合作项目，地方各级财政部门可给予适当补贴，财政补贴等支出分类纳入同级政府预算，并在中长期财政规划中予以统筹考虑。

因为经济体制的差异和环境的不同，中国对 PPP 含义的界定与西方发达国家具有一定差别。根据中国国情和 PPP 模式在中国公共产品和服务领域的应用情况，PPP 合作模式的概念主要从以下几个方面进行界定。

首先，在中国 PPP 合作模式中的私营部门与公共部门相对，不仅指私有制企业和外资企业，还应包括具有独立法人资格的国有企业。这是因为一方面中国国有企业的生产总值占整个国民生产总值的绝大部分，另一方面，大型的有能力承担提供公共产品和服务责任的集团一般都是国有企业。公共部门一般指的是政府机构和由政府相关部门控制的不具有独立法人资格的国有企业。

其次，公共部门和私人部门风险共担、利益共享。PPP 合作模式的最终目的是实现共赢，追求整体效益最大化，所以风险分担应该根据能力而定。利益分配则是在综合考虑双方的成本和承担的风险基础上进行，在不损害消费者权利的前提下满足私人部门对经济利益的追求。

最后，PPP 合作模式中公私双方的合作是建立在平等互利的基础上的。长期以来，在公共产品和服务领域，中国政府往往既充当"运动员"的角色，又充当"裁判员"的角色，在新型的合作模式下政府必须转换其职能和角色，在私人投资者的选择、风险分担和利益分配等方面不能有任何特权。一旦与私人投资者签订合作协议，政府部门仅代表合作的一方，在项目建设的过程中不能利用职权干涉项目的建设和私人投资者的行为。由于中国国情的特殊性，这一点尤为重要，关系 PPP 项目是否能够顺利进行。

PPP 的本质是公私合作，注重的是公平与效率的有机结合，在尽可能小地损失效率的情况下实现社会发展中的公平，同时在尽可能小地损失公平的情况下提高经济资源，特别是公共部门资源的使用效益和综合效率。总体来看，私人资金参与城镇化融资主要可以发挥以下四个优势：

一是有利于转换政府职能并减轻财政负担。PPP 的优势体现在可以节省公共部门开支，减轻政府预算方面的压力，也同时将政府从过去的基础设施公共服务的提供者转变成一个监管的角色，进一步保证质量。政府在建设公路、铁路等基础设施时，往往由于资金不足，让民营部门进行投资，民营部门可以通过收费的形式收回投资。政府在此过程中可能不需要投资一分钱，却能够为社会提供原本应该自己提供的基础设施和服务，同时经过一定时期后还可以获得基础设施的所有权。

二是可以充分发挥私人资本效率和经营管理优势。一方面，PPP 管理模式在为公共部门提供融资的同时，为公共部门带来了民营企业新的生产技术和管理技术，从而大大提高了提供公共产品和服务的效率和水平。同时也在不增加公众税负的基础上，凭借"使用者付费"机制，以私人部门之手，更大限度地满足了社会公众的需要。另一方面，公共部门和私人企业在初始阶段共同参与项目的识别、可行性研究、设施和融资等项目建设过程，保证了项目在技术和经济上的可行性，缩短了前期工作周期，并降低了项目费用。此外，PPP 的可持续性可以有效实现成本的代际分担。PPP 项目的持续时间一般为15~30年，减轻了当代人承担未来基础设施的建设成本负担。

三是可以实现公共部门与私人部门风险分担的合理配置。借助 PPP，公共部门与私人部门共同分担公共服务的生产与服务中存在的风险，从而改变了传统模式下风险集中在公共部门的问题。合理的风险分担不仅可以发挥私人部门的优势，也可以使公共部门能够有精力更加专注于执行那些基本的职能。同时，政府在分担风险的同时，也不会丧失对项目的全部控制权。当然，风险分担原则优势的发挥需要一定的约束条件，因为根据既定利益下风险最低化原则，合作双方都有动机最小化自身的风险。

四是利润调节更加灵活。PPP 在融资模式下遵循高风险高收益的利润分配原则，即承担风险的程度越高，分享到的利润越大。政府公共部门与私人部门依据双方承担风险的程度共同分配利润。而在 PPP 管理模式下，政府不再从项目中分享利润，而是对私人部门的利润进行控制或调节。

从金融市场角度看，PPP 项目能够产生现金流收益，与资产证券化的基本要求契合。一般而言，在 PPP 项目实施方案中，都要求在项目交易结构的回报机制中，对项目未来的现金流做出财务测算，包括现金流出、现金流入和净现金流等数据。同时，要对财政的承受能力和财政支出责任等做出论证，并要求纳入财政预算审议，以保证政府付费的确定和落实。这些都是 PPP 项目现金流可预测的、可持续的和稳定的保障，是 PPP 项目资产证券化的基础。

根据前述有关 PPP 的基础理论，再结合近期的政策趋势，即从化解债务风险到政府隐性负债显性化，再到规范政府举债和支出，从 PPP 在中国市场上的发展经验看，可以从中提炼出 PPP 模式的三大关键点：

第一，PPP 不仅是"引资"，更是"引智"。PPP 不仅仅是吸引社会资本的资金，更关键的是吸引社会资本的专业能力和管理经验。在一个充分有效竞争的市场上，经验足、效率高、成本低的社会资本，才最被市场认可，其在项目建设和运营管理的效率和经验方面，也就更可能会优于政府为基础设施项目建设而设立的传统国企。把一些项目让有经验的专业性的机构做，会比政府自己出资经营更有效率。同时，社会资本愿意出资也是基于政府授予的经营权和项目未来的现金流收入，社会运营方相当于一次性的投入，用长期稳定的回报来弥补，实际上也是一种变相的资产证券化。PPP 模式正是把社会资本的专业性和政府的公共资源结合起来，发挥各自优点，实现共同利益最大化。

第二，PPP 的核心是风险分担、收益共享。PPP 作为一种市场化、契约化的商业行为，必然要改变传统政府基础设施项目的管理模式。传统模式下的基础设施项目，作为提供者——政府，其义务就是确保公共基础设施的有效提供，对收益往往关注不足，但要承担所有风险，这种体制下的管理效率相对较低。在 PPP 模式下，政府通过合理的风险分担，让社会资本承担一定的风险并获得相应的投资回报，其目的不是把政府的风险转移出去，而是通过这样的机制实现风险的有效管控。社会资本都是追逐利益的，在本身收益就不高的公共基础设施领域，其必然会充分发挥自身的优势和精力，最大限度控制项目全过程的风险，以确保自身的合理利益。同时，通过合理的风险分担，共同合作，各自发挥长处实现项目风险的有效控制，带来的收益也自然由合作方共同享有，这样才会激发各方的积极性。

第三，PPP能带动政府管理机制的变革。我们一直讲政企分开，解决政府和企业角色混乱、错位、越位的问题。实际上，PPP模式就是在基础设施工程领域的一次政府管理机制的改革。在政府直接提供公共产品的传统模式下，政府既是项目的监督者，又是项目的实施主体，这种双重身份难以形成真正有效的激励相容，也难以真正有效地提高供给效率。PPP模式把基础设施项目推向市场，由市场供应，而政府仅作为规则的制定者和行业的监管者，管理机制得以理顺，才能真正体现市场对资源的优化配置作用，才能更有效地实现政府的引导和监管作用。

因此，我很高兴看到《金融变革下的PPP新模式——基础设施资产价值重塑的"城发模式"》这本书的出版，该书有助于国内PPP相关从业者、学习者较为系统地了解PPP的基本问题，如PPP项目融资的具体形式、PPP项目的优势及其资产证券化融资等。特别是该书结合城发基金近年来通过金融创新重塑基础设施资产价值的大量案例，比较详细且深入地阐述了PPP模式兴起的背景、本质及其给基础设施领域投融资创新带来的变化。其中既有关于PPP模式的宏观理论研究，更有具体的PPP项目典型案例剖析，有助于读者由浅入深、由表及里，将宏观与微观结合起来思考PPP模式。

如何为 PPP 项目插上
资产证券化的"翅膀"? *

一、何为"PPP 模式"

PPP 项目是指在基础设施及公共服务领域建立的一种长期合作关系。通常模式是由社会资本承担设计、建设、运营、维护基础设施的大部分工作，并通过"使用者付费"及必要的"政府付费"获得合理投资回报；政府部门负责基础设施及公共服务价格和质量监管，以保证公共利益最大化。

在界定 PPP 的含义时，通常将 PPP 分为广义和狭义两个概念。广义的 PPP 指公共部门与社会投资者为提供公共产品或服务而建立的各种合作关系。而狭义的 PPP 是一系列项目融资模式的总称，指政府部门与社会投资者共同将资金或资源投入项目，并由社会投资者建设并运营该项目的方式。

从狭义含义上来解读，PPP 与传统项目融资模式具有一定的区别（如表 1 和图 1）。从特征上来看，PPP 与传统的承包模式和私有化既有相似处也有不同点：从激励机制上来看，PPP 更趋近于私有化；从预算会计制度上看，更趋近于传统承包。PPP 对长期项目的运行绩效负责，传统承包在建筑保修到期后对项目的运行绩效不负责任。总体来看，传统承包、PPP 和私有化的主要区别在于资产的所有权和控制权、企业是否建立并运营项目、策划管理的主体三个方面。传统的承包模式只负责构建，不负责维护和运营；PPP 对资产的所有权是暂时的，私人企业对资产所有权是无限期的，只受一般立法限制；PPP 和传统承包的优点在于保留了政府决策权和协调权利。

---

*　文章来源:《今日头条》2017 年 7 月 10 日。

表1　传统政府融资模式与 PPP 模式的区别

区别点	传统政府融资模式	PPP 模式
追索程度不同	完全追索：金融机构可以追索地方融资平台下的所有资产，用于偿还债务	有限追索或无追索：偿还债务所需资金完全依赖于 PPP 项目的经济收益，金融机构不能追索到除 PPP 项目拥有的资产之外的其他任何资产
风险分担不同	项目的融资风险往往集中于政府方 / 地方政府融资平台	融资风险由社会资本方承担
融资成本	市场上银行贷款的一般水平	与社会资本方的融资能力有关，社会资本方可以凭借自身的资源有效降低融资成本

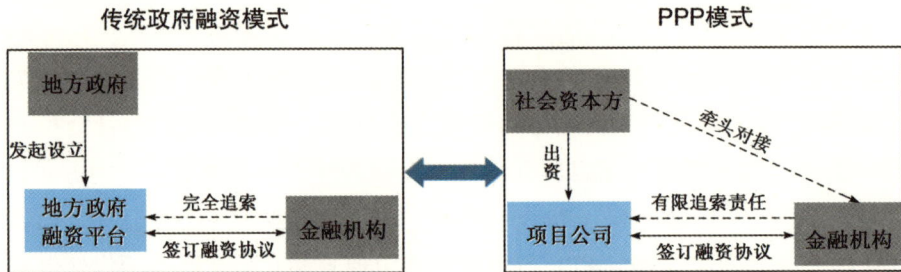

图 1　传统政府融资模式与 PPP 模式的参与方

　　PPP 项目适用的领域包括城市供水、供暖、供气、供电、污水和垃圾处理、保障性安居工程、新型城镇化、市政工程、水利、资源环境和生态保护、公路、铁路、机场、地下综合管廊、轨道交通、医疗、旅游、教育培训、健康养老服务设施等。对于 PPP 项目的适用范围，财政部与发改委的描述中是存在细微差异的，如表2所示。

表 2　PPP 适用范围的不同表述

部门	PPP 适用范围表述	文件出处
财政部	基础设施及公共服务领域	财金〔2014〕76 号
发改委	公共产品和服务	发改投〔2014〕2724 号

根据收费机制不同，PPP 项目分为经营性项目、准经营性项目和非经营性项目三类项目。对项目收入不能覆盖成本和收益，但社会效益较好的政府和社会资本合作项目，地方各级财政部门可给予适当补贴，财政补贴等支出分类纳入同级政府预算，并在中长期财政规划中予以统筹考虑。

二、PPP 项目融资具体形式

相对于发达国家对 PPP 的研究，中国在理论和应用两方面相对比较落后。中国政府在公共产品和服务的提供方面长期处于垄断地位，国家干预程度较高，经济和政治环境与西方发达国家存在很大差异，所以中国对 PPP 含义的界定与西方发达国家具有一定差别。根据中国国情和 PPP 模式在中国公共产品和服务领域的应用情况，PPP 合作模式的概念主要从以下几个方面进行界定。

首先，在中国 PPP 合作模式中的私营部门与公共部门相对，不仅指私有制企业和外资企业，还应包括具有独立法人资格的国有企业。这是因为一方面中国国有企业的生产总值占整个国民生产总值的绝大部分，另一方面，大型的有能力承担提供公共产品和服务责任的集团一般都是国有企业。公共部门一般指的是政府机构和由政府相关部门控制的不具有独立法人资格的国有企业。因此，中国对"Public"和"Private"的界定应该以利益诉求为标准，即追求社会公益性还是追求经济效益，而不是根据所有制来判断。

其次，公共部门和私人部门风险共担，利益共享。PPP 合作模式的最终目的是实现共赢，追求整体效益最大化，所以风险分担应该根据能力而定。利益分配则是在综合考虑双方的成本和承担的风险基础上进行，在不损害消费者权利的前提下满足私人部门对经济利益的追求。

最后，PPP合作模式中公私双方的合作是建立在平等互利的基础上的。长期以来，在公共产品和服务领域，中国政府既充当"运动员"的角色，又充当"裁判员"的角色，在新型的合作模式下政府必须转换其职能和角色，在私人投资者的选择、风险分担和利益分配等方面不能有任何特权。一旦与私人投资者签订合作协议，政府部门仅代表合作的一方，在项目建设的过程中不能利用职权干涉项目的建设和私人投资者的行为。由于中国国情的特殊性，这一点尤为重要，关系PPP项目是否能够顺利进行。

三、PPP项目有何优势

PPP的本质是公私合作，合作的结果便是计划与市场在运行机制层面的结合，从而形成了优于计划和市场单独作用的新型管理体制和运行机制。PPP管理模式注重的是公平与效率的有机结合，在尽可能小地损失效率的情况下实现社会发展中的公平，同时在尽可能小地损失公平的情况下提高经济资源，特别是公共部门资源的使用效益和综合效率。总体来看，私人资金参与城镇化融资主要可以发挥以下四个优势（见图2）：

①转换政府职能、减轻财政负担　　③实现部门风险合理配置

PPP项目有何优势

②充分发挥私人资本效率　　④利润调节更加灵活

图2　PPP项目的优势

第一，PPP有利于转换政府职能并减轻财政负担。

PPP的优势体现在可以节省公共部门开支，减轻政府预算方面的压力，也同时将政府从过去的基础设施公共服务的提供者转变成一个监管者的角色，进一步保证质量。政府在建设公路、铁路等基础设施时，往往由于资金不足，让民营部门进行投资，民营部门可以通过收费的形式收回投资。政府在此过程中可能不需要投资一分钱，却能够为社会提供出原本应该自己提供的基础设施和服务，同时经过一定时期后还可以获得基础设施的所有权。

第二，PPP 可以充分发挥私人资本效率和经营管理优势。

一方面，PPP 管理模式在为公共部门提供融资的同时，为公共部门带来了民营企业新的生产技术和管理技术，从而大大提高了提供公共产品和服务的效率和水平。同时也在不增加公众税负的基础上，凭借"使用者付费"机制，以私人部门之手，更大限度地满足了社会公众的需要。另一方面，公共部门和私人企业在初始阶段共同参与项目的识别、可行性研究、设施和融资等项目建设过程，保证了项目在技术和经济上的可行性，缩短了前期工作周期，并降低了项目费用。此外，PPP 的可持续性可以有效实现成本的代际分担。PPP 项目的持续时间一般为15~30年，减轻了当代人承担未来基础设施的建设成本负担。

第三，PPP 可以实现公共部门与私人部门风险分担的合理配置。

借助 PPP，公共部门与私人部门共同分担公共服务的生产与服务中存在的风险，从而改变了传统模式下风险集中在公共部门的问题。合理的风险分担不仅可以发挥私人部门的优势，也可以使公共部门能够有精力更加专注于执行那些基本的职能，比如采购公共服务，制定服务的标准并确保标准的执行与保护公共利益等。同时，政府在分担风险的同时也不会丧失对项目的全部控制权，但是，风险分担原则优势的发挥需要一定的约束条件，因为根据既定利益下风险最低化原则，合作双方都有动机最小化自身的风险。

第四，利润调节更加灵活。

PPP 在融资模式下遵循高风险高收益的利润分配原则，即承担风险的程度越高，分享到的利润越大。政府公共部门与私人部门依据双方承担风险的程度共同分配利润。而在 PPP 管理模式下，政府不再从项目中分享利润，而是对私人部门的利润进行控制或调节。如果私人部门从 PPP 项目中获得的利润较低进而可能导致合作失败时，政府可以根据合同要求对其进行补贴。相反，如果私人部门从 PPP 项目中获得超额利润时，政府可根据合同约定调控其利润水平。

四、资产证券化融资对 PPP 项目的适用性

作为政府与社会资本的合作模式，PPP 是指在政府负有提供责任的公

共产品和公共服务领域，政府通过竞争性方式选择社会资本，并授权社会资本投资、建设特定基础设施和公用事业项目。建成后，社会资本通过一定期限的运营和收费收回投资并获取合理回报，期限届满后无偿移交给政府。合作过程中，政府负责全生命周期内的监管和绩效考核付费等。PPP项目中，项目公司在经营期内通过使用者付费、政府付费、可行性缺口补贴等保有持续、稳定的现金流（见图3）。

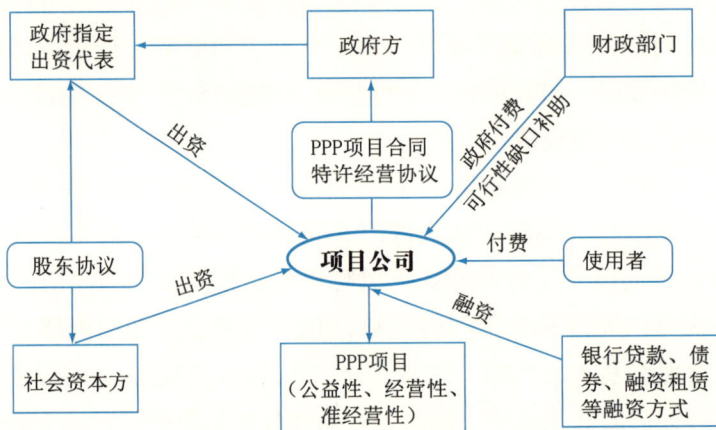

图 3　PPP 项目公司

资产证券化是指，将流动性较差但可以产生可预测、可持续未来现金流的基础资产，通过法律手段真实出售给专门设立的特殊目的实体（SPV），实现和原始权益人资产的风险隔离。继而通过一定的结构设计，将基础资产现金流拆分为不同信用等级和期限的证券产品，并出售给合格投资者。管理人用发售所得的资金支付基础资产的购买费用。此后，再用基础资产产生的现金流支付投资者的投资本息。在资产证券化中，基础资产有稳定的、可预测、可持续的现金流是核心要求。

从上述概念中可知，PPP项目能够产生现金流收益，与资产证券化的基本要求契合。一般而言，在PPP项目实施方案中，都要求在项目交易结构的回报机制中，对项目未来的现金流做出财务测算，包括现金流出、现金流入和净现金流等数据（见图4）。同时，要对财政的承受能力和财政支出责任等做出论证，并要求纳入财政预算审议，以保证政府付费的确定和落实。这些都是 PPP 项目现金流可预测的、可持续的和稳定的保障，是 PPP 项目资产证券化的基础。

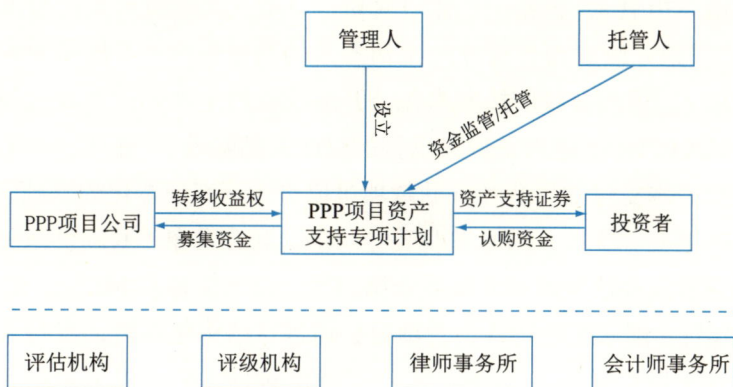

图 4　项目资产支持专项计划

五、政策支持和法规依据

2016 年 8 月 10 日，国家发改委发布《关于切实做好传统基础设施领域政府和社会资本合作工作的通知》（发改投资〔2016〕1744 号）。明确提出："推动 PPP 项目与资本市场深化发展相结合，依托各类产权、股权交易市场，通过股权转让、资产证券化等方式，丰富 PPP 项目投资退出渠道。提高 PPP 项目收费权等未来收益变现能力，为社会资本提供多元化、规范化、市场化的退出机制，增强 PPP 项目的流动性，提升项目价值，吸引更多社会资本参与。"1744 号文再一次提出了 PPP 项目的资产证券化问题，明确表达了国家政策层面对 PPP 项目资产证券化的鼓励和支持。

除上述 1774 号文之外，主要还有：

1.2014 年 11 月 16 日，国务院发布《关于创新重点领域投融资机制鼓励社会投资的指导意见》（国发〔2014〕60 号），在"创新融资方式，拓宽融资渠道"一节中，明确提出"大力发展债权投资计划、股权投资计划、资产支持计划等融资工具，延长投资期限，引导社保资金、保险资金等用于收益稳定、回收期长的基础设施和基础产业项目"，以及"推动铁路、公路、机场等交通项目建设企业应收账款证券化"等。该意见中的资产支持计划和企业应收账款证券化就是为 PPP 项目资产证券化提供的顶层设计。

2.2014 年 12 月 24 日，证券投资基金业协会发布《资产证券化业务基础资产负面清单指引》，该指引的附件《资产证券化基础资产负面清单》第一条规定："以地方政府为直接或间接债务人的基础资产（不得作为资产证券化基础资产）。但地方政府按照事先公开的收益约定规则，在政府与社会资本合作模式（PPP）下应当支付或承担的财政补贴除外。"亦即，PPP 项目中政府对社会资本支付的付费和补贴款项可以进入资产证券化的基础资产池。

3.2015 年 4 月 25 日，国家发改委等六部门联合发布《基础设施和公用事业特许经营管理办法》(国家发改委令第 25 号，以下简称《办法》)，该《办法》第 24 条提出："国家鼓励特许经营项目公司进行结构化融资，发行项目收益票据和资产支持票据等。"其中，资产支持票据（ABN），是非金融企业以所拥有的基础资产未来所产生的现金流作为融资还款支持，在银行间债券市场发行的、约定在一定期限内还本付息的债务融资工具，属于资产证券化的一类产品。

在资产证券化中，要求基础资产的界定要有明确的法规依据。而上述规定已明确 PPP 项目收费收益权可以作为基础资产，这为在 PPP 领域开展资产证券化业务奠定了基础。

参考文献：

［1］巴曙松，杨现领.新型城镇化融资与金融改革［M］.北京：中国工人出版社.2014

［2］贾康.PPP——制度供给创新及其正面效应［N］.光明日报，2015-05-27.

［3］《财政部关于推广运用政府和社会资本合作模式有关问题的通知》（财金〔2014〕76 号）.

［4］《财政部关于印发政府和社会资本合作模式操作指南（试行）的通知》（财金〔2014〕113 号）.

［5］《财政部关于印发〈政府和社会资本合作项目财政承受能力论证指引〉的通知》（财金〔2015〕21 号）.

创新融资模式的四个新趋势 *

关于"创新融资模式"这个主题，我的理解主要体现在以下三个关键词。

第一个关键词是"创新"。

需要对原有模式进行突破，要有新意。现在国内外金融市场正处于剧烈的大变革时期，有不少金融机构的负责人委托我帮忙推荐高管和专家，提到一个有意思的标准，那就是：因为现在经济金融结构在剧烈变化，要找一位证券公司的高管，最好原来不是做证券的，或者是对原来的证券公司的业务模式并不十分熟悉的，这样不容易受到原来的框框和惯性的约束。大家可以看到，邮储银行此次引进的战投机构中，有不少机构并不是银行业的机构，那么，这些机构通过跨界与中国邮储银行的互动就可以形成一些商业模式和产品等方面的创新。

第二个关键词是"模式"。

我想就是要对一些零散的、随机的金融创新进行总结，将其制度化、产品化，或者说形成一个可以推广和复制的模式。这实际上也可以说是金融业的一个核心能力之一，就是将大量的基础资产，通过特定的金融设计，转换为市场可以投资的产品，这个过程，就是金融机构发挥自己专业能力的过程，也就形成了不同的模式。

第三个关键词是"融资"。

从融资端来分析商业银行的经营，也就是更多地从资产端来做功课，我个人认为这也是当前整个银行业正在面临的一个经营管理转型的主线之

---

*　本文是根据巴曙松教授 2015 年 12 月 11 日在中国邮政储蓄银行高峰论坛主持演讲的内容整理而成。

一。我也曾经在基层的国有银行当过行长，那个时候商业银行的经营强调的是"负债端主导"，或者说是"存款立行"，在资金短缺条件下，只有先争取到存款、有了负债，在存贷比等约束下，才能够拥有一定的贷款规模，然后才可以放贷款赚取利差。随着市场结构的转变，资产端的竞争变得更具决定性。现在邮储银行在这个论坛上重点讨论融资端和资产端的问题，据我自己了解到的市场转型趋势是一致的，那就是整个银行经营管理模式在逐步从"负债端主导"转向"资产端主导"，在流动性充裕的背景下，资金来源已经不是主要的制约因素，市场竞争的关键变成了怎么在融资和资产端方面做出创新，争取到优质的资产，将这些资产转换为合规的金融产品，自然就能吸引到充裕的资金，这其实也是当前讨论所谓"资产荒"的一个重要背景。

12月11日，中国人民银行公布了11月份金融的统计数据，11月末 M2 增长13.7%，这个速度并不算慢，但是人民币贷款只有7089亿元，少增加了2347亿元。M2保持了相对比较宽松，但是信贷的增长在减少。这与整个金融产品创新日趋多元化的趋势、与金融结构调整的趋势是一致的。

对于创新融资方式，我总结了如下四点。

第一，当前，在经济转型时期创新融资模式的第一条主线，是要学会从重资产经营转到轻资产经营。为什么？因为当前中国的商业银行非常擅长于抵押担保。那么，哪些行业容易拿出资产来抵押担保？当然是重资产行业。但是，在当前的经济结构调整期，重资产行业恰恰是不少是产能过剩的上游行业，如果商业银行还是沿用传统的重资产的融资模式，就会习惯性地把宝贵的金融资源支持给了不少本来就该淘汰的产能过剩的重资产行业。所以，商业银行应当开始慢慢根据中国经济结构的变化趋势，学会从习惯和擅长的重资产经营，转换到轻资产运营。例如，适应中国经济未来转型方向的许多富有活力的企业，往往是一些轻资产的创新型企业、服务型企业、知识密集型企业，银行要让它拿抵押担保的资产它也拿不出来，它往往就是一个好的创意、一个产品的专利等。如果商业银行还是沿用重资产模式下的经营思路，怎么给这些新兴行业提供服务？因此，经济在转型，金融业也要支持这种转型，当前就要强调银行的轻资产运行能力的提高。

第二，从融资结构调整和去杠杆角度看，或者从债务资本化角度看，融资模式创新的很重要的一个趋势就是从银行贷款等间接融资占主导逐步转到直接融资、间接融资共同发展，特别是重点提高直接融资的比例。为什么要做直接融资，特别是股权融资呢？债券市场的发展有利于减少银行贷款带来的期限错配，也有利于形成一个市场化的利率机制和完整的收益率曲线，对货币政策的转型也有积极的支持作用。从股权融资角度看，企业通过股权融资，形成的是资本金，资本金形成规模的扩大，实际上也是在降低杠杆率。或者说，要降低杠杆率，金融界既可以收缩债务，把杠杆率的分子做小一点，也可以探索分母策略，把资本形成做大，这也是去杠杆。所以，商业银行在积极推进融资结构调整，支持直接融资特别是股权融资的发展，其实也在帮助整个经济体系去杠杆，同时，直接融资的发展实际上也形成了一个风险的分散机制。一笔大的贷款失败了，放到银行账上往往会对银行的资产质量形成显著的冲击，但是如果通过资本市场，通过直接融资，实际上这个投资的风险就在成千上万个投资者中分散了。所以，直接融资特别是股权融资的发展是降杠杆的可行路径之一，也是降低期限错配和形成风险分散机制的路径。

第三，融资模式创新还需要扩展到对企业的全生命周期的金融服务。

客观上评价，中国的商业银行传统上习惯于服务企业生命周期中进入到有正现金流的平稳发展阶段，对于处于这个阶段的企业，银行之间的服务竞争相当激烈，目前市场上已经很难找到处于这个发展阶段的企业还缺少银行融资服务的。但是，从整个经济转型的角度看，所谓经济转型，所谓产业结构调整，实际上是有不少新的企业在涌现，不少的企业还处于创业期和发展的初期阶段，也有一些企业因为遇到暂时的经营困难需要进行并购重组的调整等，在传统的商业模式下，商业银行在这些阶段往往是缺位的，而恰恰是这些阶段，企业最需要金融服务的支持。因此，商业银行需要从主要服务于企业生命周期的有正现金流、有盈利和平稳发展的时期为主，转向服务于企业的全生命周期。我们已经看到一些报道，说邮储银行已经在支持创业方面做了很多探索，我认为还需要继续推进。

第四，以融资模式创新为大背景，商业银行经营要从负债主导型转向资产主导型。在长期强调存款立行和负债主导模式的惯性下，商业银行要更为强化对优质资产的控制能力。在流动性相对充沛的环境下，拿到优质的资产，最后把这个资产通过产品设计、风险管理转换成投资者能够投资的金融产品，然后合规地把它销售出去，这变得十分重要。特别是在低利率环境还会持续，资产荒现象还会持续的市场环境下，强调资产能力则更有针对性。

中小企业融资创新趋势 *

在 B2B 的这个生态环境里面，金融是其中非常具有主导地位的一个环节。所以今天我想从金融角度跟大家交流一些看法。我也向刚才的佟主任学习，演讲不能超过三点，所以我想跟大家讨论三点。

第一，在经济下行周期阶段，小微金融的各种商业模式都在接受压力测试。在经济上升周期难以发现的一些问题，现在可能会暴露出来。

第二，新形势下小微金融在全球范围内正在做的一些新的探索。

第三，小微金融未来发展趋势的观察。

我们观察到目前在市场上提的比较多的几种商业模式，一种是城商行的商业模式，城商行利用特定区域内的客户信息（有些是财务信息，有些是非财务信息）的了解，去拓展小微金融客户。比如包商银行、浙江的泰隆银行，都是广为赞誉的。

一种是股份制商业银行，提供的是全国性的规模化的强调流程化的小微金融服务，如民生银行。我做过民生银行的董事和风险委员会的主席，民生银行的探索在不同周期有不同的特点。

还有一种就是互联网金融，刚才张总和佟主任都提到了互联网金融怎么创新。新兴技术怎么驱动金融的变革，带来小微金融发展的新路径，目前这三种模式面对不同的客户在不同范围内都有各自的优势，但也暴露出一些需要改进的地方。

以城商行为代表的区域性的小微金融模式，其重点就是在特定的政策环境下，如监管部门所希望的少做大的客户，聚焦在一些当地的、跟大银

---

* 在 2016 年 1 月 12 日全球 B2B 生态峰会上，香港交易及结算所有限公司（香港交易所）首席国经济学家巴曙松先生进行了题为"中小企业融资创新趋势"的演讲，本文根据演讲稿整理。

行不一样的商业模式以及拓展小微金融客户，来建立一种专业的机制、机构、商业模式。其主要的制约就是信息不对称，其单位成本相对比较高，而且业务相对集中在一个范围。在每一轮的经济调整期，业务过于集中在一个行业一个范围，往往受到的冲击就会相对比较大。而且，这种商业模式的可持续性会受到一些质疑。该模式最典型的服务就是分析借款人的现金流和个人的品质，通过实地的调查，了解还款人的品质、能力、各种财务非财务的信息来进行交叉检验。

全国性的商业银行，在做小微金融方面强调得比较多的就是根据监管的要求，比如说对小微金融的特定的差异化的服务，有的不叫小微金融，叫零售企业业务，将其当作零售业务一样做，非常的分散。在这个商业模式里面，经济下行期受到的冲击也是比较明显的，最典型的就是"圈链模式"，"一圈"就是把目标商圈内聚集的小微客户群进行分层、分类的管理，按照经营的年限、收入的规模来进行维度的切分，有针对性地处理授信方案。这个在"一圈两链"中的中小企业采取的是批量的营销、集权的授信，通过联保联贷的方式来弱化个体的信用风险，实现工厂化的成本运作，做出了一个非常有意义的探索。但是在经济调整期，很多不良后果的产生也是因为联保联贷。在前两年，一些全国性的商业银行，年度的新增不良的60%甚至70%来自于一向被视为发展状况良好、金融状况良好的长三角地区（江苏、浙江），这个模式付出了代价。

互联网金融迅速地崛起，很重要的一个环境也是利率的市场化，金融管制的逐步放松，使得小微金融在互联网这个层面受到更多的关注。它的发展方向就是运用技术手段来降低成本，运用数据的力量来管控风险。比如说信息技术、互联网、云计算、大数据这些技术的应用，为小微金融的创新提供了非常多的方向。如阿里巴巴就做出了这些方面的一些新的探索。

这是几种不同的模式，在经济调整期和下行期都面临着商业模式的压力测试。在金融行业里面，大家都知道一个可信的风险控制模式、商业模式，至少要经历1~2次经济周期的检验，扩张期、调整期，仅仅是经济的扩张期或者仅仅是调整期形成的金融商业模式，无论打着互联网的名义还是非互联网的名义，都是不成熟的。

所以，在经济下行时期，我们看到全国的小微贷款余额的增速开始放缓，特别是2012年三季度和2013年的二季度增速是明显回落的。当前的小微金融领域使用的这些风险模型无论是哪一种模式，都是基于有限的历史数据建立的，特别是基于经济上行周期里客户的行为和经济数据建立的，不同程度地存在着对信贷危机、信贷质量下滑预计不足的风险，或者用我们的风险管理的专业术语来说，这个违约的数据库没有经过经济周期的检验。

因此，在新的形势下，各类的金融机构、互联网机构都进行了新的探索，开始积极地降低小微金融服务的成本。比如说从事小微金融服务的合理的边界，就是由信用成本和物理成本两方面构成，而供应链金融、大数据的征信这些新技术降低了调查小微企业情况的运营成本。同时，产业链的专业化经营和大数据信息的追踪，对于降低信用成本也起到了一定的作用。我们看到了传统机构和产业供应链的金融服务模式，也开始根据产业集群、供应链做出调整，比如说产业的集群以专业市场的形式、以地域的形式，或者以某一个特定产业的供应链，形成特色商圈集群的开发和产业供应链的开发。

小微金融的服务，它的内涵变得更加的丰富。小微企业主的金融需求由单纯地提供融资服务转向了融资、结算、理财、咨询为一体的综合性的金融服务。所以我们发现无论是城商行模式、股份制商业银行模式还是互联网金融模式，真正决定其有没有发展空间的一个决定因素，是能不能识别客户的需求变化。在三五年前我们到一些商圈进行客户调查，问他们最需要的业务是什么。大家能想象那个时候他们要什么吗？他们要货款到了之后给他们发个短信，就是结算的短信通知。所以他们的需求在不断地变化，我们小微金融的内容、商业模式也必须要相应地做出改变。

传统机构也在进行一些运营模式的探索，比如说怎么进行业务流程的改造，这个已经成为商业银行的流程化改造优化运营模式的一个重点。特别是怎么样对业务流程进行集中优化、降低成本，建立一个高效率运作的信贷工厂，基本上也成为国内商业银行主要的探索方向。我们看到了中国建设银行、民生银行，都在这些模式上往前推进。

技术变革和征信体系的发展，让我们可根据客户的财务状况、行为特征、信用记录、行业环境、违约概率、信用评分等进行评估。这些基于大数据的征信，通过引入新的数据来源，特别是互联网企业的初始的核心数据，比如说搜索数据、社交数据、出行数据、消费数据等，使客户的分类更加的科学和准确。这是我们以前做银行的时候很想获得的，但是获取成本很高的一些数据。二十多年前，我在中国银行杭州分行做行长，那个时候要给一个商场贷款，我只能通过看商场的财务报表了解它的资产状况。通过探索实践，发现对还款能力影响比较大的是这个商场的客户结构，而这些客户平均的单笔消费能力、回头客的比重等数据在当时的采集成本非常高。而如今互联网提供了更低成本的采集数据的条件，当然除此之外，专业的分析和理论框架同样必不可少。

云计算和搜索引擎技术的发展，使得对大数据的高效分析成为可能，并且能够以非常低的成本给出资金需求者的风险定价、违约的概率，来降低整个金融活动的运营成本。比如说可视化的防控，保障资金安全；还有风险预警机制，我们依托于网上平台和线上的系统，开发了风险实时监测系统，使客户在不同渠道的交易历史在系统内得到汇总，打破各个系统间的信息孤岛。

实际上，昨天我们网上组织了一个讨论会，里边也有一个商业银行的领导，我就跟他讲，我说我曾经做了一个数据分析，商业银行有大量的数据，但是没有综合地运用起来。比如说你会发现，基金销售在牛市熊市的不同阶段，销售增长的主力客户群是梯度式演进的。在牛市的起步还没有被认可的时期，主力客户为一线城市的高端客户。等到牛市成熟的时候主力客户为二线城市的中产阶级。到了三线城市居民成为基金主客户群的时候一定要注意市场变化。这些数据原来也是有的，只是怎么打破信息的孤岛现象，把关联关系发掘出来，进行可视化的展现、支撑、决策。

我们知道网络贷款是基于大数据征信的有效运用。网络贷款的核心和传统贷款是一致的，也就是信用风险管理、风险控制、风险定价。通过客户群体信息的搜集建立数据库，在一定的技术方法下研究出客户行为数据和客户的信用之间的内在联系，给出最关键的客户逾期概率和违约损失概率，这是风险定价最基本的两个数据。在金融机构总结客户特征、记录客户信用等级的基础上，网络贷款部门可以及时地通过计算机数据系统来评估客户的违约风险，灵活地调整客户的信用额度、贷款利率和贷款期限。

　　我有一个兴趣爱好就是定期读各家银行的年报。今年银行的年报如果不提消费金融业务，就好像这个银行落伍了。主要的原因就是利率已经市场化了，银行面对大客户没有谈判能力，大客户的融资渠道多，所以利率市场化和直接融资的发展使得银行业在经历周期的洗礼之后，开始越来越多地把重点、发掘新的空间转到了服务小微企业。

　　我看到很多银行在年报里面说，要做中国的富国银行。我们看到富国银行的发展案例证明了小微企业金融服务如果做得好，是可以穿越经济周期而且商业上是可持续的。通过为小微企业量身定制的信用打分系统，富国银行每年要受理200万笔年销售额在200万美元以下的小微企业贷款，其中三分之二的贷款决策是由系统自己完成的。放贷之后，每个月跟踪客户的信用评估从而进行调整。

　　基于大数据的征信和网络贷款，还依然处于初步的发展阶段，其商业模式、跨越经济周期的能力还需要进一步的检验。网络贷款缺乏核心技术，大数据挖掘平台能力薄弱，平台的构建缺乏核心技术。大家都在讲互联网金融，讲大数据，但是实际上能够把它真实运用到信贷决策流程中的商业模式还很少，基础数据库的建设还存在缺失。目前传统银行对于大数据和互联网金融作为概念强调得比较多，但基础信息资源数据库的建设存在不足，数据的变量准确性有待于提高。

　　数据挖掘的基本问题是数据的数量、质量和维数，同时数据挖掘过程中变量的选择仍然有很大的空间，而且信息的安全性也受到质疑。互联网金融最值得关注的就是操作风险，如网络故障、黑客攻击、内部隐私泄露等等。从小微金融解决的方案我们看到，市场在进一步走向垂直化、细分行业的金融生态构建。未来小微金融的模式很难再出现统一的一个解决方案或者单一的规则，而是更加依赖具体的行业、产业，甚至区域，在行业内部打通产业链上下游关系，建立基于这种特定产业链、特定场景的小微金融。它不仅包括互联网平台，还包括银行，甚至也包括资本市场，比如说主板、创业板、新三板，甚至国外市场。传统金融机构核心企业在供应链金融方面的介入、努力探索值得关注。供应链金融通过把供应链上的核心企业以及与其相关的上下游企业看作一个整体，以核心企业为依托，以真实的贸易为前提，通过自偿性的贸易融资的方式，通过应收账款质押、货权质押这些手段来封闭整个资金流或者物权，为供应链上下游企业提供了综合性的产品和服务。

基于这样的判断，这些细分领域内的生态的构建，相对于这些领域里面小微金融的可持续性更为关键，而不仅仅只是取决于宏观经济运行。比如说在钢贸行业，我们看到有垂直 B2B 平台、钢贸商和银行。金融技术和产品在小微金融领域的应用会更加的综合化和多元化，针对客户群进行更加精细的划分和匹配，综合运用多种金融服务手段成为一个方向。在业务流程、还款期限、还款方式、融资利率等方面根据客户来量身定制一些特定的产品，也成为可能。资产证券化这些风险分散手段，也正在积极地介入。

金融监管

New Cycle and New Finance

- 中国实施巴塞尔协议 III 进展与对策
- 如何化解"灰犀牛"之地方债务风险
- 监管如何驱动银行委外业务转型
- 全球系统重要性银行：强调更高的损失吸收能力
- 从金融结构角度探讨金融监管体制改革
- 从金融结构演进角度客观评估当前的"影子银行"

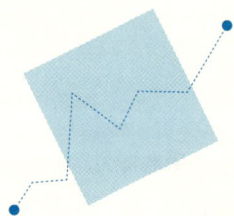

新 周 期 与 新 金 融
New Cycle and New Finance

中国实施巴塞尔协议 Ⅲ 进展与对策 *

从实施的进度来看，我国资本监管的要求标准高于巴塞尔协议Ⅲ，我国银行业基本达到新的监管准则的要求，但给银行业特别是中小商业银行带来了很大的融资压力。同时，当前监管工具和银行自身存在的诸多问题仍会影响巴塞尔协议Ⅲ实施的进程和效果。

一、中国银行业的现实状况

截至2012年年末，中国511家商业银行的总资产达到129万亿元人民币，约为GDP的240%。中国工商银行、农业银行、中国银行、建设银行、交通银行五家大型商业银行的总资产约占银行业总资产的60%。其中，中国银行是目前唯一一家全球系统重要性银行。银监会于2011年年末下发了关于国内系统重要性银行划分标准的征求意见稿，具体治理框架还在拟定中。表1概述了2012年年末我国银行业的规模情况。

表1 中国银行业规模

类 别	规 模
银行业总资产	129.102585 万亿元
国际活跃银行总资产	76.916507 万亿元
适用巴塞尔协议的银行总资产	76.916507 万亿元
国际活跃银行个数	6个

* 本文发表于《南华早报》2013年10月3日。

续表

类　别	规　模
全球系统重要性银行个数	1个

数据来源：银监会网站。

表2概括了截至2013年二季度末中国银行业的资本充足率情况。按照
《商业银行资本管理办法（试行）》（以下简称《新办法》）的标准计算，2013
年二季度银行业平均资本充足率已达12.24%，核心资本充足率达9.85%，
不良贷款率为0.96%，拨备覆盖率为292.50%。在《新办法》的标准下，新
协议银行资本充足率水平已经达标，而中小商业银行受到的影响仍然很大。
同时，我国银行核心一级资本与一级资本还存在趋同，缺乏资本创新工具。
总之，中国银行业整体上资本充足，但仍需重视发展资本补充多元化渠道。

表2　银行业资本充足率情况

类　别	规　模
总资本	87450 亿元
一级资本	70366 亿元
核心一级资本	70366 亿元
总风险加权资本	714521 亿元
银行表外资产	111270 亿元
信用风险加权资产/总风险加权资产	92.1%
市场风险加权资产/总风险加权资产	0.9%
操作风险加权资产/总风险加权资产	6.9%
资本充足率	12.24%
一级资本充足率	9.85%
核心一级资本充足率	9.85%

　　杠杆率和流动性指标方面。按照2010年6月版杠杆率计算方法，我国5
家大型银行平均杠杆率为4.7%，全部超过4%；5家中型银行平均杠杆率为

3.9%，处于4%附近，若按照2016年年底前达标要求，也不会对其经营产生影响。根据2010年年末银监会公布的测试结果表明，我国5家大型银行平均LCR为118.5%，NSFR为114.1%，基本已经达标；5家中型银行平均LCR为92.9%，NSFR为118.6%，表明我国多数大中型银行流动性指标也均能正常达标。

另外，虽然我国银行业资产规模不断发展壮大，但银行的核心业务仍集中在提供传统的信用产品和服务上，根据2013年6月末的数据，银行贷款占总资产的比率约为51.4%。对传统业务模式的坚持导致信用风险一直是中国银行业面临的最重要的风险，信用风险加权资产占总风险加权资产的比率达到了92.1%。然而，在银行参与复杂金融活动方面监管部门十分谨慎，密切关注着资产证券化产品和复杂场外衍生品的发展，导致商业银行交易账户规模普遍较小，市场风险加权资产占总风险加权资产的比率不到1%，截至2012年年末未偿还资产支持证券总额不到200亿元。

同时，在存款利率存在上限的约束下，作为银行存款替代的理财产品市场快速发展。银行通过信托公司直接或间接发行理财产品，不断扩大表外资产。银监会在2013年3月27日下发了《关于规范商业银行理财业务投资运作有关问题的通知》，重点关注和理财业务相关的风险。就理财产品的经济性质来说，由于产品信用风险没有分层（tranching），不满足证券化产品的定义，也没有提供流动性便利，因此目前理财产品的监管适用标准是信用风险规则而不是证券化产品规则。

从《新办法》中可看出，中国要实施的监管标准相对于国际准则均有所提高，不论是抵御预期损失的拨备、抵御非预期损失的资本，还是杠杆率监管标准，都高于以往国际标准或巴塞尔协议Ⅲ的要求。核心一级资本充足率从巴塞尔协议Ⅲ要求的4.5%上调为5%，一级资本充足率和资本充足率则保持6%和8%不变，储备资本（留存资本）、逆周期资本和系统重要性机构的附加资本目前暂定与巴塞尔协议Ⅲ保持一致。杠杆率也从巴塞尔协议Ⅲ要求的3%提升至4%。虽然从单个指标的标准看提高的百分比也许并不多，但是当资本充足率和杠杆率双升的效果叠加、监管标准提高和指标定义趋严的效果叠加，以及损失准备和资本双升的效果叠加后，银行在短期内将面临较大的监管压力。

二、中国银行业的实施问题

总体上,《新办法》同国际标准协议保持了一致, 有效地贯彻了巴塞尔协议的制定原则。同时, 还考虑到我国大型银行风险控制能力强、资本充足的实际情况, 根据资本充足率水平将商业银行分为四大类, 实行差异化监管。即使在部分资本指标要求高于国际规定的前提下, 我国银行业整体上也基本能够达到新标准的要求。这一方面降低了我国银行业实施巴塞尔协议Ⅲ的压力, 但另一方面也要注意到如何通过各种途径提升资本质量, 优化资本结构是摆在银行业和监管者面前的重要议题。银行业目前所面临的几大问题有:

(1)核心一级资本与一级资本趋同

此次金融危机中暴露出欧美银行在巴塞尔协议Ⅱ下资本定义中二级资本、三级资本的失效和一级资本的虚高。在欧美银行的资产负债结构中, 含有较多的混合资本工具。危机爆发前, 欧洲银行业的混合一级资本工具约占一级资本净额的18%, 美国银行业则更高。对此, 巴塞尔协议Ⅲ提出核心一级资本以缓解其他一级资本工具在一级资本中占比过高的情况。同时部分混合一级资本工具, 尤其是累计优先股仍然可以作为其他一级资本, 成为核心一级资本以外的重要补充。然而中国金融市场上尚不具备满足条件的其他一级资本工具, 一级资本和核心一级资本严重趋同, 导致核心一级资本充足率与一级资本充足率指标趋同。此外, 巴塞尔协议Ⅲ中规定, 合格的二级资本必须含有在特定情况下被强制转股或核销的条款。如果直接沿用此类条款, 那么我国商业银行发行的可转债、次级债等都不再符合条件, 可能会导致国内银行二级资本大幅减少。而对小银行来说, 吸存能力和发行普通股融资的能力都低于大银行, 受新资本监管要求的影响也更显著。

(2)监管指标的叠加效应

资本充足率、杠杆率、流动性指标和贷款拨备指标这些监管工具客观上可以增强银行的抵御风险能力, 同时也要求银行需保持较高的盈利和净利差水平, 这在一定程度上可能会倒逼银行减少贷款投放, 增加投资债券或其他表外业务来减少资本和拨备要求。此外，作为"静态资本充足率"的杠杆率和资本充足率的同向监管效果，会导致一级资本充足率指标的失效；而从风险偏好角度看，基于风险的资本充足率和风险中立的杠杆率之间又存在互斥的监管效果。考虑到指标间的关联性及叠加效应，可能会促使银行保持或进一步提高现有的利差水平，以覆盖较高的监管实施成本。这无疑会加快银行经营转型步伐，但同时也会对整个利率市场化进程产生压力。

（3）第二、三支柱监管有待完善

目前我国银行业在第一支柱实施方面较为规范和全面，而在第二、三支柱实施上较为薄弱，部分要求低于国际标准。第二支柱方面，在监管者评估违约的定义方面有所出入。巴塞尔协议Ⅲ要求监管者评估各银行对违约的定义及其对资本要求的影响，《新办法》中尚未提及，内部资本充足评估程序（ICAAP）中也暂未有对监管者的特定评估要求；第三支柱的信息披露要求方面，在有关信用质量数据披露方面有些缺失。《新办法》要求银行提供关于证券化暴露的相关信息，但缺少了以下信息：如证券化资产内部其他风险的本质，风险管理过程，信用风险缓释的使用信息，特殊目的机构的类型等；另外报告期内按暴露类型划分的证券化明细账、员工递延薪酬和保留薪酬的隐式显式调整等会计信息也没有提及。眼下我国的资产证券化市场还处于幼年期，就目前银行所开展的业务来看，相关披露信息已达到国际要求，但随着未来市场的进一步发展，这些缺失信息可能会有所影响。

三、中国银行业实施巴塞尔协议Ⅲ的建议

在目前间接融资方式仍占主导地位的情形下，银行业的风险管理情况对金融体系稳定和经济增长有着重要影响。近年来，中国在监管方面引入以巴塞尔协议为代表的监管框架使得银行监管的专业化水准提高很多，有效实施巴塞尔资本协议对提升银行业风险管理水平、完善资本监管制度大有裨益。

1. 运用创新资本工具，做到核心一级资本、一级资本和总资本有所区分

在巴塞尔协议Ⅲ资本的重新定义下，我国商业银行资本存在扣减项目不全、部分债务资本工具不合格、股权投资处理方法不严格等问题，新的资本定义不仅会使商业银行面临的实际资本充足要求更高，还使得补充资本时可选资本减少，短期内在资本监管下的银行不得不将资本补充的压力推向资本市场，同时供给增多将使股票价格下降，这在一定程度上也会提高银监会和证监会协调监管的要求。而债务资本工具标准的提高也会加大外源融资渠道资本补充的成本。2013年8月28日公布的《央行发言人就扩大信贷资产证券化试点答记者问》可看作是监管层增加资本补充机制、鼓励金融工具创新的试水。

针对中国银行业金融创新工具较少，核心一级资本、一级资本和总资本趋同的现状，灵活运用金融创新工具，补充其他一级资本和二级资本将是应对资本监管新要求的重要手段。此外，外源融资的资本补充机制可以在短期内缓解资本金的压力，但长期必须通过内部积累建立新的资本补充机制，增强盈利能力，并加强风险管理和成本管理。急于用过高的资本充足率的要求来控制银行的风险，可能造成银行没有充足的时间实施长期规划，不能有效改善资本结构、转变盈利模式，不利于银行建立长期可持续的内源性资本补充机制。更大的可能是倒逼银行一致选择资本市场，最终将成本转嫁给投资者和消费者。

2. 客观评估监管指标体系调整的影响

结合《新办法》中的相关要求，可以看出中国实施版本制定过程中对本土适应性的审慎考虑，在风险权重和指标数值上要严于巴塞尔协议Ⅲ，而在一些风险资本计提方法上有所简化。中国实施标准中，提高了如核心一级资本充足率、杠杆率这些指标的达标数值，但大部分银行在风险度量方法上使用的还是内部评级法的初级法或标准法，第三支柱中有关资产证券化、衍生产品等创新业务信息披露要求也不完善。总之，一方面中国版本可以较好地适应银行业的风险管理现状，目前银行业还没有正式开展资产证券化的业务，衍生品数量少，市场不发达，现行标准可以满足监管要求；但另一方面，随着衍生品市场的不断发展，包括银行技术水平的提高，未来会有更多的银行使用高级计量方法以节约资本，风险业务种类也会增多。因此，监管机构在评估监管指标体系的效果时，需注意到具体实施时市场结构和市场发展阶段的不同，不断完善修订监管标准以适应未来银行业的发展。

3.将风险管理的意识渗透到银行经营活动中，不断提升银行的风险管理能力

实施巴塞尔协议Ⅲ，尤其是其中的内部评级法，会从风险治理、政策流程、计量模型、数据 IT 等不同层次和维度改变中国银行业现行的风险管理体系。特别是可将中国的银行从定性、专家经验为主的风险管理模式推动转向定性、定量相结合的模式，同时相应带动从信贷流程、业务制度到具体运行模式的巨大转变。在这个转变过程中，有必要预留一定的磨合时间，以及数据积累和系统完善的时间。切实提升银行的风险管理水平，不仅要从风险管理技术手段上着手，更重要的是将风险管理的意识渗透到银行经营活动中，构建风险管理文化和制度，帮助银行在量化管理各类风险的同时，完善内部治理结构和组织流程，为推行全面风险管理打下完备基础。

如何化解"灰犀牛"之地方债务风险 [*]

一、地方政府债务问题现状

截至2016年年末，我国地方政府债务余额为15.32万亿元，债务率为80.5%，较2015年下降了8.7%。此外第十二届全国人大五次会议批准的2017年地方政府债务限额为18.82万亿元，截至6月底该余额数字为15.86万亿元，虽然未超出限额，但是我国地方债务问题所隐藏的风险不容忽视。

2017年1月初，财政部对内蒙古自治区、河南、重庆等多个地方政府发函，要求就部分县市违规违法举债等问题进行严肃问责。这是财政部首次对违规举债进行问责。7月12日，财政部公布了湖北黄石违规举债的处理意见，多名责任人被处理。之后在14日至15日召开的全国金融会议中，明确提出要严格控制地方债。7月17日《人民日报》刊发文章《有效防范金融风险》，文章首次提出防范"灰犀牛"的概念。在7月27日举行的国务院新闻办新闻发布会上，"灰犀牛"的概念被明确，地方债务问题便包含在内。次日举行的国务院常务会议中，"如何化解地方政府债务风险，遏制隐性债务增量"成为重要议题。

为何我国地方政府债务问题如此突出？探究其形成的原因，是有效防住这头"灰犀牛"的重要前提。

二、地方政府债务形成原因

我国地方政府负债过高成因比较复杂，有着特定的历史背景。其主要

---

*　文章来源:《今日头条》2017年8月1日。

原因有财税体制、政府考核制度和宏观经济政策等几个方面。

（一）分税制改革后各级政府间事权和财权高度不匹配

1994年实行分税制改革后，地方财政占全国总财政收入的比例不断下降，造成地方政府事权和财权高度不对称，地方财政收支严重失衡，导致了地方财政状况不断恶化。而旧《预算法》又规定，"地方各级预算按照量入为出、收支平衡的原则编制，不列赤字。除法律和国务院另有规定外，地方政府不得发行地方政府债券"。这就使得"扩大预算外收入"和"举债"成为地方政府缓解收支矛盾的主要途径，导致地方政府债务大量积累。虽然2015年新预算法实施后，对这一条款进行了修订，明确了举债的主体、方式等，但是地方政府违法违规举债的问题仍时有发生。

（二）不恰当的政绩观

部分地方官员对政绩工程的热衷，是推动地方债务的又一重要原因。中国目前实行的地方政府经济绩效考核模式，决定了地方政府领导为了升迁，往往通过地区经济发展成绩来谋求晋升资本。而拉动经济增长最好的方式，就是加大投资，在预算资金有限的情况下，举债投资就成为地方政府的重要方式。在以GDP增长论政绩的推动下，地方政府不顾地方偿债能力和负债结构争相举债，使地方债务规模不断上升。

（三）地方财政制度不健全

地方财政制度不健全，也是地方债务规模不断扩大的原因。地方财政制度不健全，主要体现在分散管理、管理缺失以及多头管理等方面。缺乏统一的债务管理机制，各自为政、多头管理，给债务信息统计、债务控制、债务资金使用效率以及债务监督等方面带来了严重问题，进而造成债务存量不清、权责不明、规模失控。

三、长期看，防范与化解地方政府债务风险的途径

化解地方政府债务要着眼长远，这就必须建立地方政府债务管理长效机制，包括健全的政府债务风险预警机制、完善的政府债务约束机制和严格的问责制度。只有多方位、全过程地对地方政府债务实施有效管理，才能力求实现标本兼治。

（一）建立政府债务风险预警机制

政府债务风险预警机制是防范地方财政风险的前提。首先，应建立规范充分的地方政府债务信息公开披露制度，地方政府不仅要定期向上级政府和当地人大汇报，还要通过新闻媒体向社会公众披露。其次，应尽快建立地方政府债务风险预警指标体系，这些指标应主要包括地方财政自给率、地方财政可用财力比例、债务依存度、债务负担率、债务偿还率、内外债比率，以及借新还旧债务额占债务总额比重等，同时应设定合理的债务安全线和风险指标控制范围，科学划分地方财政风险信号类别，以便于地方政府及时了解和全面掌握政府债务风险程度，并及时采取措施防范、控制和化解债务风险。

（二）强化地方政府债务约束机制

建立地方政府债务约束机制是加强地方政府债务管理的重要手段之一。为确保地方政府债务按期还本付息，地方各级财政部门应通过年度预算安排、财政结余调剂以及债务投资项目收益的一定比例的划转等途径，建立财政偿债基金，用于各种地方政府债务的偿还。这样不仅有利于消除目前地方财政因年度突然激增的债务支出所造成的地方预算难以有效执行的弊端，而且有利于保证财政偿债有稳定的资金来源，严格控制新的财政债务的增加。

（三）强化地方政府债务问责，减少预算软约束的负面影响

践行地方债务问责制度是降低地方政府债务风险的有力保障。全国金融工作会议中提出，"各级地方党委和政府要树立正确政绩观，严控地方政府债务增量，终身问责，倒查责任"。各方政府要严格按照已出台的政府投资基金、PPP、政府购买服务等规范的政策要求进行融资，对违法违规的举债行为要进行严肃追责。

参考文献：

［1］巴曙松.地方债务问题应当如何化解［J］.西南金融，2011（10）.

［2］巴曙松，牛播坤，余芽芳.巴曙松:2015年钱从哪里来？［J］.中国房地产业，2015（1）.

［3］李虹含.新《预算法》下中国地方政府债务的监管探讨［J］.财政

监督，2016（7）.

　　［4］何津津，李苗献，鲁政委. 评国新办新闻发布会：中财办详解"灰犀牛"［R］. 兴业证券，2017.

　　［5］曾刚. 地方政府债务现状与应对［J］. 当代金融家，2017（7）.

监管如何驱动银行委外业务转型 *

从一般意义上来说，银行委外是指商业银行将资金委托给其他专业化的资产管理机构进行投资管理的业务模式，但是到目前为止，监管部门在其监管文件中并没有专门针对委外业务出台相应的管理办法，仅在2016年年底发布的2017年新版1104非现场填报制度针对理财的委外给出了定义（具体包括购买资产管理产品和进行协议方式委外投资），以及在2017年4月发布的《中国银监会关于银行业风险防控工作的指导意见》（6号文）中提到，"银行业金融机构要审慎开展委外投资业务，严格委外机构审查和名单管理，明确委外投资限额、单一受托人受托资产比例等要求"。从趋势看，在去杠杆的政策基调引导下，监管要求日趋严格，银行委外业务正面临转型的现实压力。

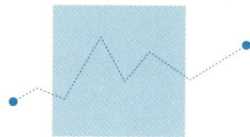

一、监管强化，银行委外规模趋减

1. 对于银行委外业务的监管力度明显加强

在加快金融去杠杆的大背景下，近期，监管部门陆续针对委外投资出台了监管新政，旨在降低商业银行的投资杠杆。2017年3月中旬，证监会提

---

* 文章来源：《今日头条》2017年10月15日。

出，委外定制基金需采取封闭运作（或定期开放运作）、发起式基金形式等模式；若不是委外定制基金，单一持有人占比不可超过50%。银监会在4月初公布的46号文《关于开展银行业"监管套利、空转套利、关联套利"专项治理工作的通知》提到，非银机构利用委外资金进一步加杠杆、加久期、加风险等现象属于理财空转套利的范畴，银行业机构需对此进行自查。此外，通知还要求银行简述其理财资金委外规模以及主动管理和非主动管理的规模情况，并列明简要交易结构。5月，理财登记托管中心发布《关于进一步规范银行理财产品穿透登记工作的通知》，要求银行理财产品的穿透登记应遵循分层原则，不得省略资产管理计划和协议委外而直接登记底层信息。对于多层嵌套的情况，也须按照逐层穿透原则登记至最底层基础资产和负债信息。

2. 银行委外规模收缩，对股市债市带来直接影响

目前关于银行委外的规模，不容易找到系统性的统计数据，市场上对银行委外规模估算存在差异。从目前掌握的数据以及四大行交换的数据粗略估算（实际数据可能会有一定的出入），2016年高峰时四大行委外规模为2.5万亿~3万亿元，工行的规模突破了1万亿元，建行的规模在7000亿~8000亿元，其他两个行规模在3000亿元左右，整个银行业委外资金规模在5万亿~6万亿元，如果算上保险公司以及央企国企下属的财务公司，这个数据可能还会更大。

受到监管新政的影响，2017年整个银行业委外规模有所下降，而且市场上部分银行开始赎回委外。从表1可以看出，2017年上半年银行业金融机构理财均有所下降，不仅更依赖于资管业务的中小银行理财产品余额下降，国有大型银行、全国性股份制银行也下降明显。从统计数据观察，2017年年初以来，月末理财产品余额从年初的30.31万亿元下降到6月份的29.38万亿元。从调研情况看，理财产品中委外比例在1∶3左右，少量的自营资金委外投资暂且不统计在内，从理财规模的角度粗略估算看，理财资金通过委外投资的规模大致从10万亿元下降到9.7万亿元，呈现回落趋势，表明金融机构在监管政策引导下开始在采取调整措施。

表1　不同类型银行业金融机构理财产品存续余额情况

单位：万亿元

月份	国有大型银行	全国性股份制银行	城市商业银行	外资银行	农村金融机构	其他机构	月末余额合计
1 月	9.69	13.02	4.50	0.37	1.71	1.01	30.31
2 月	9.66	12.59	4.44	0.37	1.72	1.05	29.84
3 月	9.29	12.40	4.43	0.36	1.68	0.99	29.15
4 月	9.88	12.80	4.53	0.38	1.69	1.01	30.29
5 月	9.61	12.37	4.45	0.38	1.67	0.98	29.45
6 月	9.27	11.80	4.39	0.37	1.62	0.93	29.38

资料来源：中国银行业理财市场报告（2017 上半年）。

　　同时，委外赎回也对股市债市带来了一系列影响。从资产构成角度看，理财资金大部分是投向信用债、利率债、货币基金等资产，权益类占比较少，如图1所示。委外投资更是如此，九成以上投向信用债、利率债、货币基金等资产，权益类占比不超过10%。因此，从直观上看，委外压缩对股市的影响要小于对债市的影响。

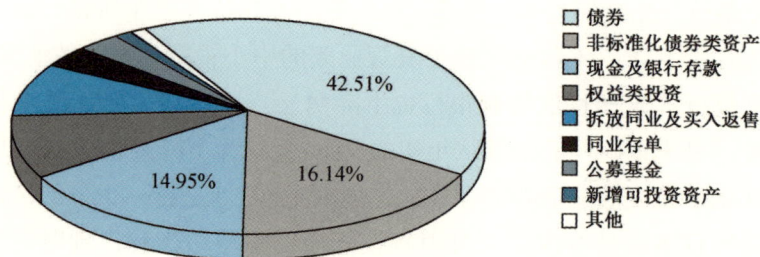

图 1　理财产品资产配置情况

资料来源：中国银行业理财市场报告（2017 上半年）。

　　具体来说，对于信用债而言，委外收缩可能会推动资金回流银行表内，而监管穿透原则的实施，会逐步降低银行风险偏好，低等级信用债需求可能会下降。从图2、图3和图4可以看出，信用利差从2014年年底到目前为止一直呈下降趋势，套利空间缩小，2016年下半年到2017年上半年处于一个低峰期，2017年下半年有回升，但回升幅度不大。

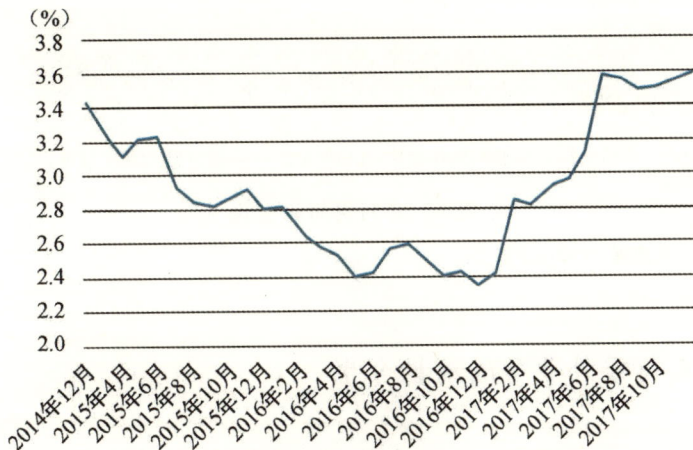

图 2　3 年期国债到期收益率

数据来源：Wind 资讯。

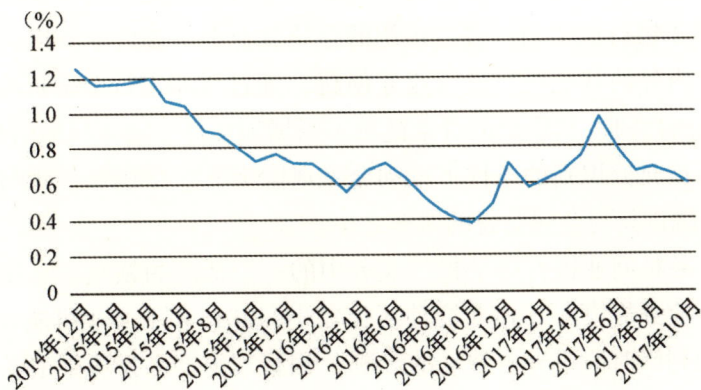

图 3　信用利差（3 年期 AA+ 等级的中票到期收益率 - 3 年期国开债到期收益率）

数据来源：Wind 资讯。

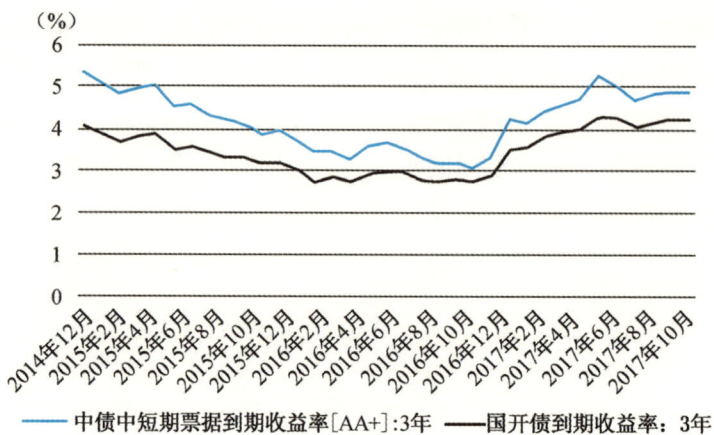

图 4　套利空间的变化

数据来源：Wind 资讯。

二、银行委外业务的前世今生

说起委外业务的历史，就要从商业银行影子银行业务谈起。从发展历程看，与发达市场上通常所说的影子银行业务体系不同，中国的影子银行业务规模是从 2008 年金融危机后开始快速启动的。客观的市场需求，规避监管以及套利空间的现实存在，是推动影子银行业务发展的主要动力。一般来说，影子银行试图通过绕过传统的存贷款业务等表内业务形式，利用资产负债表内外的其他科目进行业务创新，通过与非银行金融机构合作达到信用扩张的目的，其形成的资金链条不断增加杠杆，如果风险管理不当，就可能在不被充分识别的条件下推动金融风险上升。中国影子银行的发展始终处于金融创新与金融监管的博弈之中。

委外业务是商业银行影子银行业务中的一个活跃的领域。从统计数据分析，委外业务规模在 2014 年之前还比较小，2015 年下半年可能说是转折点，由于受到当时股市异常波动的影响，银行理财产品投资渠道受限，此时银行理财规模在继续增长，但投资渠道有限，于是就催生出了银行委外业务的增长，尤其是中小银行更为活跃（见图 5）。从客观数据评估，商业银行对于委外业务的依赖程度和银行的资产负债结构，特别是自身投资能力有关，在一定区域范围内经营的"负债强、资产弱"的中小银行更容易产生委外投资需求。中小银行在传统信贷业务利差收窄的大背景下，迫使其拓展新的业务来源，而资管业务特别是委外业务自然受到重视。

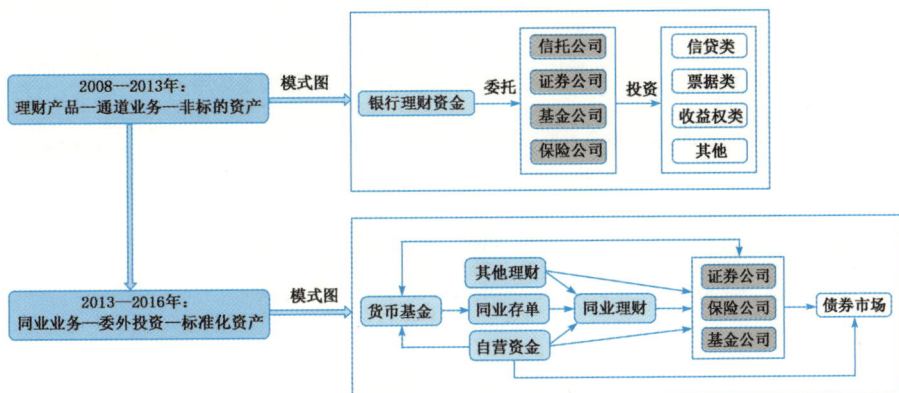

图 5　影子银行模式演变图

从资金流向看，银行委外资金可以来源于自营部门、资管部门、同业部门，其对于委外资金的管理方式和办法也根据所属机构、条线、部门的不同有所差异。总体来看，委外投资首先需要满足银监会对于银行投资的相关规定和监管要求，例如投资品种的限制、杠杆比例等；其次要满足委外管理人所受到的监管要求，比如银行将资金委托给券商资管，则要受到证监会针对券商资管业务的监管规则约束。满足外规要求的情况下，银行再根据内部的管理办法开展委外业务，首先根据银行业务发展需求和风险偏好确定委外的规模、市场与品种、风险收益要求、产品结构等要素；然后通过定性和定量的指标选择外部管理人，包括团队成员、历史业绩、风控指标等方面；委外业务落地之后，要持续对管理人进行跟踪管理，包括绩效评估、管理人沟通和动态管理等方面。

在选择委外管理人时，商业银行同业可以选择的金融机构不少，以选择私募基金管理人为例，根据最新版 G06 报表的思路，银行理财层面委托在基金业协会备案的私募基金进行资产管理是符合未来监管要求的。私募基金相较于传统管理人，投资策略更加灵活和多样化，可以为银行委外提供一些个性化的定制服务，但是也有部分银行通过私募基金违规进行高杠杆投资，放大了风险。未来伴随资产管理行业的监管规则重塑，银行委外业务和私募基金的投资业务都将更加规范。委外投资模式如图6。

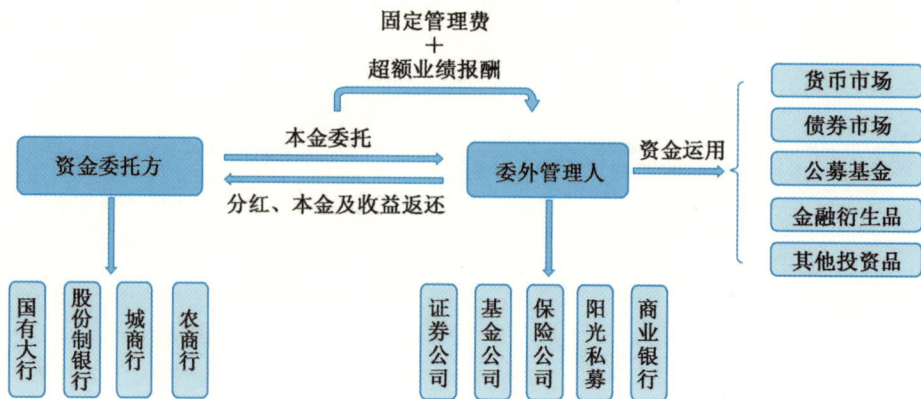

图 6　委外投资模式

三、监管新政为何剑指银行委外业务

从目前的业务模式分析，一般所说的银行委外业务，通常是因为银行从市场获得资金成本较低，而市场上存在相对高收益投资标的，银行通过委外业务获取套利机会，如果在这个套利过程中风险控制不当，其中所存在的期限错配和加杠杆等可能会加大金融风险。因此，近期监管部门出台了一系列监管新政来缩减委外规模，降低商业银行的投资杠杆。多层产品的镶嵌以及同业链条的加长是这次监管政策关注的焦点，这是一个有针对性的去杠杆过程。具体来说，委外有两层加杠杆：

第一层，加杠杆，就是银行通过发行同业存单，或者是同业理财，从银行间市场募集资金，在资产端进行投资，就是银行扩表的加杠杆。

第二层，资产管理机构和委外投资人，将投资债券等的资产，采用质押和期限错配的方式再次加杠杆。

如果委外业务要去杠杆，其实就是这两层加杠杆的逆方向、逆过程。

在通过委外业务加杠杆的过程中，监管套利和资金套利是十分明显的。通常所说的监管套利，就是通过特定的交易结构的设计，通过表外运作减少风险准备金的计提、资本金的要求，而且可以通过通道方式突破行业的限制、区域的限制、信贷投向和规模的限制。

多层产品的镶嵌以及同业链条的加长，为什么是这次对委外业务强化监管中关注的重点？从市场微观个体层面上看，主要是两个问题：第一是客户风险的适应性，是不是把合适风险的产品卖给了合适的客户，还是说通过结构安排把高风险的资产类别卖给了低风险承担能力的客户。第二，是最终资产投向的合规性，产品方面向底层资产穿透来识别最终的资产类别是否符合资产管理的监管规定，它的风险是否经过了适当的评估。

从整个金融系统上看，当前中国国内的融资成本与历史水平相比仍然处于相对偏高的水平。引起融资成本上升的原因之一，是融资通道的复杂化。近年来，中国各类金融机构进入快速发展期，金融行业的资产规模扩张迅速。金融业交易结构日趋复杂带来的问题是，在资金流转的过程中，脱虚向实的链条被明显拉长，资金在经历更多的环节和机构分成之后，实体部门的融资成本也会有所上升。金融去杠杆的实质是拆解这一被拉长的环节，促进整个交易过程的透明度提升；但由于金融杠杆与实体部门杠杆存在相互交叉的问题，如果金融去杠杆进程过猛，对于企业融资产生的压力也会相应上升。在当前的经济"稳增长"和"控风险"的双重目标下，去杠杆政策需要注重控制降低现有杠杆率和缓解企业融资压力之间的节奏。

四、在强监管引导下，银行委外业务呈现新的发展趋势

1. 随着金融去杠杆的深化，委外业务增长将回归理性

从市场环境上看，随着金融去杠杆逐步深化，委外业务将回归理性。金融去杠杆的核心在于缩短融资链条中的套利环节并降低金融风险。2017年上半年，在监管方面，央行将表外理财纳入2017年MPA考核以及通过货政执行报告官方宣告2018年将同业存单纳入MPA考核。银监会推动"三套利""三违反""四不当"，积极整顿金融违规业务。这些监管举措会促使委外业务回归理性增长。

2. 优化对委外机构的动态管理，由通道型向解决问题型转变

虽然近期委外业务增长有一定程度的回落，但从长期来看，在强化风

险监管之后，规范发展的委外业务空间依然存在。不同的金融机构有不同的核心竞争力，委外业务在强监管的推动下的规范化会促使管理人的洗牌，重塑银行资产管理的业态。一方面，为实现风险有效管控下的收益最大化，银行应更加严格地挑选委外投资管理人，考虑不同机构的投资策略和管理特长，对其设置不同投资额度的限制，明确其投资权限。此外，定期评估委外投资机构的投资业绩、合规内控、风险管理等情况，定期进行资格重验，动态调整委外投资机构的准入，优胜劣汰，并动态调整银行理财注资金额。另一方面，委外业务将由原来简单的通道业务，升级为优势互补。中小银行需要证券公司、基金公司帮助进行资产配置，即问题解决型的资产配置方案，而不仅仅只是通道型的资产配置方案。优势互补，强化资产配置能力，委外投资有望出现市场的分化，市场关注的重点从资产配置的通道转向多策略跨界资产配置和资产交易的能力。

3. 积极探索建立表外资产负债表管理体系

从公司治理层面上看，积极探索建立表外资产负债表管理体系是有效防范委外投资风险的举措之一。目前，委外投资仍存在期限错配、客户错配、信用风险累积抬升等问题，亟须规范化、系统性的管理。传统的银行资产负债表管理体系无法充分反映金融创新产品和业务的经营特点，因而无法有效管理非信贷业务，而既有的表外业务管理体系也不完全适用于委外投资等非信贷业务的经营管理。因此，应积极探索建立表外资产负债表管理体系，在强化风险管理能力的基础上推动委外投资的规范发展。

参考文献：

［1］巴曙松. 委外业务仍有存在空间, 应由通道型升级为解决问题型［R］.2017中国银行业资产管理高峰论坛.

［2］巴曙松, 朱虹. 中国经济是新的波动形式而非新周期［J］.中国外汇，2017（17）.

［3］银行业理财登记托管中心. 中国银行业理财市场报告（2017上半年）［R］.2017.

［4］王喆, 张明, 刘士达. 从"通道"到"同业"——中国影子银行体系的演进历程、潜在风险与发展方向［J］.国际经济评论，2017（4）.

全球系统重要性银行：
强调更高的损失吸收能力 *

摘要：2014年11月，金融稳定理事会发布了一系列针对全球系统重要性银行提高吸收损失能力（TLAC）的原则及条款清单。本文结合国际金融监管动态，介绍了 TLAC 新规的主要内容及其与巴塞尔协议Ⅲ监管资本的关系。在此基础上，分析了 TLAC 债务工具的合格标准、品种及其与二级资本工具的区别，同时分析了 TLAC 债务工具对全球系统重要性银行负债业务可能产生的影响，并分别从监管部门及大型银行层面就如何应对 TLAC 新规提出了相关政策建议。

关键词：系统重要性银行，巴塞尔协议Ⅲ，TLAC

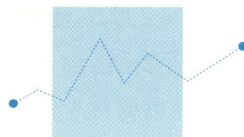

一、引言

全球系统重要性金融机构（global systemically important financial institutions，G-SIFIs）是指在金融市场中承担了关键功能、具有全球性特征的金融机构，这些机构一旦发生重大风险事件或经营失败，就会对全球经济和金融体系带来较大影响甚至是系统性风险，全球系统重要性银行（global

* 王璟怡、刘晓侬、郑铭参与本文的起草与讨论，本文发表于《中国银行业》2016年第6期。

systemically important banks，G-SIBs）则被视为全球银行业的"稳定器"。在2008年爆发的国际金融危机中，欧美一些大型复杂金融机构陷入经营危机甚至倒闭，并蔓延至其他金融机构，演变为系统性风险，迫使一些国家政府动用纳税人资金实施救助，诱发了社会不满情绪，也引起了各国对系统重要性金融机构监管问题的广泛关注。如何解决"大而不倒"的问题，降低金融机构的道德风险，防范系统性金融风险，成为国际金融危机发生五年来金融监管改革的热点和难点问题。

危机后，国际社会积极推进系统重要性金融机构监管的政策研究。2011年7月，金融稳定理事会（Financial Stability Board，FSB）和巴塞尔银行监管委员会（Basel Committee on Banking Supervision，BCBS）分别发布了《系统重要性金融机构有效处置》和《全球系统重要性银行：评估方法和更高损失吸收能力》两份征求意见稿，提出了定量与定性相结合的商业银行全球系统重要性评估方法。在2013年7月，巴塞尔委员会更新了全球系统重要性银行的评估方法，与此同时，国际保险监督协会也公布了全球系统重要性保险机构的评估方法和政策措施。2014年11月，金融稳定理事会发布了一系列针对全球系统重要性银行提高吸收损失能力的原则及条款清单，拟将要求各国监管机构对全球系统重要性银行保留相当规模的缓冲资本，持有相当于风险加权资产16%~20%的股权和可取消债务。监管机构将这项规定视为解决所谓"大而不倒"问题的一种途径，这是防止救助大型银行并避免纳税人为破产银行买单的关键一步。

二、文献综述

2008年金融危机爆发之后，全球监管当局对系统重要性金融机构的监管问题高度重视，出台的一系列政策旨在建立更加适合这些机构的监管框架。其中，最让监管当局困扰的问题就是"大而不倒"的监管理念该如何纠正和完善。美联储学者Stern和Feldman（2004）指出，有些金融机构由于其巨大的规模和金融体系的重要性，如果发生倒闭会给其他金融机构和金融体系甚至经济社会秩序带来重大的风险。因此，发达国家和不发达国家的政府都不得不保护其债权人不受损失。这样的金融机构被称为"大而不倒"。

巴曙松（2012）指出"大而不倒"问题的起源有两个方面，一是该机构对宏观经济至关重要，二是政府或中央银行对其进行救助。尤其是政府部门对银行等金融机构的救助，使其产生了对政府救助的预期，从而导致软预算约束，并最终演变为"大而不倒"问题。威廉·杜德利（2013）提出，"大而不倒"在金融系统中导致了对风险的低估并形成了一套坏的激励措施，如果无法得到彻底解决，很可能会在未来形成更大的危机。王兆星（2013）认为，"大而不倒"意味着，一家金融机构具有的系统重要性，决定了如任其倒闭将引发严重的系统性危机，因此政府必将选择救助而不是任其倒闭。

危机后，虽然巴塞尔委员会已经对全球系统重要性银行施行大量的监管措施，但是考虑到它们的经营模式一般都更加关注交易和资本市场相关的全球活动，更容易受到资本框架中不断增强的风险的影响。所以这些政策举措虽然很重要和完善，但是它们还不足以解决全球系统重要性银行产生的所有负外部性，解决这个问题需要多管齐下。所以在现有政策措施的基础上，巴塞尔委员会要进一步识别评估全球系统重要性银行并对其进行分类，根据不同级别的全球系统重要性要求其具有相应的损失吸收能力，借此降低它们经营失败的可能性。Bongini 和 Nieri（2015）认为有两种方法来识别系统重要性银行，学术界通常使用基于市场的评估方法，而监管机构则偏好基于指标的评估方法。其中预期损失法（expected shortfall，ES）用于度量系统性风险，Shapley 值法用于有效测度金融机构的系统重要性。学术界普遍采用的基于市场的评估方法通过选取市场相关数据如股价、债券价格、CDS 等测量系统性风险，监管机构则通过一系列指标来识别系统重要性银行。目前国内外学者对两种评估方法的比较研究较少，Castro 和 Ferrari（2014）通过使用 Adrian 和 Brunnermeier（2011）的方法，对欧洲的26个大型银行的系统重要性进行了测量，得出的结论为在基于市场数据的测量方法下，仅有很少一部分银行为系统重要性银行。Agarwal 和 Taffler（2008）、Bauer 和 Agarwal（2014）通过比较两种方法下对银行破产的预测认为基于市场的测量方法优于基于指标的测量方法，但对于数据的选择和获取途径并没有统一的定论。巴塞尔银行监管委员会随后发布了修正后的评估办法，但对市场数据的使用范围仍尚未做出合理规范。

综合上述关于系统重要性银行的相关研究不难发现，目前学界对系统重要性银行产生的系统性风险研究不足，包括风险的定义，风险的传染以及风险的特征都缺乏研究。大多数学者仍然主要借鉴一般意义上的系统性风险的相关研究方法来对系统重要性银行进行分析。系统重要性银行作为一种特殊的银行区别于其他银行的主要特征就是其具有系统重要性，这样的系统重要性决定了系统重要性银行在金融体系中发挥着核心作用，对金融稳定和实体经济都有非常强的影响力。所以系统重要性银行是因为其本身的属性更容易引起系统性风险而应该适度的发展和严格监管。对其进行理论研究应该关注系统重要性银行的特征、系统重要性银行所面临的风险如何积累和传染形成系统性风险，以及系统重要性银行应该如何有效地进行监管等方面的内容。

三、全球系统重要性银行的评估方法与识别

巴塞尔银行监管委员会已研究出一种方法来评估全球系统重要性银行，即基于指标的衡量方法（indicator-based measurement approach）。由于这个评估方法旨在识别全球系统重要性银行，这些银行将接受更高损失吸收的要求，所以委员会认为，如果只使用规模、相互关联程度、跨境经营这三个指标不足以概括全球系统重要性银行的特征，所以评估过程中应当加入新的指标要求，即衡量银行全球活跃程度的指标，以及衡量复杂性的指标。

所选指标反映了全球系统重要性银行产生负外部性的原因，同时可以解释银行为何会在维持金融系统稳定中充当重要角色。基于多指标的衡量方法的优点在于这种方法考虑的因素更加全面，更加突出单一金融机构对金融体系和其他金融机构的影响，更加反映金融机构之间的连接程度，更能找出具有系统重要性的银行。相比通常使用的基于模型的衡量方法（假设条件多，涵盖内容少）更简单，也更有说服力。

这种定量与定性相结合的商业银行全球系统重要性评估方法，从全球活跃程度、规模、关联度、可替代性和复杂性5个维度，采用12个指标评估银行的全球系统重要性，每一大类赋予相同的20%的权重。由于每个大类之下，还有许多其他的子指标，所以对于这些子指标的权重赋予，也采取平均分配的方式。其中，全球活跃度是指该机构在全球实施跨境经营、

提供金融服务的情况，规模是指银行提供金融服务的总量，关联度是指该机构与金融体系其他机构的关联程度，可替代性是指该机构倒闭后，其他金融机构在多大程度上可以提供相同的服务，复杂性是指该机构在组织结构、业务品种和结构等方面的复杂化程度。各项指标的衡量权重均占20%（见表1）。

表1　全球系统重要性银行指标评估方法

指标类别	指标内容	指标权重
1.全球活跃程度（20%）	跨境债权	10%
	跨境债务	10%
2.规模（20%）	表内外总资产	20%
3.关联度（20%）	银行间资产	6.67%
	银行间负债	6.67%
	批发融资比率	6.67%
4.可替代性（20%）	托管资产总额	6.67%
	通过支付系统结算额	6.67%
	债券和股权市场评估交易额	6.67%
5.复杂性（20%）	场外衍生品票面价值	6.67%
	Level 3 资产	6.67%
	交易账户总额和可供出售资产总额	6.67%

资料来源：国际结算银行官网。

全球系统重要性银行评估方法为周期性检查状态提供了基本架构。对银行转变风险状况和业务模式来降低系统性溢出效应产生了激励机制。委员会并不会固定 G-SIB 的名单，银行可随时根据自身经营状况选择进入或退出。例如，随着新兴市场国家的银行在全球经济中地位的日益凸显，将会有一大批来自这些国家的银行加入到 G-SIB 中。这对指定机构及市场对于 G-SIB 标准的透明度提出了更高要求，从而逐步降低系统性风险对全球经济带来的影响，使的全球经济保持长久稳定。

巴塞尔委员会使用分档法（bucketing approach）来对系统重要性银行分档，不同档次的系统重要性银行将会附加不同的资本要求。目前初步将划分为5个档次（见表2），第一档核心一级资本充足率要求增加最少1%，第二档为1.5%，第三档为2%，第四档为2.5%，第五档为3.5%（目前空缺）。2014年11月，金融稳定理事会和巴塞尔委员会公布了更新后的全球系统重要性金融机构成员名单，与2013年不同的是，2014年最新公布的名单中新增一家金融机构，全球系统重要性银行的数量由上一年的29家增至30家，中国农业银行入选其中（见表3）。

表2　全球系统重要性分组及对应的附加资本要求[1]

分组	分数区间（基点，bps）	更高损失吸收要求
第5组	530~629	3.5%
第4组	430~529	2.5%
第3组	330~429	2.0%
第2组	230~329	1.5%
第1组	130~229	1.0%

资料来源：FSB，《更新的全球系统重要性银行分组》，2014年11月。

表3　全球系统重要性银行名单

G-SIBs总部所在地	银行名单（入选时间）
中国（3家）	中国银行（2011）、中国工商银行（2013）、中国农业银行（2014）
美国（8家）	摩根大通（2011）、花旗集团（2011）、美国银行（2011）、富国银行（2011）、高盛集团（2011）、摩根斯坦利（2011）、纽约梅隆银行（2011）、道富银行（2011）
英国（4家）	汇丰控股（2011）、巴克莱银行（2011）、苏格兰皇家银行（2011）、渣打银行（2012）
意大利（1家）	裕信银行（2011）
西班牙（2家）	桑坦德银行（2011）、西班牙对外银行（2012）

　　1　此表中的临界值和分组门槛，都是根据所有样本银行提供的截至2011年年底的数据计算得出的。

续表

瑞士（2家）	瑞士信贷集团（2011）、瑞士银行（2011）
瑞典（1家）	北欧联合银行（2011）
日本（3家）	三菱日联金融集团（2011）、瑞穗金融集团（2011）、三井住友金融集团（2011）
荷兰（1家）	荷兰国际集团（2011）
法国（4家）	巴黎银行（2011）、法国人民银行（2011）、农业信贷（2011）、兴业银行（2011）
德国（1家）	德意志银行（2011）

资料来源：FSB，《更新的全球系统重要性银行分组》，2014年11月。

四、总损失吸收能力

2014年10月，金融稳定理事会发布了一系列针对全球系统重要性银行提高吸收损失能力的原则及条款清单，拟将要求各国监管机构对全球系统重要性银行保留相当规模的缓冲资本，持有相当于风险加权资产16%~20%的股权和可取消债务。监管机构将这项规定视为解决所谓"大而不倒"问题的一种途径，这是防止救助大型银行并避免纳税人为破产银行买单的关键一步。根据该计划，30家全球系统重要性银行的总损失吸收能力（简称TLAC）应该至少占到其风险加权资产的16%~20%。此外这些银行持有的资本占其全部资产的比重也应该至少是巴塞尔杠杆率要求的两倍6%。金融稳定理事会将与巴塞尔委员会执行该计划的市场调查、定量影响测算（QIS）工作以及宏微观经济评估。

（一）最低的外部总损失吸收能力要求

在最低的监管资本要求下，全球系统重要性银行将应达到最低的外部总损失吸收能力要求（minimum TLAC）。该项条款旨在确保全球系统重要性银行具备基本的损失吸收及资本重组能力，以避免纳税人为危机期间救助破产银行的巨大费用买单，从而可以避免引起全球金融恐慌，影响金融系统的稳定性。

1. 监管对象

TLAC 监管将适用于全球系统重要性银行的每个处置实体，既可能是母公司，也可能是子运营公司，或者是最终或中间控股公司。最低 TLAC 标准将根据单个处置实体及其所有直接或间接子公司的合并资产负债表计算。此外，考虑到新兴市场经济体资本市场深度不足，银行筹资难度大，且监管标准上升可能对实体经济融资产生一定程度的负面影响，金融稳定理事会专门为总部位于新兴市场经济体的全球系统重要性银行设定了过渡期，但征求意见稿中尚未明确过渡期长度。

2. 监管标准

金融稳定理事会为全球系统重要性银行设定了最低总损失吸收能力和最低杠杆率两方面的新监管标准，并将其划分为第一支柱和第二支柱两个层次。

（1）第一支柱。在全球系统重要性银行的最低外部总损失吸收能力要求中，第一支柱组成部分的确定由定量影响测算和成本效益分析得出。第一支柱要求全球系统重要性银行将必须保留相当规模的缓冲资本，持有相当于风险加权资产16%~20%的资本。对于附加资本要求为1%的全球系统重要性银行，需要持有至少相当于风险加权资产19.5%~23.5%的资本，而附加资本要求为2.5%的全球系统重要性银行，需要持有至少相当于风险加权资产21%~25%的资本。此外这些银行持有的资本占其全部资产的比重也应该至少是巴塞尔杠杆率要求的两倍。也就是说，如果巴塞尔要求的杠杆率是3%，那么系统重要性银行的资本至少应占其总资产的6%。

（2）第二支柱。由危机管理小组（Crisis Management Groups）和可处置性评估计划（Resolvability Assessment Process）共同确立第二支柱的内容。第二支柱的基本原则是确保全球系统重要性银行损失吸收能力的有效性，最大限度地降低系统性风险对金融系统稳定的影响。

3. 监管目标

在最低外部总损失吸收能力要求下，金融稳定理事会要求全球系统重要性银行在2019年1月前应至少持有相当于风险加权资产16%的资本，这一指标在2022年1月前应至少达到18%。对于杠杆率的要求，理事会规定2019年1月前全球系统重要银行的资本至少应占其总资产的6%，2022年1

月前需至少占到总资产的6.75%。

4. 与巴塞尔协议Ⅲ资本要求的一致性

TLAC第一支柱要求与巴塞尔协议Ⅲ第一支柱监管资本要求之间存在如下关系：一是与最低资本要求之间的关系。最低TLAC要求是在最低资本要求的基础之上，针对G-SIBs提出的更高要求；监管资本中用于满足最低资本要求的部分，亦可用于满足最低TLAC要求。二是与资本缓冲之间的关系。资本缓冲用于在持续经营过程中吸收损失，因此属于最低TLAC之外的要求。核心一级资本应优先用于满足TLAC最低要求，富余部分才能作为资本缓冲。

具体而言，TLAC的最低总损失吸收能力要求包含巴塞尔协议Ⅲ中8%的最低资本要求，但不包含巴塞尔协议Ⅲ的资本缓冲要求和全球系统重要性银行的附加资本要求，因为这些资金被假定为全球系统重要性银行进入处置程序前可以使用。TLAC"不低于并表风险加权资产的16%~20%"的最低要求已涵盖巴塞尔协议Ⅲ的最低资本要求，但不包含资本缓冲要求。按照该方法计算，如果计提2.5%的资本留存缓冲（储备资本要求2.5%，系统重要性银行附加资本要求1%~3.5%，逆周期资本要求目前为0），则一类全球系统重要性银行的总损失吸收能力将需达到并表加权风险资产的19.5%~23.5%，四类全球系统重要性银行的总损失吸收能力将需达到21%~25%。如果监管当局要求提取逆周期资本缓冲，则上述范围还需视情上调0~2.5%（见图1）。

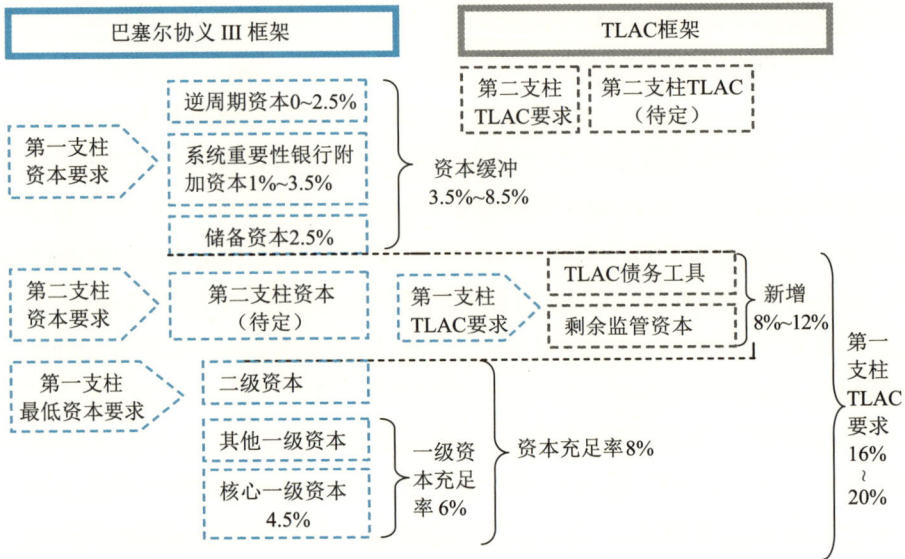

图 1　TLAC 与巴塞尔协议Ⅲ监管资本的关系

（二）内部的总损失吸收能力要求

内部的总损失吸收能力要求旨在合理分配全球系统重要性银行重要子公司的资本损失吸收能力。该条款要求重要子公司应达到最低的合格内部损失吸收能力的要求（Eligible internal TLAC），以使得这些重要子公司在面临重大损失和资本重组时可以首先使用内部的损失吸收资本冲抵，避免对全球系统重要性银行造成系统性冲击。

内部的总吸收损失能力使用的资本监管工具需遵照巴塞尔协议Ⅲ中相关条款的要求。所有重要子公司需达到75%~90% 的内部总吸收损失能力的要求——这一范围由最低的外部总吸收损失能力要求中定量影响测算得出的实际数据决定。为避免"双重杠杆"作用，全球系统重要性银行的执行部门应保证内部总吸收损失资本总额应与外部的最低吸收损失资本一样多，以此来保证执行银行资产负债表的平衡。然而通常情况下，为保证银行内部的稳定性，外部的总吸收损失资本都会有所减少。

（三）总吸收损失能力合格工具

外部总吸收损失能力工具应由处置实体发行和持有，必须为无担保工具，且剩余期限不低于一年。合格的 TLAC 工具必须要能够在不造成严重法律困境或引发赔偿诉求的情况下用于吸收损失，且需在出售 TLAC 工具时向债权人披露。TLAC 合格工具在赎回和净额结算等方面也将受到限制，以防影响其损失吸收能力。

TLAC 合格工具不应包括，且偿还次序应低于以下七类工具：受保存款；无须监管当局批准而可随时要求偿付的债务；直接由发行机构或其关联方融资的债务，除非危机管理小组中的相关母国和东道国当局允许将向处置实体母公司发行的合格债务计入；衍生品相关债务或具有衍生品挂钩特征的债务工具，如结构票据；非由合同产生的债务，如应纳税金；在相关破产法规定中，偿付顺序优于一般高级无担保债权人的债务；根据相关管辖法规定，任何其他不能被相关处置当局有效减记或转换为股权的债务。

TLAC 合格工具的核心特征是在银行处置程序中优先于"被排除负债"吸收损失，这就要求其偿付次序位于"被排除负债"之后。上述偿付次序可通过三种方式实现：一是合约式，即发行条款约定 TLAC 债务工具的偿付次序位于"被排除负债"之后；二是立法式，即法律规定 TLAC 债务工具的偿付次序位于"被排除负债"之后；三是结构式，一些大型银行集团采用非运营控股公司（non-operating holding company）的组织结构，集团层面基本没有经营活动，主要通过子公司开展具体业务。这类控股公司的资产负债表中通常没有"被排除负债"，其高级债务将优先于其下属运营子公司的普通负债吸收损失，因此这类债务工具不需要通过合约或法律规定，天然地具有后偿性。

此外，考虑到当全球系统重要性银行进入处置程序时，其股权资本很可能已经消耗殆尽，而非保险存款等高优先级债务工具用于吸收损失的程序又较为复杂，为确保全球系统重要性银行进入处置程序后仍有充足的吸损资金，金融稳定理事会建议，债务资本工具形式的 TLAC 工具及不属于监管资本的其他 TLAC 合格工具应不少于第一支柱 TLAC 要求的33%。

五、更高损失吸收能力测评及影响

在危机爆发时，全球银行系统的资本质量差强人意，而在危机升级时，资本基础水平及质量都遭到严重侵蚀。现有金融监管体系在监管资本管理方面的缺陷已经威胁到金融体系的稳定性。在危机结束后，监管机构意识到：资本质量与资本数量同等重要。因此，为了提高资本质量，增强银行资本工具吸收损失的能力，巴塞尔委员会修改了监管资本定义、提出了更加严格的资本要求，主要体现在各级资本构成的变化及监管资本调整项的统一。

（一）巴塞尔协议Ⅲ的资本构成

总体而言，巴塞尔协议Ⅲ对于一级资本的定义更加严格化，同时简化了二级资本并取消了三级资本。巴塞尔协议Ⅲ建议的资本构成与巴塞尔协议Ⅱ下的资本构成对比如表4所示：

表4　巴塞尔协议Ⅲ建议的资本构成与巴塞尔协议Ⅱ下的资本构成对比

巴塞尔协议Ⅱ下的资本构成	巴塞尔协议Ⅲ下的资本构成
一级资本	一级资本
实收资本 / 普通股	普通股
股本溢价	
留存收益	
盈余公积	其他持续经营下的资本
少数股东权益	不计入一级资本
创新资本工具（15% 上限）	不计入一级资本
二级资本	二级资本
一般准备	简化二级资本，只有一套二级资本的合规标准，其他子类别将被取消
混合债务资本工具	
次级债	
三级资本（市场风险暴露）	三级资本（取消）

资料来源：FSB官网，2014年11月。

1.一级资本的变化

一级资本定义修改后，其主要形式必须是普通股和留存收益。且普通股必须满足一套合格标准才能被计入一级资本。少数股东权益将不能被计入核心资本的普通股部分。某些具有创新特征的资本工具，如股利递增机制，会不断腐蚀一级资本的质量，因此将逐步被取消。除普通股之外，满足一定标准的资本可计入其他持续经营下的资本。

2.二级资本和三级资本的变化

简化二级资本，只有一套二级资本的合格标准，其他子类别将被取消。巴塞尔委员会规定了二级资本的最低标准，同时取消了二级资本不能超过一级资本的限制。取消三级资本，以保证抵补市场风险的资本质量。

（二）资本工具吸收损失能力测评

从保护存款人利益和增强银行体系安全性的角度出发，银行资本的核心功能是吸收损失。金融危机显示，过于复杂的资本结构存在以下三个方面的缺陷：一是损失吸收能力有限。虽然商业银行名义资本充足率很高，但相当一部分是债务资本工具，由于这些工具只能在特定条件下且一定程度上承担损失，相对于危机期间的巨额损失只是杯水车薪。二是债务资本工具计入监管资本的上限受制于普通股的规模，当普通股被用于冲销损失时，计入监管资本的债务资本工具数量成比例下降，导致资本充足率更大幅度下滑，抑制了银行体系信贷供给能力，放大了对实体经济的负面影响。三是由于法律框架、监管规定、会计和税收政策的差异，全球范围内监管资本工具的透明度和可比性下降，一定程度上不利于公平竞争。

委员会主要从三个方面判断资本工具的损失吸收能力：一是经济衰退时期，资本工具是否有助于银行保存经济资源以偿付到期债务；二是资本工具是否具备相关机制以消除投资者对银行的索偿权；三是资本工具能否有助于避免银行资产负债表的资不抵债。资本工具能否在持续经营条件下吸收损失是判断监管资本质量的重要依据。巴塞尔委员会对银行更高损失吸收能力提出了要求。

第一，要求银行制定恢复和处置计划。即在危机发生时，如何在不动用纳税人救助的前提下，依靠金融机构自身的力量来解决问题。目前提出的方案是自救债和或有资本安排。自救债是在一定条件下，银行发行的债券能够直接转为股权（资本）。或有资本是设定一些触发条件，当条件出现时，这些资本能够完全转换为普通股。或有资本必须满足二级资本的所有条件。

第二，跨境处置安排。针对国际系统重要性银行，不同国家的监管部门要互相协商，研究制定系统重要性银行发生危机时的处置方案。

第三，推行同行评议，增加系统重要性银行的信息透明度。主要由一些国际组织牵头，对系统重要性银行进行相互评估，发挥同行监督作用，提高金融体系稳定性。同行评议的方式以非现场为主，英国金融服务局（FSA）和国际货币基金组织（IMF）都开展过类似的同行评议。同行评议信息主要来自于问卷调查，并以监管机构的自我评估、巴塞尔委员会内外机构开展的检查等作为辅助信息来源。

（三）不能满足附加资本要求的后果

如果一家全球系统重要性银行没有达到更高损失吸收要求，将要求它同意资本修复计划，以此恢复到合规的管理框架。在它完成计划并恢复到规定的要求之前，将受到派息限制，以及管理者规定的其他安排和要求。如果一家全球系统重要性银行从较低一级的组，晋升到更高一级的组，该银行将对应适用一个更高的损失吸收要求，因而要求该银行在12个月之内满足新的资本要求。在宽限期之后，如果银行没有满足更高损失吸收要求，将要求这家银行留存资本，以此达到扩展资本储备的目的。

六、政策建议

随着经济全球化、金融一体化的逐步加深和中国综合实力的不断上升，中国银行业获得了快速发展，国际化程度不断提高，综合实力与全球服务能力明显增强，成功应对国际金融危机的冲击，在全球银行业的位次大幅提升。金融稳定理事会根据系统重要性金融机构的特征，制定和实施评估标准，每年对全球的系统重要性机构进行评估和分类，根据2011年、2012年、2013年、2014年每年11月发布的报告，中国银行连续4年入选全球系统重要性银行，2013年11月中国工商银行入选全球系统重要性银行，2014年11月，中国农业银行也入选其中。随着国内金融环境的优化，金融机构的发展，未来还会有更多的金融机构成为全球系统重要性金融机构，因而这些金融机构的入选，对于国内的金融业的发展而言，既是机遇也是挑战。

（一）更高损失吸收能力对中国银行业的影响评估

一方面，G-SIBs 是大型跨国银行集团的重要标志；国际监管的参与，有助于促进中国银行业自觉按照国际标准要求自己。

另一方面，入围全球系统重要性银行也使中国银行业面临新的挑战。一是更严格的监管标准。全球系统重要性银行将在附加资本、流动性等方面面临进一步的监管要求。虽然目前国际上有关流动性附加、大额风险暴露等方面的监管标准正在研究之中，国内的相关监管政策也尚在制定，但在达标时间设定上预计将先于国际过渡期安排。二是信息披露的难度和成本增加。全球系统重要性银行将面临更严格的跨境监管要求，包括定期国际监管联席会议、全球系统重要性测算和评估，及其他专项测算。三是严格的创新资本工具要求。针对本轮危机暴露出的银行资本质量不高，吸收损失能力有限的问题，巴塞尔委员会对新型资本工具在满足 G-SIBS 附加资本要求上的作用进行了严格限定，从持续吸收损失能力的角度出发，提出该附加资本要求应以普通股一级资本满足，各国监管当局可以考虑使用高触发或有资本满足国内附加资本要求高于国际标准的部分。目前，国内银行实施外部资本补充的渠道相对有限，资本工具创新机制和配套政策仍待完善，这些也使得中国银行业在适应国际监管要求的过程中面临更大的挑战。

（二）推进全球系统重要性银行监管改革的实施重点

第一，对于国内的监管机构而言，要在资本管理、信息披露、流动性管理、危机管理等方面，结合国际监管的新标准、新要求，采纳适合国内金融机构发展情况的审慎监管措施，加强法律法规的完善，提高对国内金融机构的监管要求。

第二，要加强金融机构内部治理，金融机构的高级管理层和风险管理委员会进行不断地评估和完善机构的治理框架，不断优化机构的资产负债结构、机构的经营模式，深入了解市场环境、监管要求、风险状况，把握机构的风险偏好和经营策略，加强机构应对风险的能力；审慎经营、创新发展、多元化融资，在竞争中形成自身的特色、抵御外部的风险同时也应承担起与其地位相匹配的社会责任。

第三，与国际同类机构相比，中国商业银行面临资本结构单一、业务模式简单、资本补充渠道狭窄有限的问题。从审慎监管的角度出发，较低的 TLAC 资本工具可能会导致资本工具频繁的触发，而如果定得过高，则会要求银行承担较高的成本。因此，长期来看，国内银行必须转变业务增长模式，拓宽融资渠道，逐步建立内部资本积累主导的资本补充机制，支持实体经济稳健和可持续增长，才能持续地达到新监管标准。

参考文献：

［1］Federal Reserve Board. Notice of Proposed Rule Making: "Total Loss-Absorbing Capacity, Long-Term Debt, and Clean Holding Company Requirements for Systemically Important U.S. Bank Holding Companies and Intermediate Holding Companies of Systemically Important Foreign Banking Organizations; Regulatory Capital Deduction for Investments in Certain Unsecured Debt of Systemically Important U.S. Bank Holding Companies［Z］. October 28, 2015.

［2］Financial Stability Board. Adequacy of loss-absorbing capacity of global systemically important banks in resolution［R］. Financial Stability Board Consultative Document, November 10, 2014.

［3］Kupiec, P. Is Dodd Frank Orderly Liquidation Authority Necessary to Fix Too-Big-to-Fail?［R］. AEI Economic Policy Working Paper No. 2015-09.

［4］Federal Deposit Insurance Corporation and Bank of England. "Resolving Globally Active, Systemically Important, Financial Institutions［R］. December 10, 2014.

［5］Calomiris, C. and R. Herring. How to design a contingent convertible debt requirement that helps solve our too-big-to-fail problem［J］. Journal of Applied Corporate Finance, 2013, vol. 25, No. 2, pp. 21-44.

从金融结构角度探讨金融监管体制改革 *

　　摘要：从结构角度看，金融结构决定金融监管的制度和结构。金融危机后全球金融结构向金融市场倾斜和向金融混业化发展的趋势并未因危机爆发而改变，而金融监管在金融危机后却顺应金融结构发展要求呈现出由多头分业监管向统一功能监管或目标监管发展的趋势，同时各国都在强化中央银行的金融监管职责。中国目前虽然仍是银行中介主导的金融结构，但是金融市场在金融体系中的作用和地位在不断上升，金融机构混业化发展趋势在加强，金融机构的边界在逐渐模糊，现有的多头分业监管模式面临诸多挑战，难以适应金融结构发展要求，需要根据金融结构的变化进行相应的调整。

　　关键字：金融结构，金融监管，机构监管模式，功能监管模式，目标监管模式

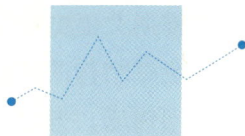

　　2015年中国股市的异常波动引起人们对金融监管问题的关注，金融监管体制上的缺陷被认为是本次股市异常波动的重要原因之一。在对股市异常波动深入反思后，理论界和实务界纷纷呼吁加快推进金融监管体制改革，政府决策部门也将金融监管体制改革列入国家"十三五"规划纲要。但是对

　　*　沈长征参与本文的起草与讨论，本文发表于《当代财经》2016年9期。

于借鉴何种模式、如何推进当前中国金融监管体制改革，理论界、实务界甚至政府决策部门仍然存在一些争议。从金融结构的角度看，中国需要根据自身金融结构的发展阶段及其风险结构特征，借鉴金融危机后全球金融结构和金融监管发展趋势，选择适合于中国的金融监管模式。

一、金融结构决定金融监管的制度和结构

根据戈德史密斯的观点，金融结构即金融工具和金融机构的相对规模；一国金融结构的特征由各种金融工具和金融机构的形式、性质及其相对规模共同构成，并且一国的金融结构会随时间的变化不断演变。金融结构演化会产生不同的金融风险结构，而风险控制是金融监管的首要任务，要求相应的金融监管模式与之相适应。从境外市场金融发展规律来看，适应金融结构调整的金融监管模式往往能够有效控制金融风险，避免金融危机爆发；而不适应金融结构调整的监管模式往往监管效率低下，制约金融发展和创新，甚至可能引发金融危机，而在金融危机爆发后原有的金融监管制度和结构往往面临着改革甚至重构，因此可以说金融结构决定金融监管的制度与结构。例如在1929年美国股灾爆发前，美国证券市场已经有超过100年的历史，证券市场为美国南北战争期间的军费融资以及后来的铁路建设、制造业发展融资发挥了巨大的作用。但是当时美国证券市场缺乏必要的监管，市场投机和操纵现象严重，股票市场的发展同时伴随着频繁的股市恐慌，在1893年至1929年间美国先后发生过七次股市崩盘，其中1929年的股灾引发了美国经济的大萧条。为挽救美国经济，1933年罗斯福政府上台后力推新政，从整顿金融入手进行一系列改革，其中最为著名的是1933年颁布的《格拉斯—斯蒂格尔法案》和1934年颁布的《证券交易法》，前者将投资银行业务和商业银行业务分开，同时强化联邦储备委员会的金融监管地位，后者主要规范证券交易行为，同时成立证券交易委员会（SEC）。

二、全球金融结构发展趋势并未因金融危机爆发而改变

从企业融资角度，金融结构可划分为银行中介主导和金融市场主导两

种类型；而从金融机构业务角度，金融体系可分为分业经营和混业经营两种类型。在2008年全球金融危机爆发前，特别是1997年亚洲金融危机爆发后，以银行中介为主导、忽略市场资源配置能力的"裙带资本主义"模式广受诟病，而以金融市场为核心、强调市场配置资源能力的盎格鲁—撒克逊金融模式成为许多国家改革金融体系的样板或目标模式。同时随着金融市场发展以及金融全球化的推进，传统的商业银行不仅面临金融脱媒带来的挑战，而且面临外国金融机构混业经营的竞争压力，许多国家逐步放松金融分业经营的限制逐步实现金融混业经营，因此在金融危机前全球金融体系呈现出向混业经营发展的趋势。在金融危机爆发后，一些学者对次贷危机及欧债危机期间金融风险在金融市场与金融机构之间的相互传递并相互正反馈表示担忧，并断言次贷危机的爆发及延续可能会成为以市场主导的金融模式的发展拐点。然而，在金融危机爆发后七年，无论从金融监管政策分析还是观察金融结构本身变化趋势，金融危机后全球金融体系向金融市场倾斜以及金融混业化发展趋势并未因金融危机爆发而发生改变。

（一）从金融监管政策分析全球金融结构变化趋势

在金融危机爆发前美国和英国是金融市场主导型结构和混业经营的典范。虽然次贷危机中金融市场与金融机构间的风险传染发挥了导火索作用，但是从金融改革政策来看，在金融危机后英美两国并未限制金融市场发展。相反美英两国正视这种发展趋势，通过强化系统性风险防范、强化金融市场与商业银行之间风险隔离（美国的"沃尔克"规则以及英国维克斯报告提出"栅栏原则"）、改造高风险金融市场（场外衍生品市场要求集中清算）等措施，在继续确保金融效率和金融行业竞争力的前提下，提升金融体系的安全。

金融危机前德国实行全能银行模式，银行能够经营商业银行、投资银行、保险等业务，并在国民经济中占据主导地位。在金融危机后，欧盟在2012年10月公布了利卡宁报告，提出对欧盟银行业进行结构改革建议，要求大型商业银行应将有可能影响金融稳定的交易资产（包括自营和做市交易）划入独立法人实体，其中交易资产超过银行总资产的15%~25%，或者交易资产规模超过1000亿欧元，将被要求强制隔离。利卡宁报告要求两个法人实体之间应建立有效的防火墙，确保存款银行不受交易实体风险传染，使有隐性政府补贴的低成本存款资金不再用于支持高风险交易业务。虽然利卡宁报告没有明确防火墙的具体构成，但交易银行法人实体和包括存款业务在内的其他银行业务法人的隔离意味着德国通过全能银行开展混业趋势可能会面临挑战，而金融控股模式可能是比较现实的选择。

从日本金融发展历史以及危机后金融改革措施看，日本会维持以金融控股集团模式的混业经营，并通过进一步地改进金融监管，提升日本金融市场在全球的竞争力。二战后，日本曾作为最主要的效仿美国金融分业监管模式的发达国家而闻名，然而20世纪末，日本却从追随美国分业经营到先于美国走向混业经营。日本从分业经营走向混业经营主要通过两个途径，一是将控股公司确立为各项金融业务相互渗透的目标，并通过立法允许金融控股公司采用不同于一般公司的设立方式，以减少其设立在市场准入、税制及手续上的不便，并降低设立成本。二是改组原有的金融监管体制，为加强对金融控股公司的监管提供组织上和制度上的保障。在本次金融危机中，虽然日本经济出现了一定的下滑，但日本金融体系受到冲击较小、损失有限，风险可控，因此从日本金融监管改革政策看，没有对目前金融监管体制进行大幅度改革的动向。但是日本提出希望通过"增强日本金融市场竞争力"和"改进金融监管"为主要内容的金融改革，使日本金融市场更加开放、透明、高效，并在次贷危机后成为全球最重要的和最有吸引力的国际金融中心之一。

（二）从金融结构指标观察全球金融结构变化趋势

证券化率[1]是衡量一国证券市场发展程度的重要指标。在金融危机爆发期间，由于全球金融市场急剧波动，无论是以英美为代表的金融市场主导型国家，还是以德日为代表的银行中介主导型的国家以及以中韩为代表的新兴市场国家，证券化率在2007—2008年间均出现急剧下降（见图1）。金融危机后，随着金融市场逐步平稳，全球主要国家的证券化率水平稳步恢复，其中美国在2014年已经恢复到金融危机以前的水平，日本、韩国、英国恢复到接近金融危机前的水平，而中国和德国的证券化率虽然与金融危机前的有一定差距，但总体而言，全球金融体系向金融市场倾斜的趋势并

1　证券化率指的是一国各类证券总市值与该国国内生产总值的比率，实际计算中证券总市值通常用股票总市值＋债券总市值＋共同基金总市值等来代表，为了方便本文以上市公司总市值代替证券总市值。

未改变。

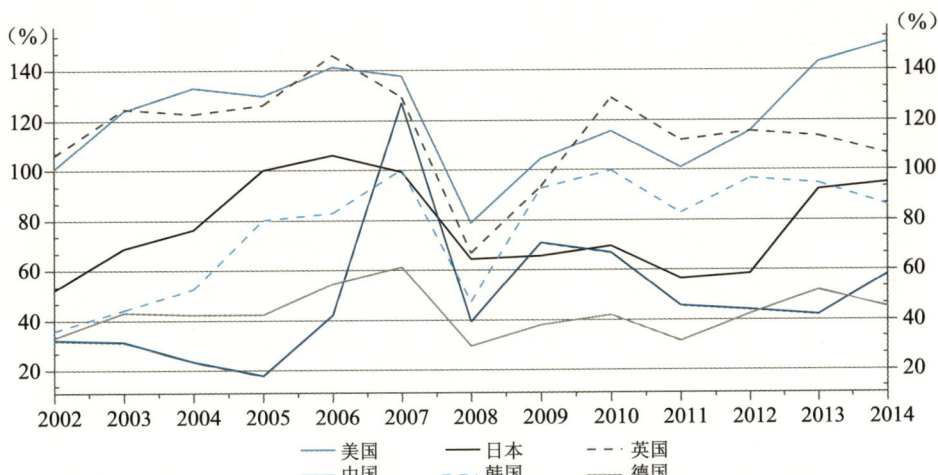

图1　2002—2014 年全球主要国家上市公司总市值占 GDP 比重

　　为了更全面衡量金融危机前后资本市场与银行中介在金融体系中的相
对重要性，笔者构建"上市公司总市值与银行部门提供的国内信用"这一指
标来观察金融危机前后全球主要国家金融结构发展变化趋势（见图2）。与
证券化率指标类似，在金融危机爆发期间，各国上市公司总市值与银行部
门提供的国内信用均出现急剧下跌，这说明在危机期间由于金融市场功能
的失灵，银行部门的作用显得更为突出。而在金融危机以后，随着金融市
场逐步平稳，除了中国和韩国外，其他国家上市公司总市值与银行部门提
供的国内信用的比值都在逐步回升，这说明无论是传统的金融市场主导型
国家还是银行中介主导型国家，在金融危机后金融结构继续向金融市场主
导倾斜的趋势保持不变；而中国、韩国等新兴市场国家，由于在金融危机
后的经济刺激政策更依赖于银行体系，银行中介在金融体系中的作用实际
上在进一步强化。

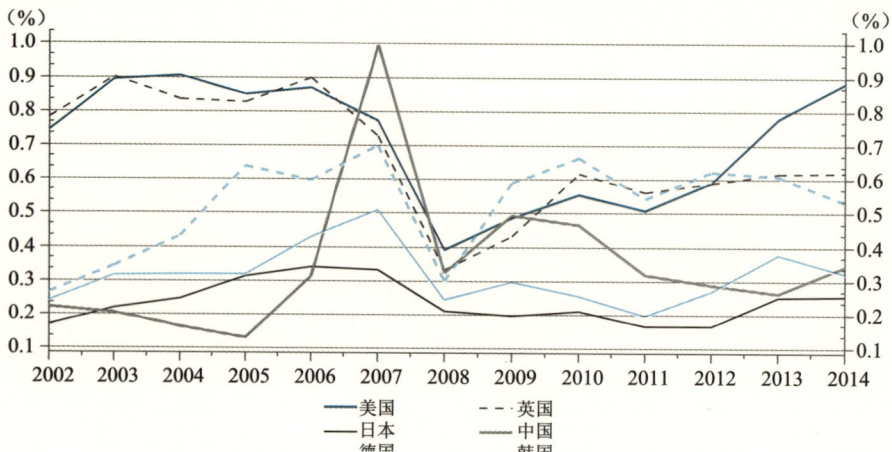

图 2　2002—2014 年全球主要国家上市公司总市值／银行部门提供国内信用

（三）从美国金融结构变化看全球金融结构发展趋势

由于本次全球金融危机起源于美国次贷危机，而美国金融市场在全球最发达，美国金融体系也是全球主要国家学习和模仿的对象，因此美国金融结构变化趋势对全球金融结构变化必然产生重要影响。通过观察美国各类金融结构资产比重变化以及美国企业直接融资结构变化两个指标，我们发现金融危机前后美国金融结构并未发生显著变化。

美国各类金融机构资产比重变化勾勒出美国金融结构变迁历史。从1970—2014年美国三大类型金融机构资产比重变化趋势上看，虽然金融危机期间，美国三大类型金融机构资产结构出现轻微波动，存款类机构资产比重和保险类机构资产比重有所反弹，投资类金融机构资产比重所有降低，但在金融危机过后，美国三大类型金融机构的资产比重非常平稳。

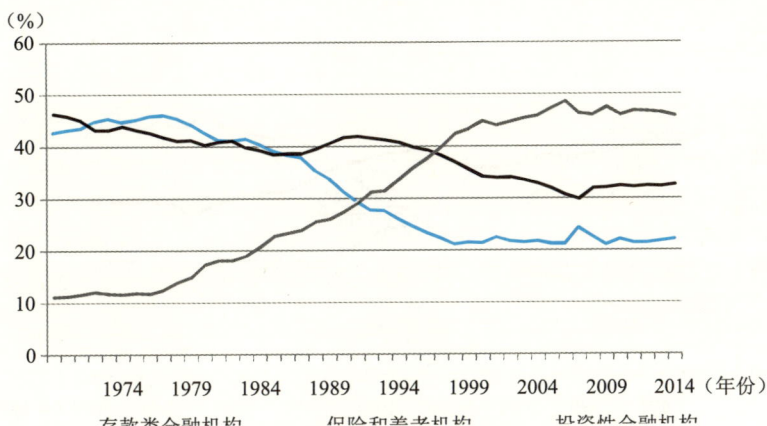

图 3　1970—2014 年美国三大类金融机构[1]资产比重

资料来源：http://www.federalreserve.gov/the Flow of Funds Accounts.

　　美国是典型的金融市场主导型国家，股票、企业债券以及资产支持债券等直接融资工具是企业融资的主要手段。观察美国企业直接融资结构变化可以直观地分析金融危机前后美国金融结构变化（见图4）。在金融危机爆发前，从1996年至2006年，美国股票和企业债券融资规模稳步增长，资产支持债券在经历1996年至1999年的起步发展阶段以后迅速提升，在金融危机爆发前资产支持债券已经成为与企业债券融资规模相当的一种融资工具。在金融危机期间，美国企业债券和资产支持债券融资均出现了急剧下降。在金融危机爆发后，随着金融市场逐步平稳，美国企业债券融资迅速反弹并创新高，而资产支持债券融资规模并未随着金融危机的缓解而迅速恢复，但资产支持债券减少的部分由企业债券填补，因此美国总体债券融资的规模并未减小。因此，从直接融资的结构变化来看，金融危机前后美国金融结构并未发生变化。

---

　　[1]　本文三大类型金融机构分别指存款类金融机构，包括商业银行、储蓄机构以及信用社；保险和养老机构，包括财产保险公司、人寿保险公司、私人和公共养老保险；投资性金融机构主要包括货币市场共同基金、共同基金、封闭式交易所挂牌基金、政府资助企业 GSE、机构或 GSE 支持的抵押资产池、资产支持证券发行者、财务公司、房地产信托基金、证券经纪商、融资公司、控股公司和资助企业。

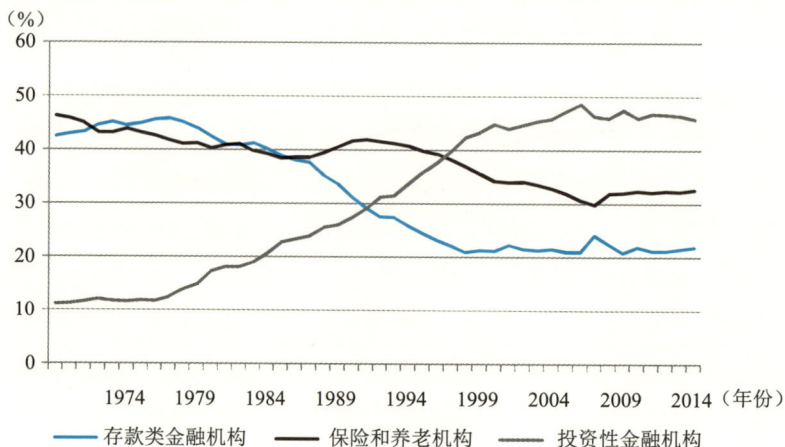

图 4　1970—2014 年美国企业直接融资结构变化趋势

三、全球金融监管在金融危机后呈现出由多头分业监管向统一功能监管或目标监管的发展趋势

以金融监管客体为标准，可以将金融监管模式划分为"机构监管""功能监管""目标监管"三种模式[1]；以金融监管主体为标准，可将金融监管模式划分为"多头监管"和"统一监管"两种模式[2]。在金融危机爆发后，各国在反思金融监管体系上缺陷后加快推进金融监管改革，有的国家在原有的金融监管机制基础上进行局部修正，有的国家对原有的金融监管架构进行重构，虽然经过改革后的全球金融监管模式仍然存在一定多样性，但从各国金融监管改革政策来看，金融危机后全球金融监管表现出一定的趋同趋势。这种趋势就是各国金融监管模式逐步从机构监管向功能监管和目标监

---

　　[1]　机构监管是指针对不同类型的金融机构设置不同的监管部门，各监管部门的管辖范围根据被监管金融机构的性质确定；功能监管是指按照金融机构的基本功能设计监管模式，相似或相同功能的业务接受相同的监管，从事同种金融业务的不同类型金融机构由同一监管机构实施监管；目标监管是指根据监管目标设计监管结构，使系统监管、审慎监管和业务监管均能实现各自的目标。

　　[2]　多头监管模式是指不同的金融机构、金融产品和金融行业分别由专门的监管机构负责监管，监管机构之间不存在组织结构上的隶属关系，各自在法律授权范围内行使监管权力、履行监管义务，其他监管机构不得越权监管。统一监管是指有一家或两家监管机构负责所有金融机构的监管，分单一监管模式或双峰监管模式。

管发展，而金融监管体制逐步由多头监管向统一监管转变，同时重新赋予或扩大中央银行的金融监管职责。

（一）金融危机后美国金融监管体制向统一功能监管更迈进一步

金融危机前美国实施的"双线多头"的分业监管模式：在联邦层面实行多头监管，同时联邦和各州实行两级监管。美国分业监管模式起源于1933年通过的《格拉斯—斯蒂格尔法案》，该法案将金融市场和金融机构区分为特定的部门，银行、证券和保险彼此分割并相互独立，同时分别由彼此独立的监管机构进行监管。1999年美国通过的《金融现代化法案》打破了金融分业经营的坚冰，允许成立"金融持股公司"或"银行持股公司"，这类公司能够从事包括保险和证券在内的任何金融活动，是美国从分业经营转向混业经营的标志。《金融现代化法案》同时规定了功能监管的原则，并没有完全废除1933年的《格拉斯—斯蒂格尔法案》建立的分业监管体系，也没有建立起体现功能监管的监管结构，因此基于分业经营模式建立的金融监管体系难以适应金融混业发展的要求，监管重叠和监管缺位问题并存，最终由于对系统性风险监管的忽视和场外衍生品市场监管的缺失而导致次贷危机的爆发。

金融危机爆发后美国开始反思金融监管体制的弊端并积极实施改革，其首要任务就是改革金融监管框架，强化美国机构监管与市场监管并重的监管模式，并从三个方面对原来的金融监管框架进行修正：一是设立金融稳定监管委员会，加强监管机构之间的合作。二是扩大美联储的监管权限，强化美联储金融监管体系中的核心作用。三是合并原由七个部门共同执掌的金融消费保护职能，在美联储体系内设立独立的金融消费保护局。金融消费保护局具有独立监管权，拥有强制收购权、强制执行权等权力，可以监管各类银行和非银行金融机构，要求金融机构必须向消费者提供透明、公平、合理、不带金融欺诈、没有误导性的金融产品，强化对金融中介的监管和加强投资者保护。虽然美国的金融监管改革没有从根本上改变美国的"多头监管"和"机构监管"的模式，但是通过成立金融稳定监管委员会、扩大美联储金融监管职权范围、合并消费者保护职能，这些改革措施使美国的金融监管体系向统一功能监管模式更迈进一步。

（二）金融危机后英国建立以中央银行主导的基于目标监管的准双峰模式

金融危机前，英国金融体系监督管理由三方构成：财政部负责确立监管框架与金融立法；金融服务局对整个金融体系实施统一监管；英格兰银行负责货币政策。金融危机暴露出英国"三方体系"的缺陷：一是没有赋予设计和制定英国金融监管框架和立法的财政部应对危机的责任；二是英格兰银行缺乏维护金融系统稳定职责的必备工具；三是金融服务局缺乏识别、判断和处置系统性风险的能力。

金融危机后，英国吸收金融监管失败的教训积极推进金融监管改革，由英格兰银行、财政部、金融服务局三方监管体制转向英格兰银行和财政部"准双峰监管"体制，确立以英格兰银行为核心、以金融政策委员会（Financial Policy Committee，FPC）主导，审慎管理局（Prudential Regulation Authority，PRA）和金融行为局（Financial Conduct Authority，FCA）分工负责的金融监管新框架（见图5）。新的监管体制从2013年4月1日起开始运作，其主要内容如下：一是在英格兰银行理事会下设金融政策委员会（FPC），赋予强有力的宏观审慎管理手段。金融政策委员会主要履行四项主要职能:（1）识别和监测系统性风险，维护英国金融系统稳定;（2）对外公布金融稳定情况，每年发布两期金融稳定报告;（3）向PRA和FCA发出指令，要求其针对"被监管对象"采取相应措施，以实现宏观审慎管理目的;（4）向英格兰银行、财政部、PRA、FCA或其他监管机构提出建议。二是在英格兰银行下设审慎管理局（PRA），强化央行监管职能。审慎管理局（PRA）负责审批吸收存款机构（包括银行、建筑互助协会、信用合作社）、保险公司以及指定的投资公司的业务并对它们进行审慎监管，总体目标是促进被监管机构的健康、平稳运行，即确保被许可的机构业务开展不会或减少其对英国金融体系稳定可能产生的负面作用。三是设立金融行为局，加强金融消费者保护和市场主体行为监管。金融行为局是一家独立机构，运作资金来源于监管对象，对英国财政部和国会负责，但在业务上接受英格兰银行的指导和建议。金融行为局（FCA）的基本职责为根据法案制定零售和批发市场行为准则及相关规章，对市场行为进行引导。金融行为管理局的职责履行应符合其战略目标和操作目标。其中，战略目标是确保金融市场及提供被监管的金融服务的其他市场平稳健康运行，而操作目标则包括以下三个方面：一是保护消费者，即确保对消费者进行适度的保护；二是维护金融体系健全，即保护和促进英国金融体系的稳健发展；三是推动竞争，即促进有效竞争，以保护消费者的利益。

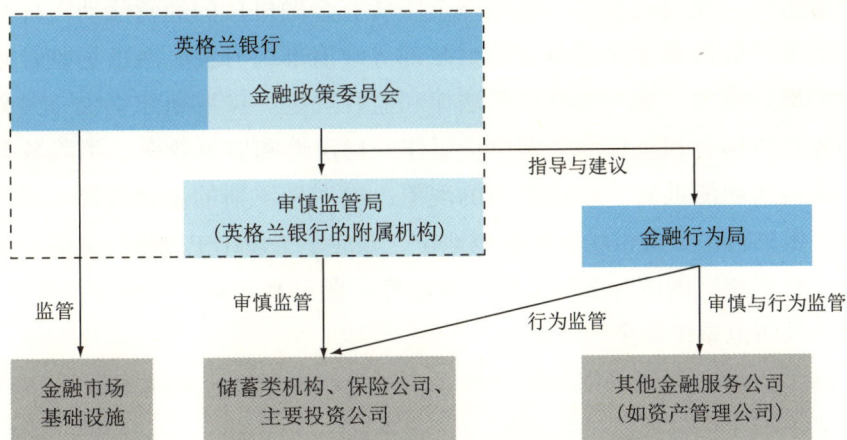

图 5　英国现行金融监管框架

改革后的英国金融监管模式既不是单一监管模式，也不是基于机构监管或功能监管理念的多头监管模式，而是更加接近基于目标监管理论——即按照不同的监管目标（如审慎目标和消费者保护目标）来相应设立监管机构和划分监管权限。同时改革后的英格兰银行集货币政策制定与执行，宏观审慎监管与微观审慎监管于一身，在金融监管体系中处于核心地位，从而形成有英国特色的双峰模式，或者说准双峰模式。

（三）金融危机后俄罗斯终结多头金融监管模式

金融危机前俄罗斯实行的是分业、多头管理模式，即中央银行主要负责监管信贷市场，金融市场局主要负责监管资本市场，财政部同时也承担部分金融监管职责。多头的监管模式难以形成统一金融政策和有效的金融监管，同时央行和财政部表面上两个机构各自独立，但实际上央行多受制于财政部，容易引发矛盾。特别是在2008年全球金融危机爆发时，受全球去杠杆化和流动性紧缩的影响，大量资金从俄罗斯市场撤出，俄罗斯金融体系遭受到严重冲击，俄罗斯金融监管问题也暴露无遗。在金融危机后，俄罗斯积极推进金融监管改革，在2013年7月颁布《修订关于将金融市场的监督、管理职能转移至俄罗斯联邦中央银行的俄罗斯联邦法案》，终结多头金融管理模式，由俄罗斯银行（中央银行）统一监管金融体系。

改革后，俄罗斯中央银行将取代联邦金融市场局对证券商、保险公司、小金融组织、交易所投资和养老基金等所有金融机构的经营活动实行全权统一监管，同时俄中央银行接管财政部等政府部门有关金融市场监管标准制定的部分权力，参与起草相关法律和监管规定。俄罗斯建立统一大金融市场监管机构有利于提高金融市场运作的稳定性和监督效率，消除各类联邦法律机构职能重复、政出多门的现象；同时俄罗斯的金融监管体制改革确立了俄央行在金融市场上的权威地位，顺应了"强化中央银行金融稳定和金融监管职能"的国际金融监管改革趋势，既有利于提升金融体系竞争力，又能有效防范系统性金融风险。

除了美国、英国和俄罗斯以外，金融危机爆发前，澳大利亚早在1998年建立了基于目标监管的双峰模式，日本在2001年建立了以金融厅为核心的统一金融监管体系，因此虽然金融危机前两国金融体系都高度复杂，都实行金融混业并具有高度发达的金融市场，但是由于适宜的金融监管制度，在金融危机期间两国金融体系受到的冲击相对有限，在金融危机后两国经济在全球率先走出金融危机阴影。

四、对中国金融监管体制改革的借鉴意义

中国目前仍然是银行主导型金融结构，银行在社会融资中发挥主要作用，2015年新增人民币贷款在社会融资总额中占比达73.1%，而企业债券融资和非金融类企业股票融资占比仅24%；从金融机构业务角度，目前中国仍然实行分业经营制度，监管部门对银行、证券和保险等机构实行严格业务限制，各类金融机构业务相互分开、泾渭分明。近年来，随着金融市场化改革的推进和金融创新发展，金融市场在中国金融体系中作用和地位在不断增强，金融机构的边界在逐渐模糊，金融市场与金融机构间的联系更加紧密，中国金融结构变化表现出同样的向金融市场倾斜和向金融混业发展的趋势。当前中国仍然实行的是多头的机构监管模式，现行金融监管体

制已经无法适应金融结构发展，监管空白和监管重叠的现象非常突出，系统性风险防范以及金融消费者保护不足的问题也很明显。当前中国迫切需要借鉴国外金融监管改革经验，加快推进中国金融监管改革。

在具体的方案选择中，可以参考的模式很多，其中受到较多关注的是英国金融监管模式，也就是按照目标监管原则对金融机构监管职责进行重新界定和分工。完整的金融监管体系至少需要实现宏观审慎监管、微观审慎监管和金融消费者保护三个目标。而借鉴金融危机后英国的监管架构，英格兰银行同时承担了宏观审慎和微观审慎的监管职责，而将金融消费者保护以及金融机构的行为监管职责赋予相对独立的行为监管局，在形式上行为监管局通过财政部对议会负责，但在业务上接受英格兰银行的指导；在美国成立了专门的金融消费者保护局，并赋予其制定和执行金融消费者保护规则的权利，防止以金融机构稳定为由损害金融消费者权益，但是金融稳定监督委员会（FSOC）对金融消费者保护局制定的规则具有否决权。结合英美的经验，建议在中国人民银行内部成立专门的金融政策委员会，负责宏观审慎监管，重点防范系统性金融风险；在中国人民银行下设金融审慎监管委员会和金融行为监管委员会，前者重点负责金融机构的微观审慎监管，确保金融机构符合稳健经营的要求，后者重点负责金融的行为监管，确保金融机构行为合规；在中国人民银行外设立相对独立的金融消费者保护局，重点负责制定金融消费者保护的规则制定和执行，对金融机构监管发挥一定制衡作用。

同时，还需要加强金融监管协调，在不同金融监管机构间建立完善的沟通协调机制。

相比多头分业监管，统一目标监管模式下不同监管机构间的沟通协调同样重要。如果多头分业监管模式下的监管协调主要是防止监管套利和监管真空，而统一目标监管模式下监管协调则更多强调监管信息共享和防止重复监管，减轻监管对象的负担。英国《金融服务法案》花费了大量篇幅对监管协调机制做出规定，对中国金融监管体制改革具有借鉴意义。首先要建立金融审慎监管委员会、金融行为监督管理委员会以及金融消费者保护局之间的协调机制，明确法定协调职责及相应工作规程；其次是要建立金融政策委员会与金融审慎监管委员会、金融行为监督管理委员会和金融消费者保护局之间的协调机制，重点在涉及宏观审慎政策方面的双向沟通交流，必要时金融政策委员会可以向金融审慎监管委员会、金融行为监督管理委员会发出有约束力的指示和具有准约束力的"或遵行或解释"的建议，借鉴美国的做法，金融政策委员会对金融消费者保护局出台的政策保留否决权；最后需要建立中国人民银行与金融审慎委员会和金融行为监管委员会之间的协调机制。人民银行与金融审慎委员会的监管协调主要体现在信息共享方面，金融审慎监管局需要向人民银行提供金融机构的风险状况信息，以便对金融部门整体风险进行分析；而与金融行为监管委员会的监管协调主要体现在对系统重要性金融机构以及金融市场基础设施的监管协调方面。

参考文献：

［1］巴曙松，沈长征，国际金融监管改革趋势与中国金融监管改革的政策选择［J］．西南金融，2013（8）．

［2］巴曙松．股市这么波动，和金融监管体制有什么关系？［N］．第一财经，2015（9）．

［3］王兆星．结构性改革：金融分业混业的中间路线［J］．中国金融，2014（23）．

［4］中国人民银行济南分行调查统计处课题组．国际金融监管体制改革比较研究及对中国的启示［J］．金融发展评论．2012（09）．

［5］陈雨露，马勇．金融业组织形式变迁与金融监管体系选择：全球视角与比较分析［J］．货币金融评论，2008（6）．

［6］黄志强．英国金融监管改革新架构及其启示［J］．国际金融研究，2012（05）．

［7］吴晓雄．金融风险管理基础与前沿研究［J］．西南交通大学学报（社会科学版），2009（02）．

从金融结构演进角度客观评估当前的
"影子银行" *

摘要：影子银行的概念在不同的金融结构下具有不同的含义。从影子银行的主要特征看，虽然中国"影子银行"体系具有流动性转换和信用风险的特征，但是总体上其已经被纳入正规的监管体系内，并不具备可能引发系统性风险的高杠杆和期限错配的典型特征，同时其规模和风险也尚未对系统性风险产生巨大的影响，当前的"影子银行"体系更多的是金融结构发展、融资多元化进程中的一个表现。应该逐步淡化"影子银行"的概念，对这些金融创新的风险特征和功能效率分类讨论，采取不同的风险监管政策，在防范系统性风险的同时促进金融结构改进。

关键词：金融结构，影子银行

近期，随着对国内银行理财产品的热议，影子银行的概念引发各方关注。事实上，国际金融界对于影子银行的定义、内涵及意义与各经济体的经济金融结构、金融发展阶段和金融监管环境密不可分。

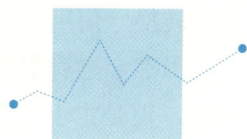

---

* 本文发表于《中国经济时报》2013年3月29日。

一、影子银行的内涵及特征

影子银行（shadow banking）于2007年由美国太平洋投资管理公司执行董事麦卡利首次提出，目前国际金融监管组织对影子银行的定义已经基本达成一致。根据2011年4月金融稳定理事会（FSB）发布的《影子银行：范围界定》的研究报告，影子银行是指"游离于银行监管体系之外、可能引发系统性风险和监管套利等问题的信用中介体系（包括各类相关机构和业务活动）"。影子银行引发系统性风险的因素主要包括四个方面：期限错配、流动性转换、信用转换和高杠杆。

虽然金融稳定理事会（FSB）对影子银行给出了较为明确的定义和特征描述，但是由于各国金融结构、金融市场发展阶段和金融监管环境的不同，影子银行的组成形式也各不相同。美国的影子银行体系主要包括货币市场基金等投资基金、投资银行等围绕证券化进行风险分散和加大杠杆的信用中介体系，欧洲的影子银行体系则主要包括对冲基金等投资基金和证券化交易活动，而这些在欧美发达国家影子银行中占据主导地位的机构在当前中国的金融体系中尚不广泛存在。

对于"影子银行"这个概念在当前中国金融市场中的对应，金融界从不同研究视角对其进行了多维度的探讨，综合起来主要包括如下四个口径:(1)最窄口径，"影子银行"仅包括银行理财业务和信托公司两类;(2)较窄口径，包括银行理财业务和信托公司、财务公司、汽车金融公司、金融租赁公司、消费金融公司等非银行金融机构;(3)较宽口径，包括较窄口径、银行同业业务、委托贷款等出表业务、融资担保公司、小贷公司和典当行等非银行金融机构;(4)最宽口径，包括较宽口径和民间借贷。不失一般性，本文选择受到关注度最高，也是目前最为流行的较窄口径，即银行理财业务和信托公司等非银行金融机构作为所谓的中国"影子银行"进行讨论。

二、中国"影子银行"与欧美"影子银行"具有本质上的不同

根据上述定义和特征的描述，结合影子银行体系在此次国际金融危机

中的表现，对影子银行的界定应主要包括如下三个方面：一是是否纳入正规金融监管的体系。危机前欧美的对冲基金等影子银行并未受到充分监管，这些机构在回购业务和资产证券化等金融创新的推动下不断扩张资产负债表，实现低成本、高风险的运营。二是是否具有期限错配和高杠杆经营的特征，以及由此可能带来较高的单体风险。危机中欧美影子银行的负债以银行间借贷、商业票据等短期批发融资为主，却投资于期限较长、流动性较差的资产支持证券等资产，从而带来严重的期限错配问题，危机爆发前美国主要投资银行的资产负债表急剧扩张，平均杠杆倍数更是达到了40倍左右，危机期间激烈的去杠杆效应也加速了资产价格的大幅下跌。三是是否具有关联性和传染性从而带来系统性风险的可能。危机前通过业务往来和股权投资等方式，欧美影子银行体系和商业银行体系相互关联，使得危机发生时风险迅速从影子银行体系传染至传统商业银行体系，从而带来了系统性风险。根据这三个原则，虽然中国"影子银行"体系产生的基本动力是出于监管套利的目的，同样具有流动性转换和信用风险的特征，尽管还有一些风险管理环节需要强化，但是总体上其已经被纳入正规的监管体系内，并不具备可能引发系统性风险的高杠杆和期限错配的典型特征，同时其规模和风险也尚未对系统性风险产生巨大的影响。

第一，中国"影子银行"体系仍在金融监管的覆盖范围内。目前，银行理财产品已在监管部门现有的监管统计口径中，各商业银行发行的理财产品运行情况需定期报送监管部门，理财产品的明细也需报送央行纳入社会融资总量的口径。2005年发布的《商业银行个人理财业务管理暂行办法》和2012年实施的《商业银行理财产品销售管理办法》是银行理财业务的监管框架。监管部门对信托公司也已经实施了包括准入、资本监管（《信托公司净资本管理办法》要求信托公司净资本与风险资本之比大于100%）等在内的较为严格的管理。在《企业集团财务公司管理办法》《企业集团财务公司风险监管指标考核暂行办法》《非银行金融机构行政许可事项实施办法》《汽车金融公司管理办法》《消费金融公司试点管理办法》等规章制度的约束下，监管部门也已参照商业银行的监管要求，对相关非银行业金融机构已经建立了一套完整的审慎监管制度。

第二，中国"影子银行"体系不具备明显的高杠杆和大规模期限错配的特征。合规的银行理财产品的资金池应做到单独管理和充分的信息披露，使得每笔资金都有对应的资产，每笔收益基本可以覆盖风险（根据 Wind 资讯的相关数据，当前银行 3 个月的理财产品预期年收益率约在 4.6% 左右，低于 6 个月的短期贷款利率 5.6%，同期 6 个月国债和央票的收益率约为 2.7% 和 2.9% 左右；根据美资券商盛博的估算，只有不到 10% 的理财产品提供高于 5% 的利率水平），这样理财产品的风险应基本接近于正规监管体系内部公募基金的类似投资产品。从理财资金投向的项目资产来看，超过 90% 的资产期限都在 5 年以内，期限错配程度与传统商业银行业务相当。对于信托公司来说，目前中国的信托公司既不能负债经营，也不能向银行贷款，不具备杠杆经营的条件，同时信托业务的资金实施封闭式运行，投资期限与项目期限要求一致，因此不具备高杠杆和期限错配特征。

第三，中国"影子银行"体系尚不具备引发系统性风险的可能。一是从规模来看，当前中国信托公司的整体规模较小，根据中国信托业协会公布的数据，截至 2012 年 9 月，银行业金融机构存续的理财金额 6.73 万亿元，全国 66 家信托公司总资产达 6.32 万亿元，占银行业总资产的 5.2%，财务公司、租赁公司以及汽车金融公司和消费金融公司的资产规模则更小，总计不超过 3 万亿元，且拥有较好的资产质量和较充足的资本和拨备。二是从资金运用来看，理财产品中约有四成投向债券及货币市场工具，两成投向存款，两成投向项目融资类资产，仅有一成投向权益类资产及其他，这些资产的整体信用状况较好。信托资产中有四成用于贷款，长期股权投资、交易性金融资产投资、可供出售及持有至到期投资、存放同业及其他各占一成。从投向来看，工商企业和基础产业各占四分之一，房地产和金融机构各一成，资金运用的安全性具有一定的保障。同时，为了控制房地产信托业务的过快增长，监管部门还出台了一系列房地产信托业务监管规定。三是从风险的传染性来看，针对信托公司与银行之间可能存在的风险传染，监管部门已于 2011 年初下发《关于进一步规范银信理财合作业务的通知》，明确银信合作业务的风险归属，要求商业银行严格执行将银信合作业务表外资产转入表内的规定，控制银行体系与信托公司之间的风险传染，而其他金融公司通过商业银行借款金额占商业银行总体贷款规模不足 1%，发生大规模风险传染的可能性较低。

综上，基于不同的金融结构和相关功能特征，中国的"影子银行"体系与欧美的"影子银行"体系有着本质的区别，如表1所示，其在监管现状、规模大小、杠杆化程度、期限错配状况、关联性上都有明显不同，其表现出的风险特征也与欧美的影子银行有着本质的区别。更重要的是，与欧美金融市场中"影子银行"体系对商业银行核心功能的复制、以逃避监管为目的的快速扩张不同，中国的"影子银行"体系在很大程度上承担了提供直接融资、服务实体经济融资需求的功能。

表1　中国"影子银行"和欧美"影子银行"的对比

项目	中国"影子银行"	欧美"影子银行"
监管现状	基本在监管范围内	缺乏有效监管
规模大小	约占银行总资产13%	与传统商业银行规模相当
杠杆化程度	基本不存在负债经营	杠杆倍数约40倍
期限错配状况	零售融资为主，与传统商业银行期限错配功能相当	在回购和资产证券化作用下，以短期批发融资为主，期限错配现象较为严重
关联性大小	与传统商业银行业务风险基本隔离	通过股权投资和业务往来与传统商业银行风险高度关联
风险特征	业务定位不清晰、法律风险不明确等、刚性兑付下的道德风险	由于较高的关联性和传染性，易引发系统性风险
承担功能	提供直接融资、服务实体经济融资需求	与实体经济脱节、以风险分散和杠杆扩张等为重点功能，达到金融工具价格泡沫的自我实现
监管目标	防范系统性风险的同时促进金融结构改善和经济结构转型	吸取金融危机教训，防范系统性风险

三、 中国"影子银行"对完善融资结构和促进经济转型的作用

从金融发展阶段和金融结构演进的大背景来看，在中国当前的金融管制体制内，所谓"影子银行"体系更多的是金融结构发展、融资多元化进程中的一个表现。

中国"影子银行"在现阶段的主要动力在于实体经济融资需求受到特定条件限制时的市场选择。从特定角度说，银行理财业务实质是一种利率市场化的试水，理财产品的收益率在一定程度上更加接近无风险资金的市场价格，与银行间同业拆借利率总体上处于同一水平（例如，2013年1月6日的7天拆借利率为3.6%，同期1个月的理财产品年收益率约为4.13%，远远低于同期民间融资利率水平；根据温州金融办公布的数据，同期温州民间融资综合利率高达26.2%）。当利率市场化完成之后，银行可以通过自主定价的方式吸收存款，理财产品可能会逐渐萎缩并出现其他形式的金融创新。因此，中国当前的"影子银行"体系更多的是金融结构变化背景下、融资多元化和利率市场化进程中的特定表现。

中国"影子银行"在当前环境下的意义在于修正金融抑制，提高金融体系效率。当前两成的理财产品和四成的信托产品投向实体经济，满足了实体经济大量的资金需求，使得社会储蓄向社会有效投资的转化更为便利。中国金融体系中间接融资的占比始终偏高，不仅使得金融体系的风险在银行体系大量积聚，也限制了金融资源的配置效率提高。银行理财、信托和财务公司等中国"影子银行"的存在，在为企业提供了更多融资途径的同时为居民提供了重要的投资工具，发挥了商业银行的专业投资管理能力，引导社会资金投向合理的领域，在更为市场化的资金运作链条中，资金实现更为市场化的配置。

四、淡化"影子银行"，从防范系统性风险的角度实施差别化监管

回顾改革开放以来中国金融业的发展历程，非传统业务的金融创新并

非近来才出现，只是在"影子银行"这个舶来品尚未出现之前这些产品有多种其他的称谓，如资金体外循环等，而"影子银行"的出现似乎为这些金融创新附加了更多的负面含义。从金融结构的发展趋势看，应该逐步淡化"影子银行"的概念，更多将其看作是非传统融资市场和非银行信用中介的创新，对这些金融创新的风险特征和功能效率分类讨论，采取不同的监管政策，在防范系统性风险的同时最大化其促进金融结构改进的作用。

第一，"影子银行"本质上是一种金融创新，在当前金融结构市场化和社会融资多元化背景下，应避免简单搬用"影子银行"的概念，而更多地从服务实体经济、促进非传统银行业务健康发展角度来规范和引导这些金融创新。"影子银行"从特定角度说是一类特殊的金融创新，它具有金融创新所拥有的基本特征，当前可能会以银行理财作为表现形式，在新的市场环境下可能会以另一种金融创新的方式出现。然而，并非所有正规金融体系之外的、非传统银行业务的金融创新都应该划入可能引发系统性风险的"影子银行"的范畴，对待不会引发系统性风险的金融创新应从调整社会融资结构的角度积极鼓励和推进。

第二，对非传统银行业务的金融创新进行区别和细分，针对不同的风险特征实施差别化监管。虽然金融创新对优化金融资源配置、提高金融效率发挥了积极作用，然而这并不代表就可以听之任之，对于其可能带来的风险，特别是区域性风险和系统性风险同样应该给予充分的关注。对所有的非传统银行业务不能一概而论，应该根据金融创新的机构主体和风险特征等要素对其进行适当的区分，实施有针对性的差别化监管。首先，客观判断金融创新的合理性和功能，例如在中国这样一个以银行体系为主体的金融结构中，其金融创新和金融市场化路径选择以银行为载体也是具有一定必然性的。而在当前金融市场化和社会融资多元化的进程中，适当出现一些为其试水的金融工具也应在客观把握其风险的同时鼓励其健康发展。其次，针对不同金融创新工具的特点对其进行分类。主要包括是否具有信用创造功能、是否具有高杠杆和大规模期限错配等可能引发单体风险的特征、是否具有引发系统性风险的可能等要素。最后，有针对性地实施差别化监管。例如对于理财产品，重点关注由于业务定位的不清晰造成风险仍旧在银行体系内部积聚、理财资产池划分不明确带来的流动性风险、刚性兑付带来的道德风险、法律关系的不明确以及估值环节的不清晰等风险隐患，加强信息披露和投资者教育等监管措施。

第三，对非传统银行业务的监管和规范也应遵循一定的逆周期性，防止运动式的清理可能带来的融资紧缩冲击实体经济。中国非传统银行业务的金融创新具有显著逆监管周期效应。当宏观调控发生方向性转变或实体经济资金面过紧时，传统银行业务之外的金融创新都往往会出现快速发展，如 2011 年在货币政策趋紧和日均存贷比考核压力下理财产品的迅速发展。所以对这些非传统银行业务之外的规范和强化监管也应该遵循一定的逆周期性。在融资多元化进程中，特别是在实体经济资金面紧张而货币政策传导效应尚未显现的过程中，如果对非传统金融服务以外的融资活动采取运动式的清理，在贷款投放受到种种约束不能相应扩张时，贷款之外的这些融资渠道因为严厉清理所可能带来的融资收缩，可能会对实体经济带来明显的冲击，同时还可能带来新的风险。由于当前存在一些可能违规运用"资产池"的理财产品，短期内这些理财产品的正常运转依托于投资者对理财产品的信心和持续发行，如果突然对理财产品实施强制性限制，可能使得原来正常运转的理财产品突然面临资金链断裂的风险，对于这些部分由于违规行为带来的潜在风险，较为可行的方法是通过资产池的不断规范对其进行软着陆式的消化。